Sortir de la grande nuit

Du même auteur

Les Jeunes et l'ordre politique en Afrique noire, L'Harmattan, Paris, 1985.

Afriques indociles. Christianisme, pouvoir et État en société postcoloniale, Karthala, Paris, 1988.

La Politique par le bas en Afrique noire. Contributions à une problématique de la démocratie, avec Jean-François Bayart et Comi Toulabor, Karthala, Paris, 1992.

La Naissance du maquis dans le Sud Cameroun. 1920-1960 : histoire des usages de la raison en colonie, Karthala, Paris, 1996.

De la postcolonie. Essai sur l'imagination politique dans l'Afrique contemporaine, Karthala, Paris, 2000.

Johannesbourg. The Elusive Metropolis, avec Sarah Nuttall, Duke University Press, Durham, 2008.

Achille Mbembe

Sortir de la grande nuit

Essai sur l'Afrique décolonisée

Suivi d'un entretien avec l'auteur

9 *bis*, rue Abel-Hovelacque
75013 Paris

Cet ouvrage a été précédemment publié en 2010 aux Éditions La Découverte dans la collection « Cahiers libres ».

Si vous désirez être tenu régulièrement informé de nos parutions, il vous suffit de vous abonner gratuitement à notre lettre d'information bimensuelle par courriel, à partir de notre site **www.editionsladecouverte.fr**, où vous retrouverez l'ensemble de notre catalogue.

ISBN 978-2-7071-7664-6

À l'ami Paul Gilroy, ouvreur d'imaginaire.
Et en mémoire de deux penseurs du devenir illimité, Frantz Fanon et Jean-Marc Éla.

« Ceux qui campent chaque jour plus loin du lieu de leur naissance, ceux qui tirent chaque jour leur barque sur d'autres rives, savent mieux chaque jour le cours des choses illisibles ; et remontant les fleuves vers leur source, entre les vertes apparences, ils sont gagnés soudain de cet éclat sévère où toute langue perd ses armes. »

Saint-John Perse, *Neiges*, IV, *in Exil*.

Avant-propos

Il y a un demi-siècle, la plus grande part de l'humanité vivait sous le joug colonial, une forme particulièrement primitive de la domination de race. Son affranchissement constitue un moment clé de l'histoire de notre modernité. Que cet événement n'ait guère marqué de son empreinte l'esprit philosophique de notre temps n'est, en soi, guère une énigme. Tous les crimes n'engendrent pas nécessairement des choses sacrées. De certains crimes dans l'histoire, il ne résulta que souillure et profanité, la splendide stérilité d'une existence atrophiée, bref, l'impossibilité de « faire communauté » et de réarpenter les chemins de l'humanité. De la colonisation, peut-on dire qu'elle fut justement le spectacle par excellence de l'impossible communauté – tétanique convulsion en même temps que vain sifflement ? Le présent essai ne s'attaque qu'indirectement à cette question, dont l'histoire complète et détaillée attend d'être écrite.

Son objet central est la vague des décolonisations africaines du XXe siècle. Il ne s'agira pas ici d'en retracer l'histoire ni d'en faire la sociologie – encore moins la typologie. Ce travail a été accompli et, à quelques détails près, il y a très peu à y ajouter [1]. Il s'agira encore moins de dresser, ici, le bilan des indépendances. La décolonisation est un événement dont la

---

1 Lire la synthèse de Prasenjit Duara (dir.), *Decolonization. Perspectives Now and Then*, Routledge, Londres, 2004.

signification politique essentielle résida dans la *volonté active de communauté* – comme d'autres parlaient autrefois de volonté de puissance. Cette volonté de communauté était l'autre nom de ce que l'on pourrait appeler la *volonté de vie*. Elle avait pour but la réalisation d'une œuvre partagée : se tenir debout par soi-même et constituer un héritage. En cet âge blasé, marqué au coin du cynisme et de la frivolité et où tout se vaut, de tels mots pourraient ne susciter que ricanement. À l'époque, beaucoup étaient pourtant prêts à gager leurs vies pour l'affirmation de tels idéaux. Ceux-ci n'étaient en effet des prétextes ni pour esquiver le présent ni pour se dérober à l'action. Au contraire, tel un aiguillon, ils servaient à orienter le devenir et à imposer, par la *praxis*, une nouvelle redistribution du langage et une nouvelle logique du sens et de la vie. La communauté décolonisée cherchant à s'instituer sur les décombres de la colonisation, cette dernière n'était perçue ni comme un destin ni comme une nécessité. En démembrant la relation coloniale, le nom perdu remonterait à la surface, pensait-on. Le rapport entre ce qui avait été, ce qui venait de se passer et ce qui allait venir serait renversé, rendant possible la manifestation d'un pouvoir propre de genèse, une capacité propre d'articulation d'une différence et d'une force positive.

À la volonté de communauté s'ajoutaient la volonté de savoir et le désir de singularité et d'originalité. Le discours anticolonial avait, pour l'essentiel, épousé le postulat de la modernisation et les idéaux de progrès, y compris là où il en esquissait une critique – que celle-ci fût explicite (cas de Gandhi) ou non. Cette critique était animée par la quête d'un futur qui ne serait pas écrit à l'avance ; qui mêlerait traditions reçues ou héritées, interprétation, expérimentation et création de neuf, l'essentiel étant de partir de ce monde-ci en direction d'autres mondes possibles. Au cœur de cette analyse se trouvait l'idée selon laquelle la modernité occidentale avait été imparfaite, incomplète et inachevée. La prétention occidentale à récapituler le langage et les formes dans lesquelles l'événement humain pouvait surgir, ou encore à exercer un monopole sur l'idée même du futur, n'était qu'une fiction. Le nouveau monde postcolonial n'était pas condamné à imiter et à reproduire ce qui avait été accompli ailleurs [2]. L'histoire se produisant chaque fois de façon singulière, la politique du futur – sans laquelle il n'y avait pas de décolonisation pleine – exigeait que soient inventées de nouvelles images de la pensée. Cela n'était possible que si l'on s'astreignait à un long apprentissage des signes et des modalités de leur rencontre avec l'expérience, le temps propre des lieux de la vie [3].

Le mélange des réalités qui prévaut aujourd'hui invalide-t-il ces propositions et leur enlève-t-il leur densité historique, voire leur actualité ? La décolonisation – si tant est qu'un concept aussi ouvert puisse effectivement faire signe – ne fut-elle qu'un fantasme sans épaisseur ? Ne fut-elle finalement qu'un accident bruyant, un craquement à la surface, une petite fêlure externe, le signe d'un futur appelé à se fourvoyer ? La dualité colonisation/décolonisation a-t-elle seulement un sens ? En tant que phénomènes historiques, l'une ne se réfléchit-elle pas dans l'autre, n'implique-t-elle pas l'autre, comme les deux côtés d'un même miroir ? Telles sont certaines des questions que s'efforce d'examiner cet essai. L'une de ses thèses est que la décolonisation inaugura le temps de la bifurcation vers d'innombrables futurs. Ces futurs étaient, par définition, contingents. Les trajectoires suivies par les nations nouvellement affranchies furent, en partie, la conséquence des luttes internes aux sociétés considérées [4]. Ces luttes furent elles-mêmes façonnées par les formes sociales anciennes et les structures économiques héritées de la colonisation, les techniques et pratiques de gouvernement des nouveaux régimes postcoloniaux. Dans la plupart des cas, elles aboutirent à la mise en place d'une forme de domination que certains ont qualifiée de « domination sans hégémonie [5] ».

---

2 Dilip P. Gaonkar (dir.), *Alternative Modernities*, Duke University Press, Durham, 2001.

3 Fabien Éboussi Boulaga, *La Crise du Muntu*, Présence africaine, Paris, 1977.

4 Jean-François Bayart, *L'État en Afrique*, Fayard, Paris, 2006 (1989).

5 Ranajit Guha, *Dominance Without Hegemony*, Harvard University Press, Cambridge, 1998 et Partha Chatterjee, *The Nation and Its Fragments*, Princeton University Press, Princeton, 1993.

L'essai s'ouvre sur un registre délibéremment narratif et autobiographique (chapitre 1). L'on y raconte comment le moment postcolonial proprement dit commença, pour beaucoup, par une expérience de décentrement. Au lieu d'agir comme un signe intensif qui force l'ex-colonisé à penser par et pour lui-même, et au lieu d'être le lieu d'une genèse renouvelée du sens, la décolonisation – surtout là où elle fut octroyée – prit l'allure d'une rencontre par effraction avec soi-même : non point le résultat d'un désir fondamental de liberté, quelque chose que le sujet se donne et qui devient la source nécessaire de la morale et de la politique, mais une extériorité, une greffe apparemment dénuée de toute puissance de métamorphose. L'on propose ensuite un parcours double. Les chapitres 3 et 4 traitent de ce qu'il faut bien appeler l'« occupant sans place », en l'occurrence la France contemporaine. En tant que forme et figure, acte et relation, la colonisation fut, à bien des égards, une coproduction des colons et des colonisés. Ensemble, mais à des positions différentes, ils forgèrent un passé. Mais avoir un passé en commun ne signifie pas nécessairement l'avoir en partage. L'on examine ici les paradoxes de la « postcolonialité » chez une ancienne puissance coloniale qui décolonisa sans s'autodécoloniser (chapitre 3). Les disjonctions et ramifications de ce geste font l'objet d'une attention dans le présent, notamment par le biais d'une impuissance apparente à écrire une histoire commune à partir d'un passé commun (chapitre 4).

Dans les chapitres 2 et 5, l'on s'attaque à ce que l'on considère comme le paradoxe central de la décolonisation : *dédoublement stérile et réitération sèche* d'une part, et de l'autre *prolifération indéfinie* (termes que l'on emprunte à Gilles Deleuze [6]). Car, à s'en tenir à une certaine expérience africaine, l'un des processus enclenchés au lendemain de la décolonisation aura été la destruction tantôt patiente et en sous-main, tantôt chaotique, de la forme État et des institutions héritées de la colonisation. L'histoire de cette démolition n'a pas encore été saisie comme telle

6 Gilles Deleuze, *Logique du sens*, Minuit, Paris, 1969, p. 44.

dans sa singularité. Désormais vaisseaux plus ou moins libres, les nouvelles nations indépendantes – à la vérité greffes hétérogènes de fragments à première vue incompatibles et conglomérats de sociétés au temps long – ont repris leur course. À tout risque. Cette chevauchée – succession de drames, de ruptures imprévues, de déclins annoncés, sur fond d'une formidable asthénie de la volonté – se poursuit, le changement prenant ici les contours d'une répétition, plus loin la forme d'éclairs sans conséquences et, plus loin encore, l'apparence de la dissolution et de la plongée dans l'inconnu et l'imprévu – l'impossible révolution.

Pourtant, la volonté de vie demeure. Un énorme travail de réassemblage est en cours, vaille que vaille, sur le continent africain. Ses coûts humains sont élevés. Il touche jusqu'aux structures de la pensée. Au détour de la crise postcoloniale, une reconversion de l'esprit a lieu. Destruction et réassemblage sont d'ailleurs si étroitement liés que, l'un isolé de l'autre, ces processus deviennent incompréhensibles. À côté du monde des ruines et de ce que l'on a appelé la « case sans clés » (chapitre 5) s'esquisse une Afrique en train d'effectuer sa synthèse sur le mode de la disjonction et de la redistribution des différences. L'avenir de cette Afrique-en-circulation se fera sur la base de la force de ses paradoxes et de sa matière indocile (chapitre 6). C'est une Afrique dont la charpente sociale et la structure spatiale sont désormais décentrées ; qui va dans le double sens du passé et du futur à la fois ; dont les processus spirituels sont un mélange de sécularisation de la conscience, d'immanence radicale (souci de ce monde et souci de l'instant) et de plongée apparemment sans médiation dans le divin ; dont les langues et les sons sont désormais profondément créoles ; qui accorde une place centrale à l'expérimentation ; dans laquelle germent des images et des pratiques de l'existence étonnamment postmodernes.

Quelque chose de fécond jaillira de cette *Afrique-glèbe*, immense champ de labour de la matière et des choses, quelque chose susceptible d'ouvrir sur un univers infini, extensif et hétérogène, l'univers des pluralités et du large. Ce *monde-africain-qui-vient*, dont la trame, complexe et mobile, sans cesse glisse d'une forme à l'autre et détourne toutes les langues et les sonorités puisque ne s'attachant plus guère à aucune langue ni son purs ; ce corps en mouvement, jamais à sa place, dont le centre se déplace partout ; ce corps se mouvant dans l'énorme machine du monde, on lui a trouvé un nom – afropolitanisme –, l'Afrique du Sud en étant le laboratoire privilégié (chapitre 6).

Johannesbourg, 4 août 2010

Cet essai est le fruit de longues conversations avec Françoise Vergès. Il reprend, parfois *verbatim*, des réflexions développées au cours des dix dernières années, à cheval entre l'Afrique, la France et les États-Unis, sous la forme d'articles dans des revues (*Le Débat, Esprit, Cahiers d'études africaines, Le Monde diplomatique*), de notes de cours, séminaires et ateliers, ou d'interventions dans la presse africaine et autres médias internationaux. Je voudrais exprimer ma gratitude à ceux et celles qui ont provoqué, encouragé, nourri ou accueilli ces réflexions : Pierre Nora, Olivier Mongin, Jean-Louis Schlegel, Michel Agier, Didier Fassin, Georges Nivat, Pascal Blanchard, Nicolas Bancel, Annalisa Oboe, Bogumil Jewsiewicki, Thomas Blom Hansen, Arjun Appadurai, Dilip Gaonkar, Jean Comaroff, John Comaroff, Peter Geschiere, David Theo Goldberg, Laurent Dubois, Célestin Monga, Yara El-Ghadban, Anne-Cécile Robert, Alain Mabanckou et Ian Baucom.

L'ouvrage a été écrit durant mon long séjour au Witwatersrand Institute for Social and Economic Research (WISER) à Johannesbourg, où j'ai bénéficié du soutien de mes collègues Deborah Posel, John Hyslop, Pamila Gupta, Irma Duplessis et Sarah Nuttall. J'ai également bénéficié des critiques dans le cadre du Johannesburg Workshop in Theory and Criticism (JWTC) qu'animent Kelly Gillespie, Julia Hornberger, Leigh-Ann Naidoo, Eric Worby, Tawana Kupe et Sue van Zyl. François Gèze, Béatrice Didiot, Pascale Iltis et Johanna Bourgault des Éditions La Découverte ont merveilleusement accompagné le processus de fabrication du livre, et n'ont pas hésité à partager leurs intuitions.

Introduction

Le demi-siècle

Le colonialisme fut loin d'être une fusée d'or. Statue géante devant laquelle, apeurées ou fascinées, les multitudes venaient se prosterner, il dissimulait en réalité un énorme creux. Carcasse de métal sertie de joyaux splendides, il participait par ailleurs de la Bête et du fumier [1]. Lent brasier dispersant partout ses panaches de fumée, il chercha à s'instituer à la fois comme rite et comme événement ; comme parole, geste et sagesse, conte et mythe, meurtre et accident. Et c'est en partie à cause de sa redoutable capacité de prolifération et de métamorphose qu'il fit tant trembler le présent de ceux qu'il s'était asservis, s'infiltrant jusque dans leurs songes, remplissant leurs cauchemars les plus affreux, avant de leur arracher d'atroces lamentations [2]. La colonisation, quant à elle, ne fut pas qu'une technologie, ni un simple dispositif. Elle ne fut pas qu'ambiguïtés [3]. Elle fut aussi un complexe, un échafaudage de certitudes, les unes plus illusoires que les autres : la puissance du faux. Complexe mouvant bien entendu, mais aussi, et à bien des égards, échangeur fixe et immobile. Habituée à vaincre sans

1 Yambo Ouologuem, *Le Devoir de violence*, Le Serpent à plumes, Paris, 2003.

2 Achille Mbembe, *La Naissance du maquis dans le Sud-Cameroun. 1920-1960 : histoire des usages de la raison en colonie*, Karthala, Paris, 1996.

3 Caroline Elkins, *Imperial Reckoning. The Untold Story of Britain's Gulag in Kenya*, Henry Holt, New York, 2005 ; et David Anderson, *Histories of the Hanged. Britain's Dirty War in Kenya and the End of Empire*, Weidenfelf & Nicolson, Londres, 2005.

avoir raison, elle exigea des colonisés non seulement qu'ils changent leurs raisons de vivre, mais aussi qu'ils changent de raison – des êtres en écart perpétuel [4]. Et c'est en tant que telle que la Chose et sa représentation suscitèrent la résistance de ceux qui vivaient sous son joug, provoquant indocilité, terreur et séduction à la fois, ainsi que, ici et là, quantités d'insurrections.

C'est de la décolonisation en tant qu'expérience d'émergence et de soulèvement que traite cependant ce livre. Il est une interrogation sur la *communauté décolonisée*. Dans les conditions de l'époque, le soulèvement consista en très grande partie en une redistribution des langages. Ce ne fut pas seulement le cas là où il fallut passer par les armes. Pris comme sous le feu du Paraclet, les colonisés, à divers niveaux, se mirent à parler diverses langues en lieu et place de la langue unique. Dans ce sens, la décolonisation représente, dans l'histoire de notre modernité, un grand moment de dé-liaison et de bifurcation des langages. Désormais il n'y a plus ni orateur ni médiateur uniques. Plus de maître sans contremaître. Plus d'univocité. Chacun peut s'exprimer en sa propre langue, et les destinataires de ces propos peuvent les recevoir dans la leur. Les nœuds ayant été défaits, il n'y a plus désormais qu'un immense faisceau. Dans l'esprit de ceux qui s'en acquittèrent, décoloniser ne voulut jamais dire repasser, en un temps différent, les images de la Chose ou ses substituts. Toujours le dénouement avait pour but de clore la parenthèse d'un monde composé de deux catégories d'hommes : d'un côté, les sujets qui agissent, de l'autre, les objets sur lesquels l'on intervient. Il visait une radicale métamorphose de la relation. Les anciens colonisés créeraient désormais leur temps propre, tout en construisant le temps du monde. Sur le terreau de leurs traditions et de leurs imaginaires, et adossés à leur long passé, ils pourraient désormais se reproduire dans leur histoire propre – elle-même illustration manifeste de l'histoire de l'humanité tout entière. L'on reconnaîtrait

4 Cheikh Hamidou KANE, *L'Aventure ambiguë*, 10/18, 2003.

désormais l'Événement à la manière dont tout commencerait à nouveau. Au jeu de la répétition sans différence, aux forces qui, du temps de la servitude, cherchèrent à épuiser ou à clore la durée s'opposerait désormais le pouvoir d'engendrement. C'est ce que Frantz Fanon appelait, dans un langage prométhéen, la sortie de la « grande nuit » d'avant la vie [5], tandis qu'Aimé Césaire évoquait le désir « d'un soleil plus brillant et de plus pures étoiles [6] ».

Ressaisir le sens primitif de la décolonisation

Sortir de la grande nuit d'avant la vie requérait une démarche consciente de « provincialisation de l'Europe ». Il fallait, disait Fanon, tourner le dos à cette Europe, celle qui « n'en finit pas de parler de l'homme tout en le massacrant partout où elle le rencontre, à tous les coins de ses propres rues, à tous les coins du monde ». Cette Europe, qui jamais ne cessa de parler de l'homme, ajoutait-il, « nous savons aujourd'hui de quelles souffrances l'humanité a payé chacune des victoires de son esprit [7] ». Cette Europe-là, Fanon ne proposait pas seulement de ne pas la « suivre » : il proposait de la « quitter » parce que son jeu était arrivé à sa fin. Le temps de passer à « autre chose » était arrivé, affirmait-il. D'où la nécessité de reprendre la « question de l'homme ». Comment ? En marchant « tout le temps, la nuit et le jour, en compagnie de l'homme, de tous les hommes [8] ». C'est ce qui faisait de la communauté décolonisée une communauté en marche, une communauté de marcheurs, une vaste caravane universelle. Chez d'autres, cette vaste compagnie universelle pouvait s'obtenir non en se désapparentant de l'Europe, mais en posant sur elle un regard de sollicitude et de compassion

5 Frantz Fanon, *Les Damnés de la terre*, La Découverte, Paris, 2003 (1968), p. 301.
6 Aimé Césaire, *Les Armes miraculeuses*, Gallimard, Paris, 1970, p. 15.
7 Frantz Fanon, *Les Damnés de la terre*, *op. cit.*, p. 302.
8 *Ibid.*, p. 303-304.

et en lui réinsufflant le supplément d'humanité qu'elle avait perdu [9].

Par-delà la compilation des détails historiques, ce sont ces significations primitives de l'événement qu'il faut savoir ressaisir. Elles se trouvent dans la matière même de l'expérience coloniale, dans la langue, le verbe, les écrits, les chants, les actes et la conscience de ses protagonistes, et dans l'histoire des institutions dont ils se dotèrent, ainsi que la mémoire qu'ils forgèrent de ces événements [10]. Il faut comprendre que le soulèvement (notamment armé) organisé pour mettre un terme à la domination coloniale et à la loi de la race qui en était le pilier n'eût guère été possible sans la production consciente, de la part des insurgés, d'un pouvoir étrange – sublime illusion ou pouvoir du songe ? –, d'une puissance énergétique et incendiaire, d'une structure d'affects faite de raison calculatrice et de colère, de foi et d'opportunisme, de désirs et d'exaltation, de messianisme, voire de folie, et sans une traduction de ce feu en langage et en *praxis* : la *praxis* du surgissement, du jaillissement, de l'émergence [11]. Renverser les vieux liens de sujétion et occuper une nouvelle place dans le temps et la structure du monde, tel était l'horizon. Et si, au cours de cette montée vers les limites, l'explication avec la mort devait s'imposer, surtout ne point mourir à la manière d'un rat ou d'un animal domestique, pris au piège dans la basse-cour, aux écuries, à l'étable, sous le marteau ou, simplement, en plein air [12] !

Pour bien des acteurs de l'époque, il s'agissait bel et bien d'un combat manichéen [13]. Interprétation de la vie et préparation à la mort, la lutte pour la décolonisation revêtit, en maintes

---

9 Léopold Sédar Senghor, *Chants d'ombre*, Seuil, Paris, 1956 et Gary Wilder, « Race, Reason, Impasse : Césaire, Fanon and the Legacy of Emancipation », *Radical History Review*, n° 90, automne 2004.

10 Achille Mbembe, « Pouvoir des morts et langages des vivants », *Politique africaine*, n° 22, 1982.

11 David Lan, *Guns and Rains : Guerillas and Spirit Mediums in Zimbabwe*, University of California Press, Berkeley, 1985.

12 Sur ce thème d'une mort librement acceptée, lire Nelson Mandela, *Long Walk to Freedom*, Little Brown & Co, Londres, 1995.

13 Ho Chi Minh, *Down with Colonialism*, Walden Bello, Verso, Londres, 2007.

occasions, l'allure d'une procréation poétique. Chez les héros de la lutte – dont se souvient en particulier le chant populaire –, elle exigea le dessaisissement de soi, une étonnante capacité d'ascèse et, dans certains cas, le tressaillement de l'ivresse. La colonisation avait enserré une part importante du globe dans un immense réseau de dépendance et de domination. Le combat pour y mettre un terme prit, en retour, une allure planétaire. Mouvement de repotentialisation, certains l'imaginèrent comme une fête de la délivrance universelle, la remontée de l'homme au plus haut degré de ses facultés symboliques, à commencer par le corps tout entier, agité rythmiquement en ses membres et en sa raison par le chant et la danse – rire strident et surabondance de vie. C'est ce qui conférait au combat anticolonialiste sa dimension à la fois onirique et esthétique.

Cinquante ans après, quelles traces, quelles marques, quels restes demeurent de cette expérience de soulèvement, de la passion qui l'habita, de cette tentative de passage de l'état de chose à l'état de sujet, de la volonté de reprise de la « question de l'homme » ? Y a-t-il vraiment quoi que ce soit à commémorer ou faut-il, au contraire, tout reprendre ? Reprendre quoi, pourquoi, comment et dans quelles conditions ? Dans quelles nouvelles langue, culture et parole, au sein de ce chaos nébuleux du présent ? Si, comme l'avait dit Frantz Fanon, la communauté décolonisée se définit par sa relation au futur, l'expérience d'une nouvelle forme de vie et un rapport neuf avec l'humanité [14], qui donc définira à nouveau le contenu original pour lequel une forme nouvelle doit être créée ? S'il faut entreprendre de nouveau l'extraordinaire voyage vers un nouveau monde, au moyen de quel nouveau savoir se fera-t-il ? Bref, comment redonner de la vie à ce qui n'est plus qu'une statue ? Ou, matière apparemment inerte et sujet désormais encombrant, faut-il simplement la déboulonner ?

Car, un demi-siècle plus tard, en lieu et place d'une véritable reprise de possession de soi et à la place de l'instance fondatrice,

---

14 Frantz Fanon, *Les Damnés de la terre*, *op. cit.*

que voit-on ? Un bloc apparemment sans vie qui témoigne de tout sauf de la forme d'un corps vivant et joyeux, disparaissant sous une double nappe de colère et de fétiches. Quelques objets scintillent au milieu d'un fleuve qui rebrousse chemin. Et, au fond du cône, d'illisibles gisements en attente de fouilles. Pourquoi l'Afrique est-elle trouée et forée ? Pourquoi cette plénitude dans la lourdeur et ce bruit qui sans cesse devance le sujet et semble le noyer dans un innommable état ? Et cette fureur qui enveloppe le calme apparent des choses, n'échappant tantôt à sa muette généalogie que pour s'affaisser de plus belle dans le vide ? À quand la chose ouvragée ? Où allons-nous donc ?

Restauration autoritaire par-ci, multipartisme administratif par-là, ailleurs maigres avancées au demeurant réversibles et, à peu près partout, niveaux très élevés de violence sociale, voire situations d'enkystement, de conflit larvé ou de guerre ouverte, sur fond d'une économie d'extraction qui, dans le droit fil de la logique mercantiliste coloniale, continue de faire la part belle à la prédation : tel est le paysage d'ensemble. Tourbillon destructeur à la vérité, que ce soit à la petite semaine ou brusquement, au détour de tant de désastres – ce à quoi il faut ajouter l'affairement sans but, l'improvisation chronique, l'indiscipline, la dispersion et le gaspillage, et un pesant d'indignité, de mépris et d'humiliation plus tenaces encore qu'à l'époque coloniale. Dans la plupart des cas, les Africains ne sont toujours pas à même de choisir librement leurs dirigeants. Trop de pays restent à la merci de satrapes, dont l'objectif unique est de rester au pouvoir à vie. Du coup, la plupart des élections sont truquées. On sacrifie aux aspects procéduraux les plus élémentaires de la concurrence, mais l'on garde le contrôle sur les principaux leviers de la bureaucratie, de l'économie, et surtout de l'armée, de la police et des milices. La possibilité de renverser le gouvernement par la voie des urnes n'existant pratiquement pas, seuls l'assassinat, la rébellion ou le soulèvement armé peuvent contredire le principe de la continuation indéfinie au pouvoir. Manipulations électorales et successions de père en fils aidant, l'on vit, *de facto*, sous des chefferies masquées.

Où allons-nous ?

Cinq tendances lourdes circonscrivent l'avenir, parant l'horizon immédiat d'une clôture orageuse. La première est l'absence d'une pensée de la démocratie qui servirait de base à une véritable alternative au modèle prédateur en vigueur à peu près partout. La deuxième est le recul de toute perspective de révolution sociale radicale sur le continent. La troisième est la sénilité croissante des pouvoirs nègres. Cette situation rappelle, toutes proportions gardées, les développements qui prévalaient au XIXe siècle, lorsque, faute de pouvoir négocier à leur avantage la pression externe, la plupart des communautés politiques s'autodétruisirent dans d'interminables guerres de succession. La quatrième est l'enkystement de pans entiers de la société et l'irrépressible désir, chez des centaines de millions de personnes, de vivre partout ailleurs dans le monde plutôt que chez eux – volonté générale de fuite, de défection et de désertion ; rejet de la vie sédentaire faute de pouvoir dire la résidence ou le repos. À ces dynamiques structurelles s'en ajoute une autre : l'institutionnalisation des pratiques du racket et de la prédation, des spasmes brusques, des émeutes sans lendemain qui, à l'occasion, tournent facilement à la guerre de pillage. Cette sorte de *lumpen*-radicalisme – à la vérité, violence sans projet politique alternatif – n'est pas seulement portée par les « cadets sociaux », dont l'« enfant-soldat » et le « sans-travail » des bidonvilles constituent les tragiques symboles. Cette sorte de populisme sanglant est aussi mobilisée, lorsqu'il le faut, par les forces sociales, qui, étant parvenues à coloniser l'appareil d'État, en ont fait l'instrument d'enrichissement d'une classe, ou simplement une ressource privée, ou bien encore une source d'accaparements en tous genres. Quitte à utiliser l'État pour détruire l'État, l'économie et les institutions, cette classe est prête à tout pour conserver le pouvoir, la politique n'étant d'ailleurs à ses yeux qu'une manière de conduire la guerre civile ou la lutte ethnique et raciale par d'autres moyens.

Mais c'est sur le plan culturel et de l'imaginaire que les transformations en cours sont les plus vives. L'Afrique n'est plus un espace circonscrit, dont on peut définir le lieu, ou qui cacherait par-devers lui un secret ou une énigme, ou encore que l'on peut borner. Si le continent est encore un lieu, il s'agit bien souvent et pour beaucoup d'un lieu de passage ou de transit. C'est un lieu en train de se dénouer autour d'un modèle nomade, transitaire, errant ou asilaire. La sédentarité tend à y devenir l'exception. Les États, là où il en existe, sont des nœuds plus ou moins juxtaposés que l'on cherche à enjamber ; des échangeurs et des espaces de passage. *Culture du frayage*, donc – surtout pour ceux qui sont en route pour ailleurs. Pourtant, que d'obstacles à surmonter dans un monde désormais cerné de haies et hérissé de murailles. Pour des millions de ces gens, la globalisation ne représente guère le temps infini de la circulation. Elle est le temps des villes fortifiées, des camps et des cordons, des clôtures et des enclos, des frontières sur lesquelles on vient buter, et qui, de plus en plus, servent de stèle ou d'obstacle tombal – la mort tracée à même la poussière ou les flots ; le corps-objet jeté là, gisant devant le vide. L'Afrique est désormais en majorité peuplée de passants potentiels. Confrontés au pillage, à maintes formes de rapacité, à la corruption et à la maladie, à la piraterie et à maintes expériences de viol, ils sont prêts à se détourner du lieu natal, dans l'espoir de se réinventer et de se réenraciner ailleurs. Quelque chose est en train de jaillir, bouillonnant, violent, du rouet que constitue le désœuvrement des forces vives du continent, la fuite forcenée devant la terrible alternative : rester là, dans l'éclat du dessèchement, et courir le risque de devenir de la simple viande humaine, ou se déplacer, s'en aller, à tout risque.

Ces brusques observations ne signifient pas qu'il n'existe aucune saine aspiration à la liberté et au bien-être en Afrique. Ce désir peine cependant à trouver un langage, des pratiques effectives, et surtout une traduction dans des institutions nouvelles et une culture politique neuve, où la lutte pour le pouvoir n'est plus un jeu à somme nulle. Pour que la démocratie s'enracine en

Afrique, il faudrait qu'elle soit portée par des forces sociales et culturelles organisées ; des institutions et des réseaux sortis tout droit du génie, de la créativité et surtout des luttes quotidiennes des gens eux-mêmes et de leurs traditions propres de solidarité. Mais cela ne suffit pas. Il faut aussi une Idée dont elle serait la métaphore vivante. Ainsi, en réarticulant par exemple le politique et le pouvoir autour de la critique des formes de mort, ou plus précisément de l'impératif de nourrir les « réserves de vie », on pourrait ouvrir la voie à une nouvelle pensée de la démocratie dans un continent où le pouvoir de tuer reste plus ou moins illimité, et où la pauvreté, la maladie et les aléas de tous genres rendent l'existence incertaine et précaire. Au fond, une telle pensée devrait être un mélange d'utopie et de pragmatisme. Elle devrait être, de nécessité, une pensée de ce qui vient, de l'émergence et du soulèvement. Mais ce soulèvement devrait aller bien au-delà de l'héritage des combats anticolonialiste et anti-impérialiste dont les limites, dans le contexte de la mondialisation et au regard de ce qui s'est passé depuis les indépendances, sont désormais évidentes.

En attendant, trois facteurs décisifs constituent des freins à une démocratisation du continent. D'abord, une certaine économie politique. Ensuite, un certain imaginaire du pouvoir, de la culture et de la vie. Et, enfin, des structures sociales dont l'un des traits saillants est de conserver leur forme apparente et leurs déguisements anciens tout en se transformant sans cesse en profondeur. D'une part, la brutalité des contraintes économiques dont les pays africains ont fait l'expérience au cours du dernier quart du XXe siècle – et qui se poursuit sous la férule du néolibéralisme – a contribué à la fabrication d'une multitude de « gens sans-parts », dont l'apparition sur la scène publique s'effectue de plus en plus sur le mode du tumulte ou, pis, de tueries lors de bouffées xénophobes ou à l'occasion des luttes ethniques, surtout au lendemain d'élections truquées, dans le contexte des protestations contre la vie chère, ou encore dans le cadre des guerres pour l'accaparement des ressources rares. Pour la plupart déclassés des bidonvilles, déscolarisés, privés de toute certitude de prendre épouse ou de fonder une famille, ce sont des gens qui n'ont objectivement rien à perdre, qui de surcroît sont peu ou prou structurellement à l'abandon – condition de laquelle ils ne peuvent souvent échapper que par la migration, la criminalité et toutes sortes d'illégalismes.

C'est une classe de « superflus » dont l'État (là où il existe), voire le marché lui-même, ne savent que faire ; des gens que l'on ne peut guère vendre en esclavage comme aux débuts du capitalisme moderne, ni réduire aux travaux forcés comme à l'époque coloniale et sous l'apartheid, ou encore entreposer dans des institutions pénitentiaires comme aux États-Unis. Du point de vue du capitalisme tel qu'il fonctionne dans ces régions du monde, ils constituent de la viande humaine ployant sous la loi du gaspillage, de la violence et de la maladie, livrée à l'évangélisme nord-américain, aux croisés de l'islam et à toutes sortes de phénomènes de sorcellerie et d'illumination. D'autre part, la brutalité des contraintes économiques a aussi vidé de tout contenu le projet démocratique en réduisant celui-ci à une simple formalité – un artifice sans contenu et un rituel dénué d'efficacité symbolique. À tout cela, il convient d'ajouter, comme on le suggérait à l'instant, l'incapacité à sortir du cycle de l'extraction et de la prédation dont l'histoire, d'ailleurs, date d'avant la colonisation. Ces facteurs, pris ensemble, pèsent énormément sur les formes que prend la lutte politique en maints pays postcoloniaux.

À ces données fondamentales s'ajoute l'événement qu'aura été la grande diffraction sociale commencée au début des années 1980. Cette diffraction de la société a conduit à peu près partout à une informalisation des rapports sociaux et économiques, à une fragmentation sans précédent du champ des règles et des normes, et à un processus de désinstitutionnalisation qui n'a pas épargné l'État lui-même. Cette diffraction a également provoqué un grand mouvement de défection de la part de nombreux acteurs sociaux, ouvrant la voie à de nouvelles formes de la lutte sociale – par le bas, une lutte sans pitié pour la survie et centrée autour de l'accès aux ressources de base ; et, par le haut, la course à la privatisation. Aujourd'hui, le bidonville est devenu le lieu névralgique de ces nouvelles formes de « sécessions » sans révolution, d'affrontements souvent sans tête apparente, de type moléculaire et cellulaire, et qui combinent des éléments de la lutte des classes, de la luttes des races, de la lutte ethnique, des millénarismes religieux et des luttes en sorcellerie.

Pour le reste, la faiblesse des oppositions est connue. Pouvoir et opposition opèrent en fonction d'un temps court marqué par l'improvisation, les arrangements ponctuels et informels, les compromis et compromissions divers, les impératifs de conquête immédiate du pouvoir ou la nécessité de le conserver à tout prix. Les alliances se nouent et se dénouent constamment. Mais, surtout, l'Afrique demeure une région du monde où le pouvoir, quel qu'il soit et sous le sceau du satrape, se dote automatiquement d'immunité. Les choses sont en effet simples. Le potentat est une loi en lui-même. Sa loi, en bien des cas, est celle de l'extraction et de l'accaparement et, éventuellement, du meurtre. Lourde ossature écrasante et noueuse, il a pour fonction de tisser un lien funèbre entre la vie et la terreur. En prenant la mort pour la vie et en maintenant les deux termes dans un rapport d'échange aussi infernal que quasi permanent, il peut ainsi renouveler, presque à volonté, des cycles prédatoires dont chacun enfonce chaque fois davantage l'Afrique dans le midi dionysiaque de ce que Bataille appelait la « dépense ».

Démocratisation et internationalisation

La décolonisation de l'Afrique ne fut pas seulement une affaire africaine. Aussi bien avant que pendant la Guerre froide, elle fut une affaire internationale. Bien des puissances externes ne l'acceptèrent que du bout des lèvres. Certaines opposèrent un refus parfois militant à l'impératif d'une décolonisation qui aille de pair avec la démocratisation ou, à l'exemple de l'Afrique australe, un degré substantiel de déracialisation. Dans son pré-carré, la France des années 1950 et 1960 recourut, le cas échéant, à la corruption et à l'assassinat [15]. Aujourd'hui encore, elle est connue, à tort ou à raison, pour son soutien le plus tenace, le plus retors et le plus indéfectible aux satrapies les plus corrompues du continent et aux régimes qui, justement, ont tourné le dos à la cause africaine. Il y a deux raisons à cela : d'une part, les conditions historiques dans lesquelles se sont effectués la décolonisation et le régime des capitations qu'ont cimenté les accords inégaux « de coopération et de défense » signés dans les années 1960 ; d'autre part, l'infirmité révolutionnaire, l'impotence et l'inorganisation des forces sociales internes. Les accords secrets – dont certaines clauses touchaient au droit de propriété sur le sol, le sous-sol et l'espace aérien des anciennes colonies – n'avaient pas pour objectif de liquider le rapport colonial, mais de le contractualiser et de le sous-traiter à des fondés de pouvoir indigènes. Loin d'être de simples jouets entre les mains d'un prestidigitateur, ces derniers disposaient cependant d'une autonomie relative dont ils surent parfois jouer, au point de s'être, un demi-siècle plus tard, constitués en véritable « classe » dont les tentacules sont désormais transnationales.

Les États-Unis ne s'opposent peut-être pas activement à la démocratisation de l'Afrique. Cynisme, hypocrisie et instrumentalisation suffisent largement – encore que, moralisme, évangélisme et anti-intellectualisme à part, de nombreuses institutions privées américaines apportent un appui multiforme à la consolidation des sociétés civiles africaines. Un fait majeur du demi-siècle à venir sera la présence, en Afrique, de la Chine – puissance sans Idée. Cette présence apparaît sinon comme un contrepoids, du moins comme un expédient à l'échange inégal si caractéristique des relations que le continent africain entretient avec les puissances occidentales et les institutions financières internationales. Pour le moment, la relation avec la Chine ne sort pourtant pas du modèle de l'économie d'extraction

15 Georges Chaffard, *Les Carnets secrets de la décolonisation*, Calmann-Lévy, Paris, 1965.

– modèle qui, ajouté à la prédation, constitue la base matérielle des tyrannies nègres. Il ne faut donc pas s'attendre à ce que la Chine soit d'un grand secours dans les luttes à venir pour la démocratie. L'influence de l'autre puissance montante, l'Inde, est pour l'instant dérisoire en dépit de la présence en Afrique orientale et australe d'une diaspora solidement établie. Quant à l'Afrique du Sud, elle ne peut pas, à elle toute seule, promouvoir la démocratie en Afrique. Elle n'en a ni les moyens, ni la volonté, ni les ressources d'imagination. Du reste, elle doit d'abord approfondir la démocratie chez elle avant de penser à la promouvoir chez d'autres.

Face à l'absence de forces sociales internes capables d'imposer, au besoin par la force, une transformation radicale des rapports sociaux et économiques, il est nécessaire d'imaginer d'autres voies pour une possible renaissance. Elles seront longues et sinueuses. Les lignes de pression se multiplient pourtant, même si elles s'accompagnent de formes perverses de reterritorialisation [16]. Bientôt, il faudra sortir de l'alternative perverse : fuir ou périr. Ce à quoi il faudrait arriver, c'est une sorte de « New Deal » continental collectivement négocié par les différents États africains et par les puissances internationales – un « New Deal » en faveur de la démocratie et du progrès économique qui viendrait compléter et clore une fois pour toutes le chapitre de la décolonisation. Survenant plus d'un siècle après la fameuse conférence de Berlin qui inaugura la partition de l'Afrique, ce « New Deal » serait assorti d'une prime économique à la reconstruction du continent. Mais il comporterait également un volet juridique et pénal, des mécanismes de sanction, voire de mise au ban, dont la mise en œuvre serait nécessairement multilatérale, et dont l'inspiration pourrait être trouvée dans les transformations récentes du droit international. Cela impliquerait qu'à l'occasion des régimes coupables de crimes contre leurs peuples puissent être légitimement déposés par la

---

16 James Ferguson, *Global Shadows. Africa in the Neoliberal World Order*, Duke University Press, Durham, 2006.

force et les auteurs de ces crimes poursuivis devant la justice pénale internationale. La notion de « crimes contre l'humanité » devrait elle-même faire l'objet d'une interprétation étendue qui inclue non seulement les massacres et les violations aggravées des droits humains, mais aussi des faits graves de corruption et de pillage des ressources naturelles d'un pays. Il va de soi que des acteurs privés locaux ou internationaux pourraient également être visés par de telles dispositions. C'est à ce niveau de profondeur historique et stratégique qu'il importe désormais d'envisager la question de la décolonisation, de la démocratisation et du progrès économique en Afrique. La démocratisation de l'Afrique est d'abord une question africaine, certes. Elle passe, bien sûr, par la constitution de forces sociales capables de la faire naître, de la porter et de la défendre. Mais elle est également une affaire internationale.

Nouvelles mobilisations

Pour le demi-siècle qui vient, une partie du rôle des intellectuels, des gens de culture et de la société civile africains sera justement d'aider d'une part à la constitution de ces forces par le bas et, d'autre part, à internationaliser la « question de l'Afrique », dans le droit fil des efforts des dernières années visant à mutualiser la sécurité et le droit international et qui ont vu l'apparition d'instances juridictionnelles supra-étatiques. Encore faut-il aller au-delà de la conception traditionnelle de la société civile, celle héritée directement de l'histoire des démocraties capitalistes. D'une part, il faut tenir compte du facteur objectif qu'est la multiplicité sociale – multiplicité des identités, des allégeances, des autorités et des normes –, et, à partir d'elle, imaginer de nouvelles formes de luttes, de mobilisation et de leadership. D'autre part, la nécessité de la création d'une plus-value intellectuelle n'a jamais été aussi pressante. Cette plus-value doit être réinvestie dans un projet de transformation radicale du continent. La création de cette plus-value ne sera pas uniquement l'œuvre de l'État. Elle est la nouvelle tâche des sociétés civiles africaines. Pour y parvenir, il faudra à tout prix sortir de la logique de l'humanitarisme, c'est-à-dire de l'urgence et des besoins immédiats qui, jusqu'à présent, a colonisé le débat sur l'Afrique. Tant que la logique de l'extraction et de la prédation qui caractérise l'économie politique des matières premières en Afrique n'est pas brisée, et avec elle les modes existants d'exploitation des richesses du sous-sol africain, l'on enregistrera peu de progrès. La sorte de capitalisme que favorise cette logique allie fort bien mercantilisme, désordres politiques, humanitarisme et militarisme. Cette sorte de capitalisme, on en voyait déjà les prémisses à l'époque coloniale avec le régime des sociétés concessionnaires. Or, tout ce dont il a besoin pour fonctionner, ce sont des enclaves fortifiées, des complicités souvent criminelles au cœur des sociétés locales, le minimum possible d'État et l'indifférence internationale.

La décolonisation sans la démocratie est une bien piètre forme de reprise de possession de soi, fictive. Mais, si les Africains veulent la démocratie, c'est à eux d'en imaginer les formes et d'en payer le prix. Personne ne le paiera à leur place. Ils ne l'obtiendront pas non plus à crédit. Ils auront néanmoins besoin de s'appuyer sur de nouveaux réseaux de solidarité internationale, une grande coalition morale en dehors des États réunissant tous ceux qui croient que, sans sa part africaine, notre monde non seulement sera plus pauvre encore en esprit et en humanité, mais que sa sécurité sera plus que jamais gravement hypothéquée.

1

À partir du crâne d'un mort. Trajectoires d'une vie

« La nuit du monde reste [...] à penser comme un destin qui nous advient en deçà du pessimisme et de l'optimisme. Peut-être la nuit du monde va-t-elle maintenant vers son minuit. Peut-être cet âge va-t-il maintenant devenir pleinement temps de détresse. Mais peut-être pas, encore pas, toujours pas, malgré l'incommensurable nécessité, malgré toutes les souffrances, malgré la misère sans nom, malgré l'incessante carence de repos et de paix, malgré le désarroi croissant. » Ainsi parle Heidegger dans un texte intitulé « Pourquoi des poètes [1] ? ». Dans ces lignes, Heidegger discute et prolonge l'élégie de Hölderlin intitulée « Pain et Vin », s'efforçant notamment de répondre à sa question : « Et pourquoi des poètes en temps de détresse ? » Parce que le « temps de détresse » est long, Heidegger estime que même la terreur, « prise pour elle-même comme cause possible d'un virage, ne peut rien tant qu'il n'y a pas de revirement des mortels ». Or, poursuit-il, « il n'y a de revirement des mortels que s'ils prennent site dans leur être propre ». Et de conclure : « Être poète en temps de détresse, c'est alors : chantant, être attentif à la trace des dieux enfuis », partir de l'« essentielle misère de l'âge », alors même que, « plus la nuit du monde va

1 Martin Heidegger, « Pourquoi des poètes ? », *in* Id., *Chemins qui ne mènent nulle part*, Gallimard, Paris, 2006 (1962).

vers son minuit, plus exclusivement règne l'indigence, de sorte que son essence se dérobe », et ses traces s'effacent.

Mais encore faut-il ne pas enténébrer l'individu en célébrant la beauté du mal et les mythologies qui cherchent précisément à enrégimenter l'esprit, ainsi que le fit Heidegger lui-même dans son rapport au projet nazi. Encore faut-il résister à la complicité par enchantement, et savoir vers quoi notre chant est en route, et quelle est son appartenance dans le « destin de la nuit du monde ».

Fragment de mémoire

Juillet. Je suis bien né un jour de juillet, alors que le mois tirait vers sa fin, dans cette contrée d'Afrique que l'on nomma, tardivement, le « Cameroun », en souvenir de l'émerveillement qui saisit les marins portugais du XVe siècle lorsque, remontant le fleuve aux environs de Douala, ils ne purent s'empêcher d'y noter la présence d'une multitude de crustacés, et baptisèrent l'endroit « Rio dos Camaroes », c'est-à-dire la « rivière des crevettes ». J'ai grandi à l'ombre de cette contrée sans nom propre, puisque, dans un sens, celui qu'elle porte n'est que le produit de l'étonnement d'un autre – une méprise, faut-il dire, lexicale ? À la lisière de l'une des nombreuses forêts du Sud, j'ai passé beaucoup de temps à l'ombre d'un village dont le nom est sans nom – beaucoup de temps à l'ombre de ses histoires, de ses gens. De tous ces gens, je me souviens encore. Aussi bien de ceux et celles qui sont décédés pendant mon adolescence que de ceux et celles qui moururent plus tard, en mon absence, puisque je suis parti. Je connais encore leurs noms, et je revois leurs visages. J'entends encore le bruit du tam-tam annonçant le passage de l'un ou de l'autre de ce monde à l'autre. Je dis bien « passage » puisque ce sont les mots que ma propre mère utilisait pour ne pas avoir à prononcer ce terrible Autre qu'est la « mort ». Tout cela, je l'ai connu en ce village.

Je me souviens aussi des deuils et des funérailles, des histoires que l'on racontait en ces circonstances : de tel ou tel dont on avait rencontré l'ombre, un jour aveuglant, dans les champs où il avait l'habitude de travailler. Et de tel autre, dont le double, remonté des entrailles de la terre, revenait déambuler, couper le bois, recueillir le vin de palme, visiter la demeure une fois la nuit tombée, refaisant ainsi le chemin jamais clos qui, depuis toujours, est supposé mener de vie à trépas et vice versa, dans une sorte d'épiphanie magique qui laissait mon esprit totalement ébloui de peur et d'extase tout à la fois. Je revois les tombes sous l'auvent des cases, ou sur le bord du chemin, comme dans ce cimetière abandonné, au centre du village, juste en face de la concession du chef, au milieu d'arbres et d'un ou de deux palmiers accusant déjà le poids de l'âge, près des cocotiers et de la chapelle, et où, un jour, le Caterpillar qui procédait aux travaux de réfection de la route faillit ouvrir une sépulture, dérangeant quelques vieux os d'homme, les dispersant et les laissant traîner le long du caniveau, pareils à des objets égarés, jetés devant nos yeux, semblables à des haillons.

Puis il y avait les rituels, à l'exemple de ces veilles, neuf nuits durant et parfois plus, puisqu'il était de coutume de protéger, contre les brigands et les vendeurs d'ossements humains, les cadavres fraîchement enterrés. Nuits de la peur, je le jure, surtout lorsque les chiens se mettaient à aboyer, ou qu'une pluie diluvienne ou une armée de fourmis sauvages s'abattaient sur le village, dérangeant le sommeil des poules, obligeant moutons, chèvres et cabris à gambader de plus belle, trouant les ténèbres d'éclairs terrifiants, et faisant remonter la mémoire loin dans le temps, aux jours d'avant la civilisation.

J'ai aussi en mémoire l'école de la mission catholique, entre l'église et le dispensaire, non loin du cimetière derrière les manguiers et avant la bananeraie, où reposaient je ne sus jamais combien de corps, sous des pierres tombales qui ressemblaient à d'interminables tumulus plus ou moins rectilignes, mais en fait éparpillés dans l'espace, sur la pente de ce qui ressemblait à une colline au pied de laquelle coulait un ruisselet. Certains jours, le soir venu, alors que s'accomplissait la nuit, lente et constellée, je pouvais me représenter ces sépultures que j'avais vues à midi pendant que les écoliers jouaient au football. Et, silencieusement, je me demandais comment je pourrais jamais construire un discours sur ces sépultures, avec leurs traits si secs sous la faux du soleil, si évidents de leur couleur ocre, ces sépultures si drapées dans leur rouleau d'ombre qu'elles me rendaient mélancolique, me remplissaient de tristesse et de pitié, comme si, déjà à cet âge, tout le passé était perdu, l'infini du ciel obstrué, et la fin du monde au coin.

Aujourd'hui encore, alors qu'il y eut tant d'autres marques, je ne m'explique ni comment ni pourquoi ce texte vertigineux, je veux dire cette chose qui arrive à tout le monde et qu'on appelle la mort, comment tout cela devint si inséparable de ces jours de transhumance, dans les parages de mon adolescence, et du souvenir errant que j'en ai gardé. Je ne saisis toujours pas pourquoi les ténèbres de la nuit, masque opaque et pourtant si pénétrable, me remplirent chaque fois d'une indescriptible frayeur, avec leur cohorte de lucioles dont on ne cessa de nous répéter qu'elles couvaient chacune un fantôme, avec leurs chants lugubres de hiboux, occupés, nous disait-on, à dévorer la viande des autres, ces chants au goût de rouille, salés des corruptions de la sorcellerie, cette sorte de dilapidation, de consommation perverse et démesurée, qui survivait aux déchirures du jour et aux âges du monde, comme le crâne des cavernes.

Décembre. Chaque nuit, le brouillard descendait sur la brousse et, au petit matin, venait mouiller les sentiers pareils à des navires éventrés, acculés sur la berge. Il annonçait Noël, cette autre séquence du calendrier chrétien, puisque pour beaucoup de gens de ce village les légendes siffleuses du christianisme étaient devenues, depuis au moins les années 1930, ce labyrinthe de tous les possibles grâce auquel l'horizon lui-même était ramené à la portée de nos têtes. Il y avait aussi Pâques, précédé, chaque année, par le dimanche des Rameaux et d'interminables chemins de croix : le Carême, bien évidemment, la prière, la pénitence, les chants monotones des vieilles femmes ânonnant le *Stabat Mater* en milieu d'après-midi, les quatorze stations, la crucifixion et l'ensevelissement, Judas, Pilate, le Golgotha et la Résurrection.

Je n'étais pas pieux. Mais, pendant longtemps, le crucifix ne cessa de m'intriguer. Je ne comprenais pas, en effet, pourquoi, alors que l'homme était cloué au bois, remué en profondeur par la peine, la soif, la souffrance et la fièvre, du moins je l'imagine, pourquoi le Christ ne bavait pas à la poupe, pourquoi le supplicié, soumis à cette monstrueuse torture, n'avait pas ses sens déréglés, pourquoi ne crevait-il pas dans son bondissement, ne s'affaissait-il pas, ne ruait-il pas dans la folie, pourquoi, au milieu de cette terreur extrême, n'avait-il pas les yeux exorbités et usés, pourquoi ne pleurait-il pas, pourquoi n'était-il pas méconnaissable et défiguré, pourquoi avait-il un visage si serein, au point de sourire, au point de dégager cette espèce de lueur magique qui donnait à sa couronne d'épines et à sa statue un air de sottise, et risquait de faire de sa mort et de son nom de vulgaires sobriquets ?

Je ne savais que faire du christianisme, lorsque, bien plus tard, un soir dans la bibliothèque des pères dominicains, je mis la main, presque par hasard, sur un livre du théologien péruvien Gustavo Gutierrez intitulé *Théologie de la libération*[2]. Le Péruvien m'aida à repenser le christianisme comme mémoire et langage de l'insoumission, récit de l'affranchissement et rapport à un événement, peu importe qu'il fût symbolique, hyperbolique, mythique ou historique – la mort et la résurrection d'un homme né à Bethléem et crucifié au bois, sur le Golgotha, au terme d'un éprouvant calvaire, par la puissance publique. Il m'aida aussi à le concevoir comme un récit critique des potentats et des autorités, une poétique sociale, un songe subversif et un souvenir partisan, l'actuation d'un langage (propre et figuré) sur le sens de la vie. Mais, davantage encore, il me fit comprendre que l'au-delà de la mort mérite d'être pensé en soi, comme préalable à toute habitation du monde historique.

2 Gustavo Gutierrez, *Théologie de la libération*, Lumen Vitae, Bruxelles, 1971.

Ainsi se creusa l'existence, au cours de ces années-là, pareille à un horizon de sable, au milieu d'une foule de signes aussi éphémères qu'éternels. Pour autant que je me souvienne, je n'eus jamais envie ni d'enchanter les jours – qui, alors, ne semblaient guère se bousculer –, ni de les enterrer dans de vieux livres, ni même de les enfermer dans le temps, qui, depuis lors, n'a cessé de se déplacer, à un point tel que j'en suis à me demander, en supposant qu'aujourd'hui tout recommence, si vraiment je ferais, mieux qu'autrefois, profit de chacune de ces énigmes. Or donc, tout ceci n'est qu'une partie infime, un fragment d'images au sujet d'un passé dont les indices sont si nombreux, les glissements si furtifs, que tout récit y perd nécessairement de sa sûreté, là même où l'oubli et le non-dit ne peuvent que gagner en autorité. J'ai grandi dans cette contrée au sujet de laquelle il y aurait encore tant de choses à raconter. Et, ce qui m'a tenu lieu d'identité, je le dois en très grande partie à ce que j'ai vécu dans ce pays au souvenir duquel toujours je me rapporte, le plus près possible du lieu qui me vit naître et de ses émois. Puis, un jour, je suis parti.

Le repas tragique

Né dans la foulée des indépendances, je suis donc, dans une large mesure, le produit du premier âge du postcolonialisme – de son enfance et de son adolescence. J'ai grandi en Afrique à l'ombre des nationalismes triomphants. À l'époque, la dette, l'ajustement structurel, le chômage de masse, la grande corruption et la grande criminalité, les rapines voire les guerres de prédation ne faisaient guère partie de l'expérience ordinaire – ou du moins n'avaient-ils pas le même degré d'intensité qu'aujourd'hui. Dans mon pays natal en particulier, il était question de la lutte contre ce que l'on appelait alors la « rébellion » et le « terrorisme ».

C'est qu'au lendemain de la Seconde Guerre mondiale émergea à Douala, principale ville du pays, un mouvement anticolonialiste dont l'indépendance immédiate constituait l'une des principales revendications politiques [3]. Très vite, l'idée de liberté, d'autoconstitution et d'autogouvernement prit corps et se répandit dans toutes les couches sociales, du moins dans le sud du pays. La répression coloniale s'étant intensifiée au courant de l'année 1955, le mouvement d'indépendance fut acculé à une lutte armée à laquelle il n'était guère préparé. Il fut défait militairement par la France, qui en profita pour, au moment de la décolonisation, léguer le pouvoir à ses collaborateurs indigènes [4]. Ceux des dirigeants nationalistes qui avaient pris le maquis furent exécutés. Leurs dépouilles mortelles furent déshonorées et on les enterra à la sauvette, comme s'il s'agissait de bandits de grand chemin. Ce fut notamment le cas de Ruben Um Nyobè, dont l'assassinat préfigurait celui de tant d'autres – Patrice Lumumba, Amilcar Cabral, Eduardo Mondlane, la longue liste des martyrs africains de l'indépendance [5]. Ceux d'entre eux qui avaient emprunté les chemins de l'exil furent, pour la plupart, pourchassés et assassinés, à l'exemple de Félix Moumié. D'autres encore poursuivirent la lutte armée durant la première décennie de l'indépendance. Ils furent appréhendés. Certains, à l'instar d'Osendé Afana [6], furent décapités. D'autres, à l'exemple d'Ernest Ouandié, firent l'objet d'une exécution publique au terme d'une mascarade judiciaire [7].

Cette lutte armée, d'abord dirigée contre la puissance coloniale, mais qui revêtit, une fois l'indépendance formelle proclamée en 1960, les caractéristiques d'une guerre civile, fut affublée du qualificatif de « terrorisme » par notre gouvernement, qui entendait par là lui dénier toute signification morale

---

3 Richard Joseph, *Le Mouvement nationaliste au Cameroun*, Karthala, Paris, 1986 et Achille Mbembe, *La Naissance du maquis dans le Sud-Cameroun*, *op. cit.*

4 Jean-François Bayart, *L'État au Cameroun*, Presses de la FNSP, Paris, 1985 (2e éd.).

5 Lire Ruben Um Nyobè, *Le Problème national camerounais*, L'Harmattan, Paris, 1984 ; et *Id.*, *Écrits sous maquis*, L'Harmattan, Paris, 1989.

6 Osendé Afana, *L'Économie de l'Ouest africain. Perspectives de développement*, François Maspero, Paris, 1966.

7 Mongo Beti, *Main basse sur le Cameroun*, La Découverte, Paris, 2010 (1972).

et politique. Ainsi celui-ci pouvait-il suspendre la loi, proclamer un état d'urgence permanent, afin précisément d'en venir à bout par des moyens extralégaux. Pour effacer de la mémoire de la nation les événements liés à la lutte pour l'indépendance, les noms des principaux protagonistes du mouvement nationaliste furent bannis du discours public. Longtemps après leur exécution, il était interdit de les citer en public, de se référer à leurs enseignements ou de garder par-devers soi leurs écrits. Tout se passait comme s'ils n'avaient jamais existé et comme si leur lutte n'avait été qu'une banale entreprise criminelle. Ce faisant, le nouvel État indépendant entendait échapper à l'injonction adressée autrefois à Caïn : « Caïn, qu'as-tu fait de ton frère Abel ? » Au chevet de l'État indépendant gît, par conséquent, le *crâne d'un parent mort.*

Ma tante avait été l'épouse de Pierre Yém Mback. Ce dernier fut assassiné en même temps que Ruben Um Nyobè le 13 septembre 1958, dans le maquis de Libel-li-Ngoy, dans les environs de Bumnyébel. Pierre Yém Mback était le fils unique de Susana Ngo Yém. C'est elle qui, longtemps après la mort de son fils, s'occupa de la veuve de Yém – ma tante – et de ses enfants. Dans la plus pure tradition africaine, je considérais Susana comme ma grand-mère. De même que la plupart des gens humbles de chez nous, sa vie avait été une suite d'épreuves et de luttes, les unes toujours plus difficiles que les autres. Mais cette longue vie de luttes n'avait guère entamé sa beauté physique, encore moins dompté son esprit, même si le lot de peines qu'elle avait endurées avait laissé dans son cœur des traces de mélancolie. Cette tristesse mêlée à la douleur et à l'espérance, j'en fus plusieurs fois le témoin lorsque, par exemple, elle se mettait à chanter les chants qui avaient rythmé la lutte pour l'indépendance. Certains jours, au détour d'une tâche domestique, je l'entendais chanter toute seule les chants de lamentation. J'imagine que, comme Um avait été privé de funérailles après sa mort et son enterrement à la sauvette au cimetière de la mission presbytérienne d'Éséka, ces chants servaient à accompagner son ombre et à lui ouvrir la voie d'un possible repos, en compensation de l'inqualifiable injustice dont il fut la victime après son trépas. Très tôt, je compris que ces chants témoignaient de deux choses. D'une part, ils parlaient du deuil comme du vis-à-vis, du protagoniste ultime de la plainte et de la consolation. D'autre part, ils faisaient signe à un événement, à un surgissement dans lequel finalement s'était joué un évanouissement. Telle était au demeurant l'énigme dont Um fut la manifestation, ou plus précisément la parabole, ou encore le mystère.

C'est donc ma grand-mère qui, à travers ses chants de lamentations, me lança sur les traces d'un homme disparu, dont la mémoire, ensevelie sous les décombres des interdits et de la censure d'État, était, je le découvris plus tard, écrite, comme phonétiquement, par-devers un oubli officiel dont l'excédent de signification, manifeste, constituait à lui seul un aveu. Parce que, dans l'acte même d'oublier – fable officielle qui menaçait de le signer à jamais dans l'inexistence et de l'exiler dans le chaos de l'innommé –, quelque chose était resté d'Um. Dans l'inconscient de cette contrée d'Afrique que l'on nomma tardivement le Cameroun, son nom et le texte que constituait sa mort n'avaient pas disparu. Mais l'État nègre ne reconnaissait ni cette mort ni aucune dette quant à ce nom. J'étais loin d'imaginer, à l'époque, que tout graphème – la mort d'Um étant le graphème par excellence – était d'essence testamentaire. Et que dans l'acte même d'oublier Um, de tenir un discours de surplomb à son sujet, de dire qu'il n'était « rien », le pouvoir nègre dévoilait paradoxalement l'irremplaçabilité du mort, tant il est vrai que l'on ne défait que ce qui était préalablement constitué.

J'ai beau faire la part des choses, je crois que si je me suis tant éloigné spirituellement de mon pays natal sans pour autant cesser de m'en soucier – sans pour autant qu'il cesse de me soucier –, c'est en très grande partie en raison de son refus de reconnaître l'existence de ce crâne. Cette affaire de refus de sépulture et de bannissement des morts tombés lors des luttes pour l'indépendance et l'autodétermination, cet acte originaire de cruauté à l'encontre du « frère », tout cela devint très tôt non seulement l'objet principal de mon travail académique, mais aussi le prisme par lequel, je m'en rends compte aujourd'hui, ma critique de l'Afrique – en tant que lieu abritant le crâne d'un parent mort – a pris corps et s'est développée [8]. En inaugurant sa vie parmi les nations par un refus de sépulture au parent mort, mon pays natal ne manifestait pas seulement sa volonté de fonder un ordre politique basé sur le refus radical de l'humanité de l'adversaire politique. Il marquait sa préférence pour une politique de la cruauté en lieu et place d'une politique de la fraternité et de la communauté. Il sacrifiait l'idée d'une liberté pour laquelle on a lutté à celle d'une indépendance que le maître, dans sa magnanimité, a bien voulu octroyer à son ex-esclave.

Puissance du simulacre

Du moins est-ce ainsi que les choses m'apparaissent aujourd'hui. Car, durant ma jeunesse, le discours officiel n'avait de mots que pour « l'ordre et la discipline », le « développement autocentré », l'« autosuffisance alimentaire », « la paix et l'unité nationale ». Variées étaient les techniques pour nous faire assimiler ce catéchisme. À titre d'exemple, tous les enfants scolarisés devaient chanter l'hymne national chaque matin :

Ô Cameroun, berceau de nos ancêtres,
Va debout et jaloux de ta liberté,
Comme un soleil ton drapeau fier doit être,
Un symbole ardent de foi et d'unité,

Que tous tes enfants du nord au sud,
De l'est à l'ouest soient tout amour,
Te servir, que ce soit leur seul but,
Pour remplir leur devoir toujours ;

8 Lire en particulier Achille Mbembe, *Afriques indociles. Christianisme, pouvoir et État en société postcoloniale*, Karthala, Paris, 1988 ; Id., *La Naissance du maquis dans le Sud-Cameroun*, *op. cit.* et Id., *De la postcolonie. Essai sur l'imagination politique dans l'Afrique contemporaine*, Karthala, Paris, 2000.

Chère patrie, terre chérie,
Tu es notre seul et vrai bonheur,
Notre joie, notre vie,
À toi l'amour et le grand honneur.

Nous apprenions à le chanter avec ferveur, le torse bombé et le timbre clair, face au drapeau tricolore flottant. Nous savions que d'autres pays avaient leur drapeau. Mais le nôtre, dans ses flambants vert, rouge et jaune, frappé d'une étoile, était le seul, à vrai dire, que nous nous devions d'honorer. Chaque année, la fête nationale était célébrée patriotiquement. Nous participions avec entrain au défilé. Il était entendu que, de passage devant la tribune officielle, nous marchions au pas, tels de petits soldats, les banderoles tenues bien haut, célébrant les louanges du potentat et vouant notre vie à la nation. C'est que, chez nous, la nation et le potentat ont toujours été la même chose. Le potentat engendrait la nation, et cette dernière ne tenait que grâce à son potentat, qui, du coup, en était le « Père », le « Guide éclairé », le « Bâtisseur infatigable », le « Grand Timonier », le « Premier Paysan » et le « Premier Sportif ». « Un seul peuple, un seul parti, un seul Chef », proclamait d'ailleurs le slogan officiel.

Il avait tant besoin d'être aimé, notre potentat ! Et nous, le peuple tout entier, l'aimions autant que faire se pouvait. Par exemple, sa figure décorait tous les espaces publics. Il arrivait qu'elle nous accompagne dans les demeures privées. Chaque grande place publique, chaque carrefour important, chaque avenue et boulevard majeurs, le stade national de football – tout ce qui comptait dans le pays portait automatiquement son nom. Sa face honorait notre monnaie nationale, lui octroyant sa véritable valeur. Tous les cinq ans, à la veille de chaque scrutin présidentiel, le « Guide éclairé » recevait, de toutes les « forces vives » du pays, d'innombrables « motions de soutien ». À travers ce geste « spontané », nous l'implorions de se faire de nouveau notre candidat unique à l'élection. Et, tous les cinq ans, au terme du congrès de notre seul grand parti national, il déclarait d'une voix forte, et sous les acclamations du peuple : « Eh bien, j'accepte ! J'accepte ! J'accepte ! » Il accepta tant de fois que, pendant plus de vingt ans, ma génération ne connut effectivement qu'un seul parti et un seul chef « régulièrement élu » avec des scores approchant chaque fois 99 % des voix [9].

Puissance du simulacre, nous étions donc décolonisés, mais étions-nous pour autant libres ? L'indépendance sans liberté, la liberté sans cesse ajournée, l'autonomie dans la tyrannie, telle était, je le découvris plus tard, la signature propre de la postcolonie, le véritable legs de cette farce que fut la colonisation. L'on ne s'en rend peut-être pas compte aujourd'hui, mais, à tout compter, l'Afrique n'hérita pas grand-chose de toutes les années coloniales. Dans mon pays natal en particulier, il n'y avait presque pas d'infrastructures lourdes. Deux ou trois ponts construits par les Allemands. À peine quelques écoles, dispensaires et hôpitaux. Presque pas de routes goudronnées, voies ferrées ou aérodromes. Un ou deux ports pour acheminer le cacao, le coton, la banane, le bois, le café, l'huile de palme vers la Métropole. Pas de musée national. Pas un seul théâtre national. Pas une seule université. Une élite peu nombreuse. Aussi, notre gouvernement n'avait de cesse de nous rappeler que nous partions presque de rien, qu'il fallait donc tout construire, et que pour cela nous avions besoin d'ordre et de discipline – ce que nous, les écoliers, chantions, une fois de plus, gaiement :

> Camerounais, réveille-toi,
> Prends tes outils, va vite à ton chantier,
> Que le travail soit la dure loi,
> Du Cameroun tout entier (*bis*).

Nous avions besoin d'ordre et de discipline. Du coup, tout, ou presque tout, se comptait par un. L'unité à tout prix, telle était la loi. Nous n'avions pas besoin de plusieurs partis politiques. Un seul suffisait, faute de quoi c'était la « guerre tribale ». Même chose pour les organisations civiles, les syndicats,

---

9 Abel Eyinga, *Mandat d'arrêt pour cause d'élections*, L'Harmattan, Paris, 1978 ; et, *Id.*, *Cameroun 1960-1990. La fin des élections*, L'Harmattan, Paris, 2000.

la radio, l'Université, les journaux – un seul quotidien, avec, chaque matin, en médaillon, la figure du « Guide éclairé », accompagnée de sa « pensée du jour » : un lumineux extrait de ses innombrables discours. Tout désaccord, toute opinion non officielle, toute dissidence réelle ou supposée – la « subversion » – se payaient au prix le plus élevé. Nous avions nos Robben Island – Mantoum et Tcholliré, par exemple –, où certains passèrent deux, voire trois décennies dans le plus total anonymat. Des lois draconiennes datant de l'époque coloniale permettaient en effet de suspendre le droit à tout instant et d'instaurer l'état d'urgence afin d'« étouffer dans l'œuf » toute tentative de rébellion et de « mettre hors d'état de nuire les pêcheurs en eau trouble ». On le comprend bien, on a beau être indépendant, on ne peut pas tout décoloniser à la fois.

Éloignement

Je ne saurais dire aujourd'hui comment, de ce minable théâtre du pouvoir, nous parvînmes à faire plus que des mots. J'ai très tôt quitté mon pays et n'y suis plus jamais retourné – du moins pour y vivre et y travailler. J'avais commencé mes études universitaires dans mon pays. Je les ai terminées à Paris comme d'autres s'en vont à Londres et à Oxford. Depuis l'époque des Fanon, Césaire et Senghor, il en a toujours été ainsi. Pendant quelques années, j'ai donc assidûment arpenté ces lieux : les amphithéâtres, les musées, les librairies, les bibliothèques et les archives, les concerts, les rues et les cafés. J'ai lu et appris des maîtres de l'époque. Au contact rapproché des gens, en voyageant, j'ai découvert un vieux pays orgueilleux, conscient de son histoire – qu'il tend d'ailleurs à glorifier à tout propos – et particulièrement jaloux de ses traditions. Sans son apport sur le plan de la philosophie, de la culture, des arts et de l'esthétique, notre monde serait sans doute plus pauvre en esprit et en humanité. Mes années parisiennes m'ont également permis de comprendre que la vieillesse à elle seule ne rend ni les peuples ni les États nécessairement raisonnables et encore moins vertueux. Chaque vieille culture – et notamment les vieilles cultures colonisatrices – cache derrière le masque de la raison et de la civilité une face nocturne.

Cette face nocturne de la France, j'en avais conscience avant même d'arriver dans ce pays. La France n'avait-elle pas joué un rôle éminent dans cette affaire de crâne de mort – et donc de refus de sépulture et de bannissement des morts tombés lors des luttes pour l'indépendance et l'autodétermination dans mon pays ? Sa politique africaine ne montrait-elle pas suffisamment qu'il ne suffit pas de « décoloniser » ; encore faut-il véritablement s'autodécoloniser ? Sa tradition d'universalisme abstrait ne contredisait-elle pas, paradoxalement, sa foi dans le dogme républicain d'égalité universelle ? Par rapport à Paris et à la France, je me suis donc toujours considéré comme quelqu'un de passage, en route pour un ailleurs (*un passant*). Mais, en même temps, certaines manières de penser, de raisonner et d'argumenter me sont devenues familières. Du point de vue de l'esprit, j'ai fini par devenir *un habitant, un héritier* de par l'acclimatation à la langue, aux goûts et aux mœurs du pays, et la socialisation à certains aspects de sa culture savante. Des archives du savoir et de la pensée humains se sont ouvertes à moi. Je les ai dévorées à un point tel qu'aujourd'hui je me conçois sincèrement comme un légitime *ayant droit* de ce patrimoine. Fanon n'avait-il pas dit que c'est du monde dans son ensemble que nous serons les héritiers ?

New York n'est pas seulement la métropole par laquelle je suis vraiment entré aux États-Unis. Elle est aussi celle par le biais de laquelle, pour la première fois, j'ai commencé à me faire une idée du monde et suis allé, en instantané, à sa rencontre. Dans cet *œcoumène* global qu'est New York, j'ai pu contempler, pour la première fois, concrètement, le visage de l'universel – celui que chantait le poète Senghor. New York avait un visage fort différent de Paris. Je ne m'en suis rendu compte que plus tard – l'universel à la française s'exprime dans un langage finalement narcissique. À New York, je découvris pour la première fois une métropole fondée sur la loi de l'hospitalité. Tout, là-bas, semblait inviter à l'ouverture, au large, à *ce qui doit venir* : le grouillement des peuples, des races et des humanités, la cacophonie des voix, le bariolage des couleurs et des sons. Je retrouvai, ici plus qu'il n'en avait été le cas à Paris, ce double de l'Afrique qu'est l'Amérique africaine noire – la musique noire, une intelligentsia noire, le fantôme vivant de l'esclave par-delà l'Atlantique, sa présence au début de la modernité en tant que signe insurrectionnel qui, dans sa radicalité, ne cesse de rappeler que, pour ce qui est de la liberté, il n'y a que des *ayants droit.* Et que, tant que celle-ci n'aura pas été étendue à tous, on pourra parler de tout sauf de démocratie.

Puis il y avait cette extraordinaire collusion des cultures qui, sans doute, faisait de cette ville la métropole par excellence de l'optimisme, de la foi en soi-même et en *ce qui vient* – un avenir où, toujours, quelque chose de nouveau est à créer. Et puis, tout, là-bas, laissait penser que, aux marges comme au centre, il y avait de la place pour toutes les voix – qu'il n'y avait, en principe, pas de *sans-parts,* mais seulement des *ayants droit.* À y regarder de près, voilà effectivement ce qui faisait de New York plus qu'une ville – une *Idée* au rendez-vous de l'esprit, de la matière et des mondes. Je dois dire de New York comme Idée, comme signe et comme utopie qu'elle me séduisit, littéralement. Mon travail intellectuel en fut profondément stimulé. Pour la première fois de ma vie, je pouvais entendre distinctement la clameur des mondes, l'écho bruissant de la rencontre des nations dont parlait, une fois de plus, le poète Senghor. Je voulus, moi aussi, être partie prenante de cette épiphanie. Dois-je préciser que, ce disant, je n'oublie pas que, dans cette même métropole, un Noir peut être criblé d'une quarantaine de balles par la police pour s'être trouvé au mauvais moment au mauvais endroit ? Et que, pour des centaines de milliers de descendants d'esclaves dans le Nouveau Monde, la prison a vite remplacé la plantation.

À l'orée du siècle

Je suis arrivé en Afrique du Sud la dernière année du XXe siècle. J'avais littéralement sous les yeux un pays fracturé, couvert des stigmates de la Bête, le *dieu-au-cul-de-chèvre* auquel, idéologie de la suprématie blanche oblige, certains vouèrent ici un culte, des décennies durant. Il était évident que quelque chose de particulièrement abject s'était passé ici, et avait suscité une résistance non moins farouche. Du *dieu-au-cul-de-chèvre* on pouvait encore voir l'effigie dans le paysage, dans l'architecture, dans la manière dont les villes furent construites, dans les noms des rues et des avenues, les statues, les manières de parler des uns et des autres, les habitudes conscientes et, surtout, inconscientes. Le plus grave en effet, c'étaient les scarifications mentales que l'on pouvait déceler chez tous, Noirs et Blancs, Métis et Indiens – y compris chez ceux qui prétendaient avoir échappé sains et saufs à la démence. Nul doute que, dans le maelström que fut l'apartheid – et, avant lui, les quelques siècles d'ensauvagement racial –, tous avaient perdu, à des degrés divers, plus qu'un brin de décence. Malgré mille petits gestes de compassion réalisés au jour le jour dans les rapports entre maîtres et serviteurs, dans les églises, les mouvements de résistance et les amitiés interraciales rendues fragiles par les inégalités et le contexte répressif, un mur opaque les séparait. Ils avaient été littéralement coupés de toute proximité humaine, c'est-à-dire de la capacité d'imaginer ce que cela voulait dire d'avoir, quelque part, quelque chose *en commun*. Le pays était jonché de tas d'immondices, de moignons – ce mélange de stupéfiante beauté et de laideur de l'esprit si caractéristique des lieux que le démon humain a, à un moment, choisi d'habiter.

Beaucoup de Blancs ne savaient plus où ils avaient été durant toutes ces années obscènes. Tout se passait comme s'ils venaient de sortir tout droit de l'asile. D'autres ne voulaient rien savoir. Pas même le nom du pays qu'ils habitaient et dont, théoriquement, ils étaient à présent les citoyens. Expatriés mentaux, ils ne cessaient de se raconter des histoires. Bien que vivant ici, ils appartenaient en vérité à un « ailleurs », l'Europe, qu'ils s'étaient efforcés de reproduire ici, presque à l'identique, comme autrefois les colons anglais sur les bords du Potomac. Le pouvoir politique leur ayant échappé, la plupart d'entre eux cherchaient à tout oublier le plus vite possible, à se refaire, vaille que vaille, un semblant de vie. Ils voulaient bien regarder l'avenir, mais ne savaient plus guère comment se situer par rapport au présent et au passé. D'autres encore voulaient tout faire comme si rien n'avait changé, comme si tout était demeuré le même, ou encore comme si tout avait changé bien trop vite. Ils essayaient de se convaincre qu'ils étaient restés les mêmes. Seul le temps avait fui, passant par-dessus leurs têtes, presque à leur insu [10].

Certains jours, j'avais le sentiment de m'être retrouvé dans un *casino funéraire*. Je n'oublierai jamais ces noms des rues, des places, des avenues et des boulevards, des montagnes, des lacs et des jardins, des barrages, des monuments et des musées. De quoi étaient-ils le manteau obscur ? Quelles « parties honteuses » de ce pays cachait le fait d'aller tous les matins au bureau en longeant l'avenue Vorster ; d'aller prier à une église située sur le boulevard Verwoerd, de déjeuner sur la rue Botha et de dîner non loin du carrefour de la Princesse Anne ? Fallait-il considérer ces signes comme le symbole de la médiocrité dont se nourrit toute forme de racisme et de mimétisme colonial ? Pourquoi tant de résistance à créer et à inventer pour soi-même ? Pourquoi les avoir laissés presque tous en place après la fin de l'apartheid ? Pourquoi ne pas avoir rassemblé dans un musée toutes ces statues aux pieds d'argile, tous ces chevaux, généraux, trafiquants d'or, monuments et signaux de la démence raciale ? Presque dix ans après l'abolition du racisme institutionnel, une sorte de puanteur émanait donc encore du cercueil, insidieuse. La ségrégation raciale avait été officiellement abolie. Mais l'esprit du racisme s'était déplacé et s'énonçait désormais en d'autres langues.

L'Afrique du Sud que je découvrais était toutefois également un pays aux innombrables enclaves : le pays de la concaténation

10 Antjie Krog, *La Douleur des mots*, Actes Sud, Paris, 2004.

des mondes, des nations et des systèmes. Typique de cette concaténation des mondes est le Gauteng, la région la plus riche du continent. C'est ici qu'est située Johannesbourg, la plus moderne, la plus puissante et la plus racialement mixte des métropoles africaines. Depuis le début des années 1990, cette immense ville-région fondée par des migrants venus de diverses parties du monde en 1896 à la suite de la découverte des mines d'or du Witwatersrand est devenue la nouvelle frontière du continent. Au cours du dernier quart du XXe siècle, l'écroulement de l'apartheid et le passage à la démocratie aidant, de nouvelles vagues de migrants en provenance du reste de l'Afrique sont venues s'ajouter à ce complexe social et urbain déjà fort bariolé. Dans cette mini-New York, mini-São Paulo et mini-Los Angeles à l'échelle de l'Afrique, l'on retrouve aujourd'hui presque toutes les nationalités du monde.

Beaucoup sont originaires de pays en guerre, divisés contre eux-mêmes ou en proie à l'incurie et à la gabegie d'élites prédatrices et (ou) séniles. Si certains sont en quête de refuge, d'autres viennent dans l'espoir d'échapper à des situations de misère chronique et de corruption endémique. Nombreux sont ceux qui, entrés illégalement dans le pays, mènent depuis lors une existence précaire et quasi clandestine, soumis à un harcèlement permanent des autorités sud-africaines et sans cesse menacés d'arrestation et de déportation. Cette « immigration au bas de l'échelle » s'est développée parallèlement à une autre, faite de cadres africains hautement qualifiés et d'élites, que l'on retrouve dans des domaines aussi variés que la finance, les médias, télécommunications et nouvelles technologies, les universités, les cabinets internationaux d'expertise et les grandes firmes commerciales. À ne s'en tenir qu'à la surface, tout semble indiquer qu'est en train de naître à Johannesbourg, pour la première fois sur le continent, une forme de fusion culturelle inédite, sous-bassement d'une modernité afropolitaine [11].

---

11 Sarah Nuttall et Achille Mbembe (dir.), *Johannesburg. The Elusive Metropolis*, Duke University Press, Durham, 2008.

La présence des étrangers en terre sud-africaine n'est pas nouvelle. Comme dans le reste du continent avant la colonisation, les migrations y étaient courantes. Le brassage des populations à la faveur des guerres, des échanges commerciaux, des transactions d'ordre religieux ou des alliances était la règle. L'essaimage était la forme dominante de la mobilité. « Faire société » consistait essentiellement à « faire réseau », à tisser des chaînes de parenté et à nouer des dettes, que cette parenté et ces dettes soient réelles ou fictives. C'est la raison pour laquelle, loin de constituer des unités closes, les entités ethniques sud-africaines sont si enchevêtrées, aussi bien sur le plan culturel, linguistique que territorial, puisque des rapports étroits les unissent non seulement entre elles, mais aussi à leurs pairs du Mozambique, du Zimbabwé, du Botswana, du Lésotho ou du Swaziland. L'immigration européenne à partir du XVIIe siècle, l'importation de la main-d'œuvre servile dans la région du Cap, l'implantation des Indiens dans le Natal au début du *boom* sucrier, voire des Chinois au début de l'ère industrielle dans le Witwatersrand, tout cela a largement contribué à faire de l'Afrique du Sud un pays transnational, même si, l'apartheid aidant, il ne s'est jamais reconnu comme tel. Ce caractère transnational ira s'accentuant au cours de la première moitié du XXe siècle avec l'afflux des Juifs, puis, à partir du milieu des années 1970, avec l'arrivée des ex-colons portugais fuyant le Mozambique et l'Angola, des ex-colons rhodésiens après l'indépendance du Zimbabwé et des minorités en provenance d'Europe de l'Est. Au fond, depuis la découverte des mines de diamant de Kimberley et surtout des mines d'or dans le Witwatersrand à la fin du XIXe siècle, les frontières réelles de l'Afrique du Sud s'étendent du Cap au Katanga, les apports européen et asiatique dilatant encore davantage l'identité de ce pays et lui assignant une dimension transversale, transnationale et pluriculturelle que peuvent revendiquer bien peu de nations modernes.

Pour créer et augmenter ses richesses, l'Afrique du Sud a toujours dépendu du travail des étrangers. À l'époque de l'industrialisation, une partie importante de la main-d'œuvre dans les mines était recrutée dans toute l'Afrique australe. À l'intérieur du pays, le travail saisonnier et migrant a lui aussi constitué l'une des technologies clés du processus de prolétarianisation. Dépossédés de leurs terres et déchus de leur citoyenneté, les Noirs sud-africains étaient relégués dans les bantoustans, sortes de réserves indigènes où la lutte pour la reproduction sociale était des plus sévères. Ils ne pouvaient séjourner que temporairement dans la ville blanche. L'institution du laissez-passer permettait de contrôler leur mobilité au sein d'une économie capitaliste où la race produisait la classe, tout en bloquant autant que possible l'émergence de la conscience du même nom. Le travail saisonnier et migrant, d'une part, et la relégation des Noirs sud-africains dans les réserves, de l'autre, contribuèrent de façon décisive à l'implosion des structures familiales urbaines. Les liens communautaires furent atrophiés. La culture du petit entreprenariat et de l'initiative individuelle fut brisée lorsque la liberté de faire du petit commerce ne fut pas abolie par la loi.

Pour les Noirs sud-africains, la fin de l'apartheid fut synonyme d'accession de plein droit à la ville. Le démantèlement des lois racistes rendit possibles les libertés de mouvement et de résidence. Mais, fait capital, il fut également à l'origine d'un double mouvement migratoire, interne et externe, aux conséquences sociales et politiques potentiellement explosives. Sur le plan interne, le régime d'apartheid commença à s'écrouler dès le début des années 1980, au moment précis où, la crise de reproduction dans les bantoustans s'aggravant, l'État raciste n'était plus en mesure de sceller hermétiquement ses frontières internes, de contrôler la mobilité des Noirs, d'intensifier leur exploitation par le capital, tout en affermissant la ségrégation raciale. C'est alors qu'une masse de gens sans travail, à peine éduqués et souvent sans autre moyen de survie que la petite prédation, se mit à quitter les campagnes et à se déverser dans la périphérie des grands centres urbains, rendant dès lors quasi impossible tout effort de planification urbaine, défigurant au passage les principales villes sud-africaines, provoquant la fuite des classes moyennes blanches et noires dans des quartiers résidentiels (*suburbs*) ou dans des enclaves protégées par des compagnies privées de sécurité, et ouvrant la voie à des pratiques de survie qui accordent une place privilégiée au crime.

La formidable lutte pour les ressources qui, jusque-là, était difficilement contenue dans les bantoustans, s'étendit au contexte urbain, où arrivèrent, presque au même moment, des milliers d'immigrants illégaux en provenance du reste du continent. Du coup, les Noirs sud-africains se retrouvèrent, pour la première fois, face non plus à leurs oppresseurs d'hier, mais à d'autres migrants (pour la plupart mieux éduqués qu'eux, disposant d'une pratique de la ville et habitués à ne rien attendre de l'État) venus d'autres pays d'Afrique et avec lesquels ils entrèrent immédiatement en compétition, notamment dans le secteur informel, espace privilégié du combat pour la survie, ou encore dans le domaine du logement, de l'emploi, voire simplement pour l'occupation d'un bout d'espace dans des camps de fortune qui n'ont cessé de s'agrandir. Ces camps de la pauvreté s'étendent à perte de vue et ceinturent toutes les grandes métropoles d'Afrique du Sud. Zones où se mêlent le non-droit, la maladie, la mort prématurée et la lutte sans pitié pour subsister, ils constituent des poudrières et menacent objectivement la stabilité du pays.

Temps de la fin et de la réinvention, telle est donc la signification politique et culturelle du présent sud-africain. Or l'on ne peut réinventer que si l'on sait regarder à la fois en arrière et en avant. Car, là où ce qui a débuté dans le sang s'achève dans le sang, les chances de recommencement sont amoindries par la hantise de l'horreur du passé. Il est difficile de réinventer quoi que ce soit en reconduisant tout simplement, contre autrui, la violence qui fut autrefois déployée contre soi. Il n'y a pas, de façon automatique, de « bonne violence » qui devrait succéder à une « mauvaise violence » l'ayant précédée, ou qui devrait en tirer sa légitimité. Chaque violence, la bonne comme la mauvaise, vient toujours consacrer une disjonction. Réinventer le politique dans les conditions post-appartheid oblige d'abord à sortir de la logique de la vengeance, que celle-ci soit ou non revêtue des oripeaux du droit.

Cela dit, la lutte pour sortir d'un ordre inhumain des choses ne saurait se dispenser de ce que l'on pourrait appeler la productivité poétique de la mémoire et du religieux. Le religieux et la mémoire représentent ici la ressource imaginaire par excellence. Le religieux s'entend non pas seulement comme rapport au divin, mais aussi comme « instance de la cure » et de l'espérance, dans un contexte historique où la violence a touché non seulement les infrastructures matérielles, mais aussi les infrastructures psychiques, à travers le dénigrement de l'Autre, l'affirmation selon laquelle il n'est *rien*. C'est ce discours – parfois intériorisé – sur le *rien* qui est interrogé par certaines formes du religieux, la visée finale étant de faire en sorte que ceux qui étaient à genoux puissent enfin « se lever et marcher ». Dans ces conditions, la question à la fois philosophique, politique et éthique est de savoir comment accompagner cette « montée en humanité » – montée au bout de laquelle le dialogue d'homme à homme redevient possible et remplace les injonctions d'un homme face à son objet.

L'expérience sud-africaine montre que l'injonction de « se lever et marcher » – la décolonisation – s'adresse à tous, ennemis et opprimés d'hier. La pseudo-libération consiste à croire qu'il suffit de tuer le colon et de prendre sa place pour que le rapport de réciprocité soit restauré. L'Afrique du Sud nous permet de penser ce qui, dans la politique de la vengeance, ne fait que reproduire le complexe de Caïn. Cela dit, le souci de réconciliation à lui tout seul ne peut guère se substituer à l'exigence radicale de justice. Pour que ceux qui hier étaient à genoux et courbés sous le poids de l'oppression puissent se lever et marcher, il faut que justice soit faite. On n'échappera donc pas à l'exigence de justice. Celle-ci implique la délivrance de la haine de soi et de la haine de l'Autre, condition première pour pouvoir revenir à la vie. Elle implique également que l'on se libère de l'addiction au souvenir de sa propre souffrance, qui caractérise toute conscience victimaire. Car se libérer de cette addiction est la condition pour réapprendre à parler un langage humain et, éventuellement, créer un monde nouveau.

Reste la question de la mémoire. Dans l'Afrique du Sud contemporaine, elle se pose dans les termes d'un passé douloureux, mais aussi gros d'espérance, que l'ensemble des protagonistes essaie d'assumer comme une base pour créer un futur nouveau et différent. Cela suppose que soit mise à nu la souffrance que l'on infligea autrefois aux plus faibles ; que la vérité soit dite sur ce qui fut enduré ; que l'on renonce à la dissimulation, au refoulement et au déni – étape première dans le processus de reconnaissance mutuelle de l'humanité de chacun et du droit de chacun de vivre en liberté devant la loi. Une grande partie du travail de mémorialisation se traduit, par exemple, par l'ensevelissement dans les règles des ossements de ceux qui périrent en luttant ; l'érection de stèles funéraires sur les lieux mêmes où ils tombèrent, la consécration de rituels religieux traditionnalo-chrétiens destinés à « guérir » les survivants de la colère et du désir de vengeance, la création de très nombreux musées et de parcs destinés à célébrer la commune humanité de tous, la floraison des arts, et, par-dessus tout, la mise en œuvre de politiques de réparation visant à combler des siècles de négligence (un toit, une école, une route, un centre de santé, de l'eau potable, de l'électricité). Le travail de mémoire est, ici, inséparable de la méditation sur la manière de transformer en présence intérieure la destruction physique de ceux qui ont été perdus, rendus à la poussière. En très grande partie, méditer sur cette absence et sur les voies de restaurer symboliquement ce qui a été détruit consiste à donner toute sa force subversive à la sépulture. Mais la sépulture, ici, n'est pas tant la célébration de la mort en soi que le renvoi à ce supplément de vie nécessaire au relèvement des morts, au sein d'une culture nouvelle qui s'efforce de faire une place tant aux vainqueurs qu'aux vaincus.

2

Déclosion du monde et montée en humanité

La décolonisation a fini par devenir un concept de juristes et d'historiens [1]. Ce ne fut pas toujours le cas. Aux mains de ces derniers, cette notion s'est appauvrie. Ses multiples généalogies ont été occultées, et le concept a perdu de la teneur incendiaire qui marqua pourtant ses origines. Sous cette forme mineure, la décolonisation désigne simplement le transfert du pouvoir de la Métropole aux anciennes possessions coloniales au moment de l'indépendance. Esquissé au début des années 1940, ce transfert de pouvoir est généralement le résultat, soit de négociations pacifiques et de compromis entre les élites politiques des nouveaux pays indépendants et les anciennes puissances coloniales ; soit la conséquence d'une lutte armée ayant abouti à la fin de la domination étrangère, à la défaite, voire à l'éviction des colons et à la repossession du territoire national par le nouveau pouvoir autochtone [2].

Du monde en tant que scène de l'histoire

Déclinée sous maintes désignations au long des XIXe et XXe siècles africains, la décolonisation fut pourtant une

1 Frederick Cooper, *Decolonization and African Society*, Cambridge University Press, Cambridge, 1996.

2 Prosser Gifford et W. M. Roger Louis (dir.), *The Transfer of Power in Africa. Decolonisation, 1940-1960*, Yale University Press, New Haven, 1982.

catégorie politique, polémique et culturelle pleine. Sous cette forme majeure, la décolonisation s'apparentait à une « lutte de libération » ou, comme le suggérait Amilcar Cabral, à une « révolution [3] ». En un mot, cette lutte visait la reconquête, par les colonisés, de la surface, des horizons, des profondeurs et des hauteurs de leur vie. Au détour de cette lutte, qui exigea un énorme effort psychique et des capacités extraordinaires de mobilisation des masses, les structures de la colonisation devaient être démantelées, de nouveaux rapports entre le sujet et le monde institués, et le possible réhabilité. Pris sous cet angle, le concept de décolonisation est un raccourci. Il renvoie à la difficile problématique de la reconstitution du sujet, de la déclosion du monde et de la montée universelle en humanité, et c'est à évoquer les grandes lignes de ce trajet que l'on s'attache dans la première partie de ce chapitre.

Très vite, il apparut cependant que la reconstitution d'un sujet doté d'un visage, d'une voix et d'un nom propres n'était pas simplement une tâche practico-politique. Elle supposait un énorme travail épistémologique, voire esthétique. L'on pensait que pour se libérer une fois pour toutes de l'aliénation coloniale, et pour se guérir des blessures infligées par la loi de la race, il fallait se connaître soi-même. La connaissance de soi et le souci renouvelé de soi devenaient, dès lors, les conditions préalables pour se déprendre des cadres mentaux, des discours et des représentations que l'Occident avait utilisés pour faire main basse sur l'idée du futur. En tant que signe et en tant qu'événement, la décolonisation elle-même était imaginée comme une manière de relation au futur. Le futur, en retour, était l'autre nom de cette force qu'est la force d'autocréation et d'invention. Pour se ressaisir de cette force, il fallait, pensait-on, réhabiliter les formes endogènes du langage et de la connaissance [4]. Elles seules permettaient de saisir adéquatement et de rendre à nouveau pensables les nouvelles conditions de l'expérience. Il fallait

3 Amilcar Cabral, *Unité et lutte*, Maspero, Paris, 1975.

4 Ngugi wa Thiong'o, *Decolonising the Mind*, Heinemann, Portsmouth, 1986.

également forger une pensée à la mesure du monde, une pensée capable de rendre compte de la commune histoire que la colonisation avait rendue possible. Ainsi naquit la critique postcoloniale dont traite la deuxième partie de ce chapitre.

Une théorie de la décolonisation en tant que telle, il n'en existe pas véritablement. Pour expliquer les faits coloniaux et d'empire – et par ricochet la décolonisation –, bien des approches classiques de l'impérialisme ont mis l'accent sur les facteurs économiques. Ainsi, Lénine fait valoir que la fonction des colonies dans le développement historique du capitalisme est d'absorber l'excédent de capital métropolitain, que cet excédent prenne la forme des marchandises, de l'argent ou qu'il s'exprime sous la forme démographique – la surpopulation. Selon cette logique, les colonies contribueraient, en tant que débouchés, à différer la crise de surproduction qui menacerait de l'intérieur le mode de production capitaliste [5]. Pour les théoriciens de la dépendance, la division du travail et la spécialisation – contrainte et forcée – des colonies dans la production de matières premières agricoles et industrielles constituent aussi bien la forme que le contenu du rapport colonial proprement dit. Ces matières premières sont produites à bon marché, le bas coût du travail servant, comme l'avait indiqué Marx lui-même, à élever les taux de profit. Cette division du travail – et la spécialisation qui en est le corollaire – n'aurait pas seulement été l'une des conditions de l'essor du capitalisme industriel, elle aurait posé les conditions structurelles de l'échange inégal qui, depuis lors, caractérise les relations entre le centre et la périphérie [6]. Les colonies ne constitueraient donc nullement des frontières extérieures. Loin de n'être que des exutoires, elles seraient des maillons essentiels du devenir-monde du capitalisme.

La décolonisation, dans ce contexte, s'expliquerait aisément. Le travail historique accompli par l'impérialisme colonial aurait

5 Vladimir Ilitch Lénine, *L'Impérialisme, stade suprême du capitalisme*, Science marxiste, Montreuil-sous-Bois, 2005.

6 Samir Amin, *L'Échange inégal et la loi de la valeur*, Anthropos, Paris, 1988.

été de mettre en place les conditions structurelles d'un échange contraint et inégal entre le centre et la périphérie. Ces conditions devaient être telles que toute émancipation éventuelle devienne, dans les faits, soit impossible, soit extrêmement difficile. Une fois ce travail accompli, la forme proprement coloniale de la domination devenait forcément anachronique. Son maintien ne se justifiant plus, elle pouvait céder le pas à d'autres mécanismes d'exploitation et de domination plus efficaces, moins onéreux et plus rentables. L'impérialisme colonial n'aurait donc été, dans la longue histoire du capitalisme, qu'un moment : celui au cours duquel, par le biais de l'expropriation des indigènes, de la transformation de la force de travail en marchandise, de la spécialisation des sociétés colonisées dans la production de matières premières bon marché et de la sujétion politique et culturelle, les dispositifs et conditions permettant la production et la reproduction du capital sur la longue durée ont été mis en place. Mais, en tant que forme d'expropriation originelle dont la fonction était d'institutionnaliser sur la longue durée le régime de l'échange inégal et contraint, elle serait finalement un mode primitif de valorisation des ressources naturelles et sociales et des forces productives, voire un fardeau pour les puissances métropolitaines, comme le suggère Jacques Marseille. Voilà pourquoi le passage à l'indépendance et à la souveraineté nationale (c'est-à-dire à la forme État-nation) serait inévitable puisqu'elle ne mettrait guère fin à la sujétion économique, politique et idéologique des anciennes colonies. La décolonisation, de ce point de vue, constituerait certes un découplage, mais néanmoins un *non-événement*. Dans tous les cas, elle aurait surtout ouvert la voie au néocolonialisme, une modalité des rapports de force internationaux qui mêle rente et coercition, la violence, la destruction et la brutalité allant de pair avec une nouvelle forme d'accumulation par extorsion [7].

De la même manière qu'il y eut plusieurs âges de la colonisation, il y eut plusieurs vagues de décolonisation. Les historiens

---

7 Kwame Nkrumah, *Le Néocolonialisme, dernier stade de l'impérialisme*, Présence africaine, Paris, 1973.

distinguent généralement deux âges du colonialisme. Le premier correspond à la période du mercantilisme. Il s'agit alors pour les puissances européennes de conquérir des territoires étrangers, de les marquer, d'établir avec les populations autochtones des liens de sujétion généralement légitimés par quelque idéologie de la suprématie raciale, puis de les mettre au travail et leur faire produire des richesses à la jouissance desquelles elles ne prennent qu'une part infime. Inaugurée par ce que l'on a appelé les « grandes découvertes », puis consolidée par le commerce des esclaves nègres, la période du mercantilisme marque l'entrée véritable dans un nouveau « temps du monde ». Ce temps se caractérise par l'enjambement des frontières, le brassage des monnaies, l'extension des zones d'échanges et de rencontres. Certes, le morcellement ne disparaît point. Encore moins les différences, les hiérarchies et les inégalités. Mais une relative unité et cohérence du monde se construit progressivement. Les nouvelles formes de transgression des limites, mises en branle par le développement du mercantilisme, favorisent le passage d'une conception du monde en tant qu'énorme surface composée de blocs différenciés à une conscience du globe en tant que scène massive où se déroule désormais l'histoire [8]. Colonisation et décolonisation participent entièrement de ce nouvel âge de la mondialité.

Le second âge du colonialisme est une conséquence de la révolution industrielle. Si le premier avait pour moteur l'économie de la traite et de la plantation et s'est plus ou moins achevé avec les indépendances des États-Unis et de l'Amérique latine entre le XVIIIe siècle et la moitié du XIXe siècle, le second se caractérise par le double impératif d'accès aux matières premières et d'aménagement de débouchés pour les produits industriels [9]. Les premières vagues de décolonisation en Amérique

---

8 Fernand BRAUDEL, *Civilisation matérielle, économie et capitalisme (XVe-XVIIIe siècle)*, t. 3 : *Le Temps du monde*, LGF, Paris, 1993 (1979).

9 Peter J. CAIN et Anthony G. HOPKINS, « The Political Economy of British Expansion Overseas, 1750-1914 », *The Economic History Review*, 33(4) et ID., « Gentlemanly Capitalism and British Expansion Overseas II : New Imperialism, 1850-1945 », *The Economic History Review*, 39(4).

latine se situent autour des années 1880 et 1890, puis 1920. Elles coïncident avec l'âge d'or du panaméricanisme. Projet à la fois politique et idéologique, le panaméricanisme se définit par opposition aux desseins hégémoniques des États-Unis. L'un de ses buts est de mettre un terme à la politique américaine d'intervention dans les affaires de ses voisins. Ces vagues sont marquées par des conflits – la guerre entre le Mexique et les États-Unis (1846-1848), qui aboutit à l'annexion de la moitié du territoire mexicain ; la guerre pour l'indépendance de Cuba (1895-1898) ; la révolution mexicaine (1910-1917) et la Première Guerre mondiale (1914-1918). Exception faite des vieilles possessions lusitaniennes du Mozambique et de l'Angola, le reste de l'Afrique est l'épicentre de la seconde vague du colonialisme. Celle-ci se caractérise par la *grande extraction*. Elle prend des formes diverses et allie des considérations démographiques à d'autres, stratégiques, de prestige, et ouvre la voie à ce que l'on a appelé l'« impérialisme moderne [10] ».

Haïti et le Libéria : deux failles

En tant qu'événement historique, la décolonisation est l'un des moments charnières de ce que l'on pourrait appeler notre modernité tardive. C'est elle, en effet, qui signe la réappropriation planétaire des idéaux de la modernité et leur transnationalisation. Dans l'expérience nègre, Haïti représente le lieu premier où cette idée moderne prend corps. Entre 1791 et 1804, esclaves et anciens esclaves se mettent debout et fondent un État libre sur les cendres de ce qui, quinze ans auparavant, était la colonie la plus profitable au monde [11]. Dans sa

10 Vladimir Ilitch Lénine, *L'Impérialisme, stade suprême du capitalisme*, *op. cit.* ; John A. Hobson, *Imperialism*, University of Michigan Press, Ann Arbor (MI), 1938 (1905) ; David K. Fieldhouse, *The Theory of Capitalist Imperialism*, Longman, Londres, 1967 et *Id.*, *Economics and Empire, 1830-1914*, Cornell University Press, Ithaca (NY), 1973.

11 Laurent Dubois, *Avengers of the New World. The Story of the Haitian Revolution*, The Belknap Press of Harvard University Press, Cambridge, 2004.

Déclaration des droits de 1795, la Révolution française avait affirmé le caractère inaliénable du droit des peuples à l'indépendance et à la souveraineté. C'est Haïti, « fille aînée de l'Afrique [12] », mais également « fille aînée de la décolonisation [13] », qui octroie pour la première fois à ce principe sa portée universelle [14]. À travers un geste souverain pur, les esclaves nègres donnent chair et contenu au postulat de l'égalité de tous les êtres humains. Ce geste souverain est en même temps un acte d'abolition dont la dimension historique a fait l'objet de maints commentaires, mais dont le caractère phénoménal reste à déchiffrer. Car, d'abord, le concept de liberté si étroitement associé à l'expérience de la modernité n'a concrètement de sens que par opposition à la réalité de l'esclavage et de la servitude. Or, ce qui caractérise au premier chef l'esclave, c'est l'expérience de scission et l'absence d'autonomie. L'émergence à la liberté passe, de ce point de vue, par l'abolition de cette scission et la réunification de l'objet et du concept. Dans son sens primitif, la décolonisation commence avec la libération des esclaves et leur affranchissement par rapport à une existence vile. Cet affranchissement s'opère par un jeu de forces ancrées à la fois dans la matière et dans la conscience. Il s'agit d'abolir ce moment au cours duquel le soi s'est constitué comme étant l'objet d'un autre ; comme ne se voyant jamais que dans et à travers quelqu'un d'autre ; comme n'habitant jamais que le nom, la voix, la face et la demeure d'un autre, son travail, sa vie et son langage. Cette première abolition vise à mettre un terme à une relation d'extraversion.

À Haïti, les esclaves insurgés vont au combat. Il s'agit littéralement d'un combat à mort. Pour renaître à la liberté, ils visent la mort de leurs maîtres. Mais, en mettant en péril la vie de leurs

---

12 Blair Niles, *Black Haiti : A Biography of Africa's Eldest Daughter*, Grosset & Dunlap, New York, 1926.

13 René Depestre, « La France et Haïti. Le mythe et la réalité », *Gradhiva. Revue d'anthropologie et d'histoire des arts*, n° 1, 2005, p. 28.

14 Aimé Césaire, *Toussaint Louverture. La Révolution française et le problème colonial*, Présence africaine, Paris, 1981, p. 344.

maîtres, ils mettent en jeu leur propre vie. C'est ce que Hegel, dans son propos sur la servitude et la domination, appelait l'« avération par la mort ». C'est « seulement par la mise en jeu de la vie qu'est éprouvée et avérée la liberté, précisait-il. L'individu qui n'a pas mis sa vie en jeu peut, certes, être reconnu comme *personne* ; mais il n'est pas parvenu à la vérité de cette reconnaissance, comme étant celle d'une conscience de soi autonome[15] ». Le passage d'une conscience abîmée à une conscience autonome exige que les esclaves s'exposent et qu'ils abolissent cet être-hors-de-soi qui fait précisément leur double. L'histoire postcoloniale d'Haïti montre cependant que cette première abolition ne suffit pas pour que se produise la reconnaissance et pour que s'établissent, entre les anciens esclaves et les anciens maîtres, de nouveaux rapports de mutualité. Une seconde abolition est nécessaire et elle est bien plus complexe que la première dans la mesure où celle-ci ne représente au fond qu'une négation immédiate. Il ne s'agit plus simplement d'abolir l'Autre : il s'agit de s'auto-abolir en se délivrant de la part servile constitutive de soi et en travaillant pour l'accomplissement de soi en tant que figure singulière de l'universel.

Or, la libération des esclaves n'a précisément pas abouti à cet *état de maîtrise*. Au contraire, négation sans autonomie, elle a conduit au redoublement, à de nouvelles formes de servitude, activités de l'autre que l'on pratique par soi-même et contre soi-même. La servitude survit ainsi au processus d'abolition. L'émancipation ayant produit exactement l'inverse de ce qu'elle voulait être, le côté objectal de l'existence se pose dans la permanence. Les retrouvailles de soi par soi-même n'ont pas eu lieu.

On observe un processus quasi similaire dans ce second lieu où les idées de liberté et d'égalité, le principe d'une nationalité africaine et d'un corps politique nègre souverain prennent corps : le Libéria. Ici également, il s'agit d'une affaire d'anciens esclaves. Le commerce des esclaves, puis l'institution esclavagiste en tant que telle, sont abolis dans l'Empire britannique

---

15 G. W. F. Hegel, *Phénoménologie de l'Esprit*, Aubier, Paris, 1991, p. 153.

respectivement en 1807 et en 1834. La guerre civile aux États-Unis ouvre la voie à l'Émancipation, puis à la période de la reconstruction des années 1860 [16]. Cette période est également caractérisée par un renouveau religieux. Cette nouvelle phase de l'évangélisme protestant a pour pierre angulaire la volonté de convertir l'Afrique au christianisme. Elle présente des dimensions à la fois prophétiques, messianiques et apocalyptiques. D'immenses espoirs sont nourris en rapport avec le progrès de l'Afrique et la régénération de la race nègre. Les Nègres affranchis qui s'installent dans la colonie du Libéria sont eux-mêmes portés par le souvenir du Jubilée et l'image de l'Éthiopie qui, pense-t-on, étendra bientôt ses bras vers l'Éternel [17].

C'est donc à la faveur du rapatriement des esclaves noirs des États-Unis en Afrique de l'Ouest que se développe, ici, un imaginaire de la souveraineté, de la nation et de la liberté. C'est également au Libéria que s'esquissent les premières réflexions critiques modernes concernant l'idée d'une *nationalité africaine* qui formerait un corps politique et déboucherait sur la création d'un État nègre chrétien, moderne et civilisé. Dans la pensée africaine de l'époque, cet État est imaginé comme le lieu unique où les anciens descendants d'esclaves éparpillés dans le Nouveau Monde, race avilie et méprisée, trouveront paix et repos et pourront déterminer librement leur destin collectif. L'émergence d'un État nègre indépendant est un pas vers la régénération morale et matérielle de l'Afrique et sa conversion au christianisme. L'on estime alors que c'est là que se renouveleront les vertus créatrices du peuple noir. Ce dernier sera, pour la première fois dans l'histoire moderne de l'Afrique, confronté à l'épreuve de la réalisation de ses valeurs dans une cité dont il assurera entièrement la charge.

---

16 W. E. B. Du Bois, *Black Reconstruction in America, 1860-1880*, Free Press, New York, 1999 (1935).

17 Edward W. Blyden, « "Ethiopia Stretching out her Hands unto God or Africa's Service to the World", Discourse delivered before the American Colonization Society, May 1880 », *in* Id., *Christianity, Islam and the Negro Race*, Edinburgh University Press, Édimbourg, 1967 (1887).

Edward W. Blyden est le penseur qui aura le plus contribué à la réflexion sur les nouvelles figures de la conscience nègre rendues possibles par l'établissement du Libéria au cours de la seconde moitié du XIXe siècle. Pour lui, la souveraineté dans les conditions de l'époque signifie d'abord le « retour à soi ». Ce retour s'effectue dans le souvenir des souffrances subies et endurées au temps de la captivité et de la dispersion. Selon lui, ces souffrances sont comparables à celles endurées par le peuple juif [18]. Elles sont celles d'une race que le malheur aura frappée sans réserve, dans sa pure essentialité [19]. L'émancipation signifie, d'autre part, le surgissement de la singularité, pour autant que cette singularité est réconciliée avec l'universel [20]. Cette expérience d'émancipation sera confrontée à d'innombrables problèmes. La plupart découlent de la nature bâtarde de l'entreprise. La *Déclaration d'indépendance*, charte symbolique de la nouvelle nation, ne propose aucune identification avec l'Afrique et les Africains. Le nouvel État est la progéniture de la Société américaine de colonisation, un organisme privé philanthropique. Le retour des exilés dans leur *homeland* est assimilé non au rétablissement des liens avec leurs parentés historiques et raciales, mais à une expatriation. Ils auraient été sevrés de « la terre qui les a vus naître [...] dans le but de former des établissements coloniaux dans une contrée barbare », l'Afrique de l'Ouest. Le dieu qu'invoquent les nouveaux émigrants et qu'ils disent être celui de leurs pères est en fait le Dieu chrétien ramené d'Amérique. Contrairement au cas d'Haïti, la naissance de l'État nouveau ne procède pas d'un acte d'abolition, mais d'un geste philanthropique et d'une reconnaissance unilatérale. D'ailleurs, la *Déclaration d'indépendance* la compare à une « décolonisation planifiée » plutôt qu'à une autolibération. Très vite, l'expérience

18 Edward W. Blyden, *The Jewish Question*, Lionel Hart, Liverpool, 1898.

19 Edward W. Blyden, *Christianity, Islam and the Negro Race*, *op. cit.*

20 Lire en particulier Edward W. Blyden, « "Our Origin, Dangers and Duties". Annual Address before Mayor and Common Council of Monrovia, National independence Day, 26 July 1865 », *in* Henry S. Wilson, *Origins of West African Nationalism*, Macmillan/St Martin's Press, Londres, 1969, p. 94-104.

bute sur les questions de race et de démocratie. Les émigrants venus d'Amérique se définissent par opposition aux « Aborigènes », qu'ils entendent « civiliser » et desquels ils cherchent à se distinguer par le nombre, les modes de vie, voire la couleur et une foule de différences internes et externes qui font de la catégorie « nègre » tout sauf une entité cohérente – une catégorie polémique.

Haïti et le Libéria avaient en commun d'être, tous deux, des républiques sorties tout droit de l'expérience de la plantation. Le processus d'émancipation dont ils devinrent des signes dans la conscience nègre était frappé d'une infirmité originaire. Il avait gardé, en lui-même, ce quelque chose d'objectal qui avait toujours caractérisé l'existence sous le régime de la plantation. D'où, par exemple, le pessimisme en rapport avec la possibilité d'une vie démocratique dont on retrouve les marques y compris chez Blyden. Ces deux expériences échouèrent parce qu'elles étaient hantées, voire habitées par l'esprit de la plantation. Celui-ci ne cessa d'agir en elles comme une chose morte, quelque chose comme un os – redoublement et répétition, mais sans différence.

Race et décolonisation du savoir

Dans le contexte colonial proprement dit, cette « chose morte », ce « quelque chose comme un os », ce fut la race. Celle-ci n'opérait pas en colonie comme elle opérait sous la plantation. Dans le cas de l'empire colonial français, les modèles de la pensée raciale avaient varié au cours du temps, et notamment depuis le XVIIe siècle, quand d'importantes populations non blanches furent appelées à vivre sous l'autorité de la France. En dépit des variations, ces modèles partageaient cependant, depuis les Lumières, trois postulats. Le premier concernait l'appartenance de toutes les races à l'humanité. Le deuxième affirmait que les races ne sont pas toutes égales même si, loin d'être immuables, les différences humaines sont susceptibles d'être dépassées. Le troisième mettait en avant l'étroite relation qui existait entre la race blanche, la nation et la culture françaises [21].

Cette tension entre race, culture et nation n'avait point été entièrement effacée, ni par la Révolution ni par le républicanisme. Certes la Révolution avait affirmé la primauté de l'égalité de tous et de la commune appartenance à la Cité républicaine sur toutes autres formes de distinction sociale ou raciale. Mais, en même temps, la France révolutionnaire n'avait cessé de faire de la différence raciale un facteur de définition de la citoyenneté [22]. Petit à petit, la tension entre un universalisme ignorant de la couleur et un républicanisme libéral friand des stéréotypes raciaux les plus grossiers s'était enracinée dans la science et dans la culture populaire françaises au moment de l'expansion coloniale. Elle s'était exacerbée dans un contexte où l'impérialisme colonial avait pour fonction de revivifier la nation et le « caractère français » et de « diffuser les bienfaits de notre civilisation ». Au demeurant, la nécessité de diffuser notre « civilisation » ne se justifiait que par la distinction nationale entre la France et ses Autres [23].

Au cours du XIXe siècle, les modèles du racisme populaire en France étaient en partie liés à des transformations sociales de grande ampleur (telles que la colonisation, l'industrialisation, l'urbanisation, la montée de la famille bourgeoise), qui octroyaient un caractère d'urgence à la question de la différence en général et à celle des différentes qualités raciales en particulier. Au dédain aristocratique à l'égard des sans-culottes de l'époque de la Révolution répondait alors, comme en écho, celui de la démocratie bourgeoise à l'égard des classes laborieuses naissantes. La race était à la fois le résultat et la réaffirmation de

---

21 Pour une synthèse, voir Maxim Silverman, *Deconstructing the Nation : Immigration, Racism and Citizenship in Modern France*, Routledge, New York, 1992.

22 Laurent Dubois, *Les Esclaves de la République : l'histoire oubliée de la première émancipation, 1789-1794*, Calmann-Lévy, Paris, 1998.

23 Lire notamment Alexis de Tocqueville, *Écrits et discours politiques*, in *Œuvres complètes*, vol. 3, Gallimard, Paris, 1992.

l'idée générale de l'irréductibilité des différences sociales. Étaient en dehors de la nation tous ceux qui se situaient en dehors de ses caractères racialement, socialement et culturellement définis. Dans les colonies également, l'identité nationale voire la citoyenneté se confondirent étroitement avec l'idée raciale de blancheur [24]. On aura beau évoquer les expériences de citoyennetés mâles et non blanches de la Martinique, de la Guadeloupe, de la Guyane, de la Réunion et des Quatre Communes du Sénégal, il ne s'agissait généralement que de quelques milliers d'individus triés sur le volet dans un vaste dominion peuplé de millions de sujets.

Il était possible de constater, vers la fin du XIXe siècle, que l'assimilation avait échoué. Jusqu'au milieu du XXe siècle, l'Empire était davantage un empire de sujets que de citoyens. Les indigènes devaient, par conséquent, être « civilisés » dans le cadre de leur différence propre, celle de sociétés sans histoire ni écriture, figées dans le temps. Dans une large mesure, la décolonisation ne fit que ratifier cet échec. Elle consacrait juridiquement l'idée selon laquelle tous les sujets non-Blancs de l'Empire ne pouvaient pas devenir des citoyens français. Entre la citoyenneté et l'identité françaises s'est donc toujours trouvé la barrière de la race [25], comme on en traitera également dans le chapitre suivant. Sur un autre plan, il a toujours existé, sur la longue durée, une relation étroite entre une certaine expression du nationalisme français et une pensée de la différence raciale que masque le paradigme universaliste et républicain. En même temps, il a toujours existé également une manière de l'universalisme français, qui est lui-même un produit de la pensée raciale. Dans la mesure où la France comme nation et la civilisation française comme culture ont été en conflit permanent avec ceux qui

---

24 Sur l'idée d'une « race française », *cf.* Robert Soucy, *Fascism in France : The Case of Maurice Barrès*, University of California Press, Berkeley, 1972 et Zeev Sternhell, *Maurice Barrès et le nationalisme français*, Fayard, Paris, 2000.

25 Voir, en ce qui concerne en particulier l'Algérie, Pierre Nora, *Les Français d'Algérie*, Julliard, Paris, 1961 ; David Prochaska, *Making Algeria French : Colonialism in Bone, 1870-1920*, Cambridge University Press, Cambridge, 1990 et Alain Lardillier, *Le Peuplement français en Algérie de 1830 à 1900*, Atlanthrope, Versailles, 1992.

ont été définis comme « autres », l'on ne saurait s'étonner de voir à quel point la notion d'humanité et de liberté défendue par la République est historiquement fondée sur une opposition racialisée entre les civilisés et les primitifs [26]. L'on ne devrait pas s'étonner non plus que le principal enjeu de la pensée de la décolonisation fut la déclosion du monde.

L'on pourrait résumer en un mot la visée philosophique de la décolonisation et du mouvement anticolonialiste qui la rendit possible : la *déclosion du monde*. Selon Jean-Luc Nancy, la déclosion « désigne l'ouverture d'un enclos, la levée d'une clôture [27] ». L'idée de déclosion inclut celle d'éclosion, de surgissement, d'avènement de quelque chose de nouveau, d'épanouissement. Déclore, c'est donc lever les clôtures de telle manière que puisse émerger et s'épanouir ce qui était enfermé. La question de la déclosion du monde – de l'appartenance au monde, de l'habitation du monde, de la création du monde, ou encore des conditions dans lesquelles nous faisons monde et nous constituons en tant qu'héritiers du monde – est au cœur de la pensée anticolonialiste et de la notion de décolonisation. L'on pourrait dire qu'elle en est même l'objet fondamental. On la retrouve, par exemple, chez Frantz Fanon, pour qui elle se confond avec le projet d'autonomie humaine ou encore d'autocréation de l'humanité, ainsi que l'atteste la formule : « Je suis mon propre fondement [28]. » En plus d'être une interrogation sans fin, la question de l'autonomie humaine n'est pas nouvelle. Elle est à la naissance de la philosophie dans la Grèce antique. Faire monde, habiter le monde, hériter du monde, c'est alors, comme le rappellent Cornelius Castoriadis ou Vincent Descombes, participer au projet d'une humanité qui pose elle-même et à partir d'elle-même les principes de sa conduite [29].

---

26 Tyler Stovall, « Universalisme, différence et invisibilité. Essai sur la notion de race dans l'histoire de la France contemporaine », *Cahiers d'histoire. Revue d'histoire critique*, n° 96-97, 2005.

27 Jean-Luc Nancy, *Déconstruction du christianisme*, t. 1 : *La Déclosion*, Galilée, Paris, 2005, p. 16.

28 Frantz Fanon, *Peau noire, masques blancs*, Seuil, Paris, 2001 (1952), p. 187.

29 Vincent Descombes, *Le Complément de sujet. Enquête sur le fait d'agir de soi-même*, Gallimard, Paris, 2004, p. 383.

La pensée fanonienne de la déclosion du monde est une réponse au contexte de servitude, de soumission à des maîtres étrangers et de violence raciale qui caractérisa la colonisation. Dans de telles conditions, comme d'ailleurs auparavant sous l'esclavage, le concept de l'humain et la notion d'humanité, qu'une partie de la pensée occidentale tient pour acquis, n'allaient pas de soi. De fait, devant l'esclave nègre ou le colonisé, l'Europe ne cessa de se demander : « Est-ce un autre homme ? Est-ce un autre que l'homme ? Est-il un autre exemplaire du même ? Ou bien est-il un autre que le même ? » Dans la pensée de la décolonisation, l'humanité n'existe pas *a priori*. Elle est à *faire surgir* à travers le processus par lequel le colonisé s'éveille à la conscience de lui-même, s'approprie subjectivement son moi, démonte les enclos et s'autorise à parler à la première personne. En retour, l'éveil à la conscience de soi ou encore l'appropriation de soi visent non seulement la réalisation de soi, mais aussi, de manière plus significative encore, la *montée en humanité*, un nouveau départ de la création, la déclosion du monde.

Chez Fanon, cette montée en humanité ne peut être que le résultat d'une lutte : la lutte pour la vie. La lutte pour la vie – qui est la même chose que la lutte pour faire éclore le monde – consiste à forger cette capacité d'être soi-même, d'agir de soi-même et de se tenir debout par soi-même que Fanon compare à un *surgissement* – surgissement des profondeurs de ce qu'il appelle « une région extraordinairement stérile et aride », cette zone de non-être qu'est, à ses yeux, la *race*. Et donc, pour Fanon, sortir des régions stériles et arides de l'existence, c'est avant tout *sortir de l'enclos de la race* – enclos dans lequel le regard de l'Autre et le pouvoir de l'Autre cherchent à enfermer le sujet. C'est aussi contribuer à dissiper l'espace des claires distinctions, des séparations, des frontières et des clôtures, et cheminer vers l'universel dont il affirme qu'il est « inhérent à la condition humaine [30] ». Il y a donc, dans la conception fanonienne de l'éclosion du

30 Frantz Fanon, *Peau noire, masques blancs*, *op. cit.*, p. 7-8.

monde, une triple dimension insurrectionnelle, constitutionnelle, voire résurrectionnelle, puisqu'elle s'apparente à un retour à la vie (*anastasis*), à la soustraction de la vie aux forces qui la limitaient. Chez lui, l'éclosion du monde est la même chose que sa déclosion, si, après Jean-Luc Nancy, l'on entend par déclosion le démontage et le désassemblage des clos, des enclos et des clôtures. Mais, pour qu'advienne la déclosion du monde, il faut que l'on se déprenne de soi précisément dans le but d'affronter ce qui vient, et, ce faisant, faire surgir d'autres ressources de la vie. C'est la raison pour laquelle le soi fanonien est fondamentalement ouverture, distension et écart – l'*Ouvert*. L'on évoquait tantôt cette région aride de l'existence qu'est la race. Chez Fanon, la déclosion du monde présuppose l'abolition de la race. Elle ne peut advenir qu'à la condition que soit admise la vérité selon laquelle « le Nègre n'est pas. Pas plus que le Blanc » ; « le Nègre est un homme pareil aux autres, un homme comme les autres », « un homme parmi d'autres hommes »[31]. Ce postulat d'une similarité fondamentale, d'une *citoyenneté humaine originaire* constitue, aux yeux de Fanon, la clé du projet de déclosion du monde et du projet d'autonomie humaine qu'est la décolonisation.

Le thème de la déclosion du monde occupe une place de choix chez d'autres penseurs nègres. Tel est le cas de Léopold Sédar Senghor, chez qui la décolonisation implique l'existence d'un sujet qui cultive le souci de ce qui lui appartient en propre. Mais, ici également, ce qui nous appartient en propre et nous définit en propre n'a de sens que dans la mesure où il est destiné à être mis en commun. Le projet de l'*en-commun*, Senghor lui donne le nom de « rendez-vous du donner et du recevoir ». De cette mise en commun dépendent, à ses yeux, la renaissance du monde et l'avènement d'une communauté universelle métisse, régie par le principe du partage des différences, de ce qui est unique, et, à ce titre, ouverte à l'*entier*. Dans le cas de Fanon comme dans celui de Senghor, c'est du monde entier que nous

31 *Ibid.*, p. 54 et 91.

sommes les héritiers. En même temps, le monde – et donc cet héritage – sont à créer. Le monde est en création, et nous avec. Hors de ce processus de création, de cocréation et d'autocréation, il est muet et insaisissable. C'est en contribuant à ce processus triple que l'on gagne le droit d'hériter du monde dans son ensemble. Chez d'autres penseurs noirs, à l'instar d'Édouard Glissant, la déclosion consiste précisément à aller à la rencontre du monde en sachant embrasser l'indémêlable tissu des affiliations qui forment notre identité et l'entrelacs de réseaux qui font que toute identité s'étend nécessairement dans un rapport à l'Autre – un Autre qui est toujours, d'emblée, là. La véritable déclosion du monde, c'est donc la rencontre avec l'entièreté de celui-ci, ce que Glissant appelle le *Tout-Monde*. En cela, elle est avant tout une *praxis* de la mise en relation. Cette thématique de la mise en relation et cette question de l'entièreté sont également présentes chez Paul Gilroy, où elles prennent les contours d'une nouvelle conscience planétaire [32]. Chez Gilroy comme chez Glissant, le projet n'est ni la partition du monde ni sa division. Au contraire, à la recherche d'un centre doit se substituer la construction de sphères d'horizontalité. Il s'agit donc d'une pensée horizontale du monde qui fait une place centrale à une éthique de la mutualité ou, comme le suggère Gilroy, de la convivialité, de l'être-avec d'autres [33].

Dans la pensée noire, l'interrogation concernant la décolonisation (entendue comme un moment éminent du projet de déclosion du monde) est indissociable de la question de l'Europe. La pensée de la décolonisation est, à cet égard, une confrontation avec l'Europe, ce qu'elle dit être son *telos*, et, de manière plus précise encore, avec la question de savoir à quelles conditions le devenir-européen pourrait être un moment positif du devenir-monde en général. Dans l'histoire de la philosophie, les Européens ont eu tendance à se définir eux-mêmes de

---

32 Paul Gilroy, *L'Atlantique noir, modernité et double conscience*, Kargo, Paris, 2003 et Id., *Against Race. Imagining Political Culture beyond the Color Line*, Harvard University Press, Cambridge, 2000.

33 Paul Gilroy, *Postcolonial Melancholia*, Columbia University Press, New York, 2005.

trois manières. D'une part, ils ont insisté sur le fait que « l'histoire n'est pas d'emblée histoire de l'humanité ». Elle ne le devient que par « le passage de l'histoire de l'Occident à celle de l'Europe et l'élargissement de celle-ci en histoire planétaire [34] ». D'autre part, ils ont fait valoir que le propre de l'histoire de l'Europe est d'avoir placé l'humanité européenne « à une hauteur qu'aucune autre forme d'humanité jusque-là n'avait atteinte [35] ». Que « l'humanité européenne ait pu se tenir pour l'humanité en général » et qu'elle ait pu tenir ses formes de vie pour « généralement humaines » ne serait que la marque d'une exigence de responsabilité, voire de capitanat universel.

Cette vocation de capitanat, qui est également une volonté de puissance, découlerait de ses divers héritages, le christianisme inclus. Jean-Luc Nancy, par exemple, dit du christianisme qu'il est inséparable de l'Occident. « Il n'est pas quelque accident qui lui serait survenu et il ne lui est pas non plus transcendant. Il est coextensif à l'Occident comme Occident, c'est-à-dire à un certain processus d'occidentalité consistant justement en une forme d'autorésorption et d'autodépassement [36]. » Dans les années 1930, Husserl expliquait déjà que l'Europe se définit par la raison et par son universalité. Paul Valéry, de son côté, parlait du Vieux Continent comme d'un « cap » – pointe avancée de la terre dans la mer –, et comme de ce qui est à la tête ou est la tête, qui conduit et domine, qui exerce une sorte de capitanat sur le reste. Il disait d'ailleurs de l'Europe qu'elle est « la partie précieuse de l'univers terrestre, la perle de la sphère, le cerveau d'un vaste corps », le corps de l'humanité, sa pointe finale.

Qu'il s'agisse d'Husserl ou de Valéry, l'idée était qu'en l'Europe l'universel s'était inscrit de manière irremplaçable, non seulement dans la raison, mais aussi dans le singulier. De par cette inscription de l'universel dans la raison et le singulier, l'Europe devenait la pointe avancée de l'esprit, mais aussi le

---

34 Jan Patocka, *L'Europe après l'Europe*, Verdier, Paris, 2007, p. 13.

35 *Ibid.*, p. 235.

36 Jean-Luc Nancy, *Déconstruction du christianisme, t. 1 : La Déclosion, op. cit.*, p. 207.

témoignage unique de l'essence humaine et du « propre de l'homme ». C'est en cela que résidait son exemplarité – l'inscription de l'universel dans le corps propre d'une singularité, d'un idiome, d'une culture et, dans les cas les plus obscurs, d'une race. L'Europe s'apparentant à une tâche philosophique, sa mission était d'étendre les lumières de la raison au service de la liberté. Chez les moins obtus, l'appartenance européenne se déclinait comme une ouverture à l'humanité tout entière.

Enfin, une certaine tradition philosophique a privilégié une manière de réflexion sur l'idée d'Europe qui a pour point de départ ce qu'elle considérait comme les menaces, les dangers et les périls auxquels le principe européen aurait à faire face. La menace a toujours été représentée sous la figure de l'Autre de l'Europe. Historiquement, cet Autre de l'Europe a deux visages. Comme le rappelle Marc Crépon, il apparaît d'abord sous la figure des « processus par lesquels l'Europe se fait l'Autre d'elle-même, ou encore devient étrangère à elle-même [37]. L'altérité, c'est alors l'*altération* de l'identité, ou du moins de ce qui est proposé comme identité ». Chez Patocka, cette menace d'altération prend toujours la forme d'une scission. Il distingue en particulier trois scissions, au cours du siècle passé, qui ont profondément affecté et continuent d'affecter le principe européen. La première est le hiatus à l'intérieur de l'Europe entre des espaces culturels et politiques ouverts à cette vocation universelle et d'autres tentés par le repli sur la singularité. La deuxième est celle qui voit « se dresser l'une contre l'autre, à l'intérieur de l'Europe, deux versions du principe de rationalité », dont l'une, radicale, est l'autre nom du totalitarisme. La troisième est « celle qui pervertit la vocation universelle de l'Europe » en domination impériale, coloniale ou néocoloniale. Les deux premières formes de scission sont des scissions à l'intérieur de l'Europe, tandis que la troisième participe d'une séparation radicale entre l'Europe et les peuples non-Blancs. Ici, l'altérité s'entend donc

---

37 Marc Crépon, « Penser l'Europe avec Patocka. Réflexions sur l'altérité », *Esprit*, décembre 2004.

dans le sens des *frontières* spirituelles, géographiques et raciales. L'Autre, ce sont les non-Européens qui s'opposent à nous. Et le statut de cet Autre sert à énoncer la menace. Pour Patocka, donc, le triple péril est celui du refus de la rationalité, de l'excès de rationalité et de la perversion du principe d'universalité en domination universelle. Plus près de nous, Jacques Derrida a tenté de réaliser une synthèse entre la première et la deuxième approche.

Dans l'un de ses derniers textes, il s'interroge sur le sens qu'il faut donner au nom et au concept, et donc aussi au destin, de l'Europe[38]. L'Europe qu'il a à l'idée, il l'appelle « une autre Europe », une Europe « sans le moindre eurocentrisme » et qui, « sans renoncer au réalisme et aux atouts indispensables d'une superpuissance économique, militaire, technoscientifique, puiserait dans sa mémoire, dans sa mémoire unique, dans ses mémoires les plus lumineuses (la philosophie elle-même, les Lumières, ses révolutions, l'histoire ouverte et encore à penser des droits de l'homme), mais aussi dans ses mémoires les plus sombres, les plus coupables, les plus repentantes (les génocides, la Shoah, les colonialismes, les totalitarismes nazi, fasciste ou stalinien, tant d'autres violences oppressives) [...], trouverait dans ses deux mémoires, la meilleure et la pire, la force politique » non pas d'une politique du monde, mais de ce qu'il appelle une *politique altermondialiste*. Derrida est donc en quête d'une Europe qui associerait le bien et la souveraineté, c'est-à-dire une Europe qui résisterait à la tentation consistant à réduire la communauté originaire des hommes à une communauté animale, dont le chef serait en somme une sorte de loup. Il s'agit donc d'une Europe qui se poserait contre le principe de l'*Homo homini lupus* (cet homme qui n'est pas un homme, mais un loup pour son semblable). Derrida est peut-être le seul penseur européen qui propose implicitement de relire la biographie de l'Europe non plus sous le signe de la raison et de l'universel,

---

38 Jacques Derrida, « Le souverain bien – ou l'Europe en mal de souveraineté », *Cités*, n° 30, 2007.

mais à partir de la thématique du loup, c'est-à-dire du devenir-bête et du devenir-animal d'un souverain qui ne se détermine comme souverain qu'en tant qu'animal, et ne s'institue comme souverain que par la possibilité de dévorer son ennemi. Or, on retrouve cette façon d'écrire la biographie de l'Europe dans le courant de pensée que l'on a appelé la « critique postcoloniale ». Celle-ci plaide tantôt en faveur d'une « provincialisation de l'Europe », tantôt pour sa déclosion.

Naissance d'une pensée monde

On peut dire qu'il y a trois moments centraux dans le développement de la pensée postcoloniale. Le moment inaugural est celui des luttes anticoloniales. Ces luttes sont précédées et accompagnées par la réflexion des colonisés sur eux-mêmes, sur les contradictions résultant de leur double statut d'« indigènes » et de « sujets » au sein de l'Empire ; par un examen minutieux des forces qui permettent de résister à la domination coloniale ; par des débats autour des rapports entre ce qui relève des facteurs de « classe » et ce qui tient des facteurs de « race ». Le discours de l'époque s'articule alors autour de ce que l'on pourrait appeler la *politique de l'autonomie*, c'est-à-dire, pour reprendre les termes de Vincent Descombes, la possibilité de « dire *je* », d'« agir de soi-même », de se doter d'une volonté citoyenne et de participer, ce faisant, à la création du monde.

Vient ensuite un deuxième moment, que l'on situe généralement autour des années 1980. C'est le moment de la grande herméneutique (*high theory*), dont le temps fort est la publication par Edward Said de son œuvre maîtresse, *L'Orientalisme* [39], qu'il prolonge et explicite quelques années plus tard dans *The World, the Text, the Critic*, puis *Culture et impérialisme* [40]. C'est en

39 Edward W. Said, *L'Orientalisme. L'Orient créé par l'Occident*, Seuil, Paris, 1997.

40 Edward W. Said, *The World, the Text, the Critic*, Harvard University Press, Cambridge, 1983 et Id., *Culture et impérialisme*, Fayard, Paris, 2000.

effet Edward Said, un Palestinien apatride, qui pose les premières fondations de ce qui deviendra progressivement la « théorie postcoloniale », comprise cette fois-ci comme une forme alternative de savoir sur la modernité et une discipline académique à part entière. L'un des apports décisifs de Said a été de montrer, contre la *doxa* marxiste de l'époque, que le projet colonial n'était pas réductible à un simple dispositif militaro-économique, mais qu'il était sous-tendu par une infrastructure discursive, une économie symbolique, tout un appareil de savoirs dont la violence était aussi bien épistémique que physique. L'analyse culturelle de l'infrastructure discursive ou encore de l'*imagination* coloniale tout court deviendra progressivement le sujet même de la théorie postcoloniale et suscitera des critiques sévères de la part des intellectuels de tradition marxiste et internationaliste comme Aijaz Ahmed (*In Theory : Classes, Nations, Literatures* [41]), Chandra Talpade Mohanty (*Third World Women and the Politics of Feminism* [42]) ou encore Benita Parry.

Dans le contexte indien, trois autres penseurs contribueront à élargir la brèche ouverte par Said. Il s'agit d'abord d'Ashis Nandy (*The Intimate Enemy* [43]), formulant la proposition que le colonialisme fut, avant tout, une affaire psychique ; qu'à ce titre la lutte contre le colonialisme fut à la fois une lutte matérielle et mentale (*mental war*) et que, dans tous les cas, la résistance au colonialisme et le nationalisme – son corollaire – furent contraints d'opérer dans les termes préalablement définis par l'Occident. Bien avant les autres, c'est Nandy qui facilite le passage de Fanon en Inde. En même temps, il introduit la psychanalyse dans le discours postcolonial tout en ouvrant un dialogue entre ce courant de pensée et *La Dialectique de la raison* de Horkheimer et Adorno [44]. Il y a, d'autre part, Gayatri Chakravorty Spivak, universitaire d'origine indienne, traductrice de Jacques

41 Aijaz Ahmed, *In Theory : Classes, Nations, Literatures*, Verso, Londres, 1994.

42 Chandra Talpade Mohanty, *Third World Women and the Politics of Feminism*, Indiana University Press, Bloomington, 1991.

43 Ashis Nandy, *The Intimate Enemy*, Oxford University Press, Delhi, 1983.

44 Max Horkheimer et Theodor W. Adorno, *La Dialectique de la raison*, Gallimard, Paris, 1983.

Derrida (*De la grammatologie*), auteure d'un fameux texte devenu un classique, *Les Subalternes peuvent-elles parler ?*, et d'une somme intitulée *A Critique of Postcolonial Reason*[45]. Vient, enfin, Homi Bhabha, éditeur de l'ouvrage collectif *Nation and Narration*, commentateur de Fanon, et lui-même auteur de *The Location of Culture*[46].

C'est également au cours des années 1980-1990 qu'une jonction commence à s'opérer entre la pensée postcoloniale, d'un côté, et plusieurs autres courants aux généalogies particulières, de l'autre. Qu'il suffise d'en citer deux, dont le mérite est d'offrir une assise historiographique à ce qui, jusqu'alors, consistait surtout en une analyse de textes littéraires. Et d'abord les « *subaltern studies* », courant de réflexion historique né en Inde et qui développe une critique de l'historiographie nationaliste et anticoloniale tout en tentant de recouvrer les voix et capacités historiques des vaincus de la décolonisation (paysans, femmes, caste des intouchables, marginaux, subalternes) par le biais d'une révision et d'une relecture sélective du marxisme (voir notamment Dipesh Chakrabarty, *Provincializing Europe*). À cause du privilège accordé aux « sans-voix » et aux « sans-pouvoir », une bonne partie de l'inspiration théorique initiale de l'école des *subaltern studies* provient de Gramsci. Mais la « traduction » de Marx dans les contextes et les langages non européens vise avant tout à comprendre pourquoi, en Inde, la lutte anticoloniale déboucha non point sur une transformation radicale de la société, mais sur une sorte de « révolution passive » caractérisée par la revanche du « communalisme », c'est-à-dire, en dernier ressort, sur une figure de l'antination.

Il y a, d'autre part, une pensée afromoderne qui se développe sur les pourtours de l'Atlantique, et qui prend d'ailleurs cette formation océanique et transnationale comme l'unité même de son analyse (c'est le cas notamment de Paul Gilroy

45 Gayatri Chakravorty Spivak, *Les Subalternes peuvent-elles parler ?*, Amsterdam, Paris, 2009 et Id., *A Critique of Postcolonial Reason*, Harvard University Press, Cambridge, 1989.

46 Homi Bhabha (dir.), *Nation and Narration*, Routledge, Londres/New York, 1990 et Id., *The Location of Culture*, Routledge, Londres/New York, 1994.

avec *L'Atlantique noir*). Ce courant de pensée est le fait des Afro-Britanniques, des Afro-Américains et des Afro-Caribéens. Sa préoccupation centrale est la réécriture des multiples histoires de la modernité au point de rencontre entre les faits de race et les facteurs de classe. Dans cette perspective, cette pensée afro-moderne s'intéresse aussi bien à la question des diasporas qu'aux procédures par lesquelles les individus sont assujettis à des catégories infamantes qui leur barrent tout accès au statut de sujets dans l'histoire. Tel est notamment le cas de l'enfermement dans une race. W. E. B. Du Bois (*Les Âmes du peuple noir*[47]) est, de ce point de vue, le penseur afroaméricain qui a analysé le mieux les effets du « sombre voile de couleur » dans lequel ont été enfermés les gens d'origine africaine dans le Nouveau Monde. Il fait valoir qu'un tel « voile » non seulement recouvre celui qui est obligé de le porter, mais encore rend ce dernier méconnaissable et incompréhensible, en proie à une « double conscience ». C'est aussi un courant de pensée très sensible à la thématique de la « libération des esprits » et de la mémoire dans les conditions de la captivité (la religion, la musique et les arts performatifs notamment), à la problématique de la dispersion (diasporas), ou encore à ce que Glissant appelle la « poétique de la relation ». L'expérience artistique et esthétique occupe une place centrale dans les réflexions de ce courant. Traitant du chant des esclaves, « vieux chants mystérieux par lesquels l'âme de l'esclave noir a parlé aux hommes », W. E .B. Du Bois dit que « ceux qui marchaient dans les ténèbres, aux jours anciens, chantaient des chants de douleur – car leur cœur était las ». Ce motif de la musique noire est repris par Paul Gilroy, qui l'étend à l'analyse du jazz et du reggae[48].

Sur le versant africain de l'Atlantique, le moment proprement postcolonial s'origine dans la littérature. L'acte littéraire tient lieu sinon d'acte psychanalytique pur et simple, du moins de système de symbolisation dont l'intention première est la

---

47 W. E. B. Du Bois, *Les Âmes du peuple noir*, La Découverte, Paris, 2007 (1903).

48 Paul Gilroy, *Darker than Blue*, Harvard University Press, Cambridge, 2010.

cure. Le lieu de naissance de cette littérature est une structure d'épouvante au sein de laquelle l'Afrique apparaît sous la figure de ce qui n'est jamais parvenu à l'existence et qui, en tant que tel, est privé de toute force de représentation, puisqu'il est le principe par excellence de l'obstruction et du figement. N'étant jamais vraiment née, n'étant jamais sortie de l'opacité du néant, elle ne peut pénétrer dans la conscience universelle que par effraction – et encore. En d'autres termes, elle est une *réalité sans réel*. À l'origine, l'acte littéraire africain est une réponse à cette exclusion qui est, en même temps, ablation, excision et péjoration. Dans le discours occidental, cette opération primitive de dénégation opère selon un triple axe. D'abord la dénégation apparaît comme une opération du langage. Elle est ensuite une manière de refoulement. Elle est, enfin, une pulsion de destruction. L'Afrique est un objet de jouissance et d'aversion. Elle s'apparente à l'objet anal. La jouissance que l'on en tire est d'abord celle de l'expulsion d'un excrément et d'un déchet. Cet objet anal ne manque point, cependant, ni de présence ni d'image. Mais il s'agit de la présence et de l'image d'un trou et d'une *ruine originaire*. C'est cette ruine que l'on porte à la figuration. C'est également cette ruine que la littérature portera à la fiction, arguant du fait qu'une vérité demeure au-delà de la violence, même si cette vérité a perdu son nom. Et c'est ce nom qu'il faut retrouver. Le discours africain postcolonial surgit donc d'un « hors-monde », de cette zone sombre et opaque que définit le non-être dont traite Hegel dans sa *Raison dans l'histoire*. Il surgit de l'obscurité, du fin fond de la cale dans laquelle l'humanité nègre a préalablement été confinée dans le discours occidental. Dans l'histoire de la pensée africaine, la littérature, la musique et la religion constituent des réponses à cette forclusion, au désaveu et à la dénégation par lesquels l'Afrique naît au monde. Cette naissance a lieu dans un espace nocturne. D'où, par exemple, la réponse proposée par Senghor, sous la forme d'un hymne orphique : le « chant d'ombre ».

Au déni d'humanité se superpose l'affirmation de l'altérité irréductible de l'Africain et l'inscription du signe africain dans une structure de la différence qui présente des attributs psychotiques. L'anthropologie, sœur de la psychiatrie en colonie, constitue ici la discipline par excellence de cette lecture de l'Autre que l'on aura au préalable privé de la raison. Structure psychotique, précisément, à cause de l'identification du continent à la folie et, de manière générale, à la maladie sous ses deux formes : organique (à l'exemple de l'épilepsie) et psychique (à l'exemple de la mélancolie) [49]. Or donc, cette expérience de la négativité est productrice de fiction. La fiction a pour but de sortir le sujet de l'absence et du néant dans lesquels il a été confiné. Dès ses origines, la littérature africaine a pour fonction de parer le manque de réalité dont le signe africain a été affublé. Faute de tuer le « père », elle le charge d'une culpabilité qui appelle un repentir.

Le troisième moment est marqué par le fait central de notre époque qu'est la globalisation, l'expansion généralisée de la forme marchandise et sa mainmise sur la totalité des ressources naturelles, des productions humaines, bref sur l'ensemble du vivant. Dans ces conditions, le texte littéraire à lui tout seul ne peut plus être la seule archive de prédilection. Mais la réflexion critique sur les formes contemporaines d'instrumentalisation de la vie peut gagner en radicalité si elle consent à prendre au sérieux ces formations anciennes et récentes du capitalisme que furent l'esclavage et la colonisation. On voit, en effet, comment, dans la manière dont fonctionna le capitalisme colonial, le refus d'instituer la sphère du vivant comme une limite à l'appropriation économique fut constant. L'esclavage fut, quant à lui, un mode de production, de circulation et de répartition des richesses fondé sur le refus d'institutionnalisation de quelque domaine du « non-appropriable » que ce soit. De tous les points de vue, la « plantation », la « fabrique » et la « colonie » ont été les principaux laboratoires où a été expérimenté le devenir autoritaire du monde tel qu'on l'observe aujourd'hui.

49 Bernard Mouralis, *L'Europe, l'Afrique et la folie*, Présence africaine, Paris, 1993.

On le voit, la critique postcoloniale est une constellation intellectuelle dont la force et la faiblesse s'originent dans son éclatement même. Résultat de la circulation des savoirs entre divers continents et au travers de diverses traditions anti-impérialistes, elle est comme une rivière aux multiples affluents. Cette critique met le doigt sur deux choses. Et, d'abord, elle met à nu aussi bien la violence inhérente à une idée particulière de la raison que le fossé qui, dans les conditions coloniales, sépare la pensée éthique européenne de ses décisions pratiques, politiques et symboliques. Comment, en effet, réconcilier la foi proclamée en l'homme et la légèreté avec laquelle on sacrifie la vie, le travail des colonisés et leur monde de significations ? C'est, à titre d'exemple, la question que pose Aimé Césaire dans son *Discours sur le colonialisme*[50]. D'autre part, cette critique insiste sur l'*humanité-à-venir*, celle qui doit naître une fois que les figures coloniales de l'inhumain et de la différence raciale auront été abolies. Cette espérance dans l'avènement d'une communauté universelle et fraternelle est très proche de la pensée juive, du moins telle qu'elle se donne à voir chez Ernst Bloch, voire Walter Benjamin – la dimension théologico-politique en moins.

Cette critique s'efforce également de déconstruire la prose coloniale, c'est-à-dire le montage mental, les représentations et formes symboliques ayant servi d'infrastructure au projet impérial. Elle cherche à en démasquer la puissance de falsification – en un mot la réserve de mensonge et les fonctions de fabulation sans lesquelles le colonialisme en tant que configuration historique de pouvoir aurait échoué. Elle montre que ce qui passait pour l'humanisme européen apparut, chaque fois, dans les colonies sous la figure de la duplicité, du double langage et, très souvent, du travestissement du réel. L'on sait aussi que la colonisation ne cessa de mentir à son propre sujet et au sujet d'autrui. Les procédures de racialisation du colonisé constituaient le moteur de cette économie du mensonge et de la duplicité. La race constituait en effet la région sauvage de l'humanisme

50 Aimé Césaire, *Discours sur le colonialisme*, Présence africaine, Paris, 2004 (1950).

européen, sa Bête. La critique postcoloniale s'efforce donc de démonter l'ossature de la Bête, de débusquer ses lieux privilégiés d'habitation. Plus radicalement, elle se pose la question : qu'est-ce que vivre sous le régime de la Bête ? De quelle vie s'agit-il et de quel type de mort meurt-on ? Elle montre qu'il y a, dans l'humanisme colonial européen, quelque chose qu'il faut bien appeler la haine inconsciente de soi. Le racisme en général et le racisme colonial en particulier constituent le transfert, sur l'Autre, de cette haine et de ce mépris de soi. Plus grave encore, la figure de l'Europe dont la colonie (et avant elle la « plantation » sous le régime de l'esclavage) fait l'expérience et dont elle devient petit à petit familière est loin d'être celle de la liberté, de l'égalité et de la fraternité. Derrière le masque de l'humanisme et de l'universalisme, les colonisés ne découvrent pas seulement un sujet très souvent sourd et aveugle. C'est surtout un sujet marqué par le désir de sa propre mort *via* celle des autres. C'est également un sujet aux yeux duquel le droit n'a presque rien à voir avec la justice, mais est au contraire une certaine manière de provoquer la guerre, de la conduire et de la pérenniser. C'est enfin un sujet pour qui la richesse est surtout un moyen d'exercice du droit de vie et de mort sur les autres, comme on l'évoquera un peu plus loin.

L'on sait donc, désormais, qu'en partie la rhétorique de l'humanisme et de l'universalisme a souvent servi de paravent pour la *force* – une force qui ne sait pas écouter et qui ne sait pas se transformer. Une fois de plus, c'est Fanon qui, mieux que quiconque, rend compte de cette sorte de force nécropolitique, qui, en transitant par la fiction, devient malade de la vie, ou encore, dans un acte de réversion permanente, prend la mort pour la vie et la vie pour la mort. C'est la raison pour laquelle la relation coloniale oscille constamment entre le désir d'exploiter l'Autre (posé comme racialement inférieur) et la tentation de l'éliminer, de l'exterminer. La troisième caractéristique de la critique postcoloniale est d'être une pensée de l'*enchevêtrement* et de la *concaténation*. De ce point de vue, elle s'oppose à une certaine illusion occidentale selon laquelle il n'y aurait de sujet que dans le renvoi circulaire et permanent à soi-même, à une essentielle et inépuisable singularité. Au contraire, cette critique insiste sur le fait que l'identité s'origine dans la multiplicité et la dispersion ; que le renvoi à soi n'est possible que dans l'*entre-deux*, dans l'interstice entre la marque et la démarque, dans la *co-constitution*. Dans ces conditions, la colonisation apparaît non plus comme une domination mécanique et unilatérale qui force l'assujetti au silence et à l'inaction. Au contraire, le colonisé est un individu vivant, parlant, conscient, agissant et dont l'identité est le résultat d'un triple mouvement d'effraction, de gommage et de réécriture de soi.

Ceci dit, l'universalisation de l'impérialisme ne s'explique pas seulement par la violence de la coercition. De fait, beaucoup de colonisés acceptèrent, pour des raisons plus ou moins valables, de devenir les complices conscients d'une fable qui les séduisit à plusieurs égards. L'identité du colonisé, comme celle du colonisateur, se forme au point d'intersection entre l'ellipse, le décrochage et la reprise. Ce vaste champ d'ambivalence et les attendus esthétiques de cet enchevêtrement, ses effets paradoxaux, tout cela a fait l'objet de maintes analyses. La critique de l'humanisme et de l'universalisme européens dans la pensée postcoloniale n'est pas une fin en soi. Elle sert à ouvrir la voie à une interrogation sur la possibilité d'une *politique du semblable*. Le préalable à cette politique du semblable est la reconnaissance de l'Autre et de sa différence, comme on l'évoquera également au chapitre suivant. Cette inscription dans le futur, dans la quête interminable de nouveaux horizons de l'homme par le biais de la reconnaissance d'autrui comme foncièrement homme, est un aspect de cette pensée que l'on oublie trop souvent. Or elle est constitutive de la quête de Fanon, du Senghor des *Œuvres poétiques* alors qu'il est prisonnier dans un camp allemand (le Front Stalag 230), des méditations d'Edward Said au soir de sa vie ou, plus récemment, des considérations de Paul Gilroy sur la possibilité d'une vie conviviale dans un monde désormais multiculturel et hétérogène (*Postcolonial Melancholia*). On retrouve les mêmes accents dans une grande partie de la pensée afro-américaine, par ailleurs confrontée à la difficulté de se réapproprier les héritages de l'esclavage et du racisme, de les ordonner au service de la résistance des dominés sans toutefois tomber dans le piège de la racialisation et de la glorification de la race.

On peut dire que la pensée postcoloniale est, à plusieurs égards, une pensée-monde même si, au départ, elle n'utilise pas ce concept. Et, d'abord, elle montre qu'il n'y a guère de disjonction entre l'histoire de la nation et celle de l'empire. Le Napoléon du rétablissement de l'esclavage et Toussaint Louverture, le représentant de la révolution des droits de l'homme, constituent les deux faces de la même nation et du même empire colonial. La pensée postcoloniale montre comment le colonialisme lui-même fut une expérience planétaire et contribua à l'universalisation des représentations, des techniques et des institutions (cas de l'État-nation, voire de la marchandise sous ses espèces modernes). Elle nous dit qu'au fond ce processus d'universalisation, loin d'être à sens unique, fut paradoxal, gros de toutes sortes d'ambiguïtés. D'ailleurs, pour ce qui est de l'Atlantique, la « colonie » vient s'ajouter à l'autre formation du pouvoir qu'est la « plantation », unité centrale d'un âge antérieur que l'on pourrait appeler l'âge de la protoglobalisation. La critique postcoloniale montre que notre modernité globale doit être pensée bien en amont du XIXe siècle, à partir de cette période au cours de laquelle la marchandisation de la propriété privée s'effectue de concert avec celle des personnes, au moment de la traite des esclaves. L'âge de la traite atlantique est aussi celui des grandes migrations, même si celles-ci sont forcées. C'est l'âge du brassage forcé des populations, de la scission créatrice au détour de laquelle surgit le monde créole des grandes cultures urbaines contemporaines. C'est aussi l'âge des grandes expériences planétaires. Comme le montrent Paul Gilroy dans *L'Atlantique noir* ou encore des historiens comme Peter Linebaugh et Marcus Rediker (*The Many Headed Hydra* [51]), c'est le moment au cours duquel des

---

51 Peter Linebaugh et Marcus Rediker, *The Many Headed Hydra. Slaves, Sailors, Commoners and the Hidden History of the Revolutionary Atlantic*, Beacon Press, New York, 2001.

hommes, arrachés à la terre, au sang et au sol, apprennent à imaginer des communautés au-delà des liens du sol, sortent du confort de la répétition et inventent de nouvelles formes de mobilisation et de solidarités transnationales. Avant que les colonies ne deviennent les grands laboratoires de la modernité au XIXe siècle, la « plantation » préfigurait déjà une nouvelle conscience du monde et de la culture.

À côté de ces facteurs historiques, il existe d'autres niveaux d'articulation de nature théorique. C'est notamment le cas là où un dialogue s'esquisse entre la pensée postcoloniale et la pensée afromoderne venue des États-Unis et des Caraïbes notamment. Cette pensée afromoderne est une pensée de l'*entre-deux* et de l'*entrelacement*. Elle déclare que l'on ne peut véritablement en appeler au monde que lorsque, par la force des choses, l'on a séjourné auprès des autres. Dans ces conditions, « rentrer en soi », c'est d'abord « sortir de soi », sortir de la nuit de l'identité, des lacunes de son petit monde. On a donc ici une manière de lire le monde qui repose sur l'affirmation radicale de l'épaisseur de la proximité, du déplacement, voire de la dislocation [52]. En d'autres termes, la conscience du monde naît de l'actualisation de ce qui était déjà possible en moi, mais par le biais de ma rencontre avec la vie d'autrui, ma responsabilité à l'égard de la vie d'autrui et des mondes apparemment lointains et, surtout, de gens avec qui je n'ai apparemment aucun lien – les intrus.

Mais la critique postcoloniale est également une pensée du rêve : le rêve d'une nouvelle forme d'humanisme – un humanisme critique qui serait fondé avant tout sur le partage de ce qui nous différencie, en deçà des absolus. C'est le rêve d'une *polis universelle* et *métisse*. C'est ce que Senghor, dans son *Œuvre poétique*, appelait de ses vœux – cette « renaissance du monde » dont parle, par exemple, sa « Prière aux masques ». Pour que cette *polis* universelle existe, il faut que soit reconnu à tous le droit universel d'hériter du monde dans son ensemble. La pensée de la postcolonie, par contre, est une pensée de la vie et

52 Claude McKay, *Banjo*, André Dimanche, Paris, 2002.

de la responsabilité, mais à travers le prisme de ce qui dément les deux. Elle se situe dans la lignée de certains aspects de la pensée noire (Fanon, Senghor, Césaire et autres). Elle est une pensée de la responsabilité, responsabilité en tant qu'obligation de répondre de soi-même, d'être garant de ses actes. L'éthique sous-jacente à cette pensée de la responsabilité est l'avenir de soi au souvenir de ce que l'on a été entre les mains de quelqu'un d'autre, au souvenir des souffrances que l'on a endurées du temps de la captivité, lorsque la loi et le sujet étaient divisés.

Enfin, la pensée postcoloniale n'est pas une pensée anti-européenne. Elle est au contraire fille de la rencontre entre l'Europe et les mondes dont elle fit autrefois ses lointaines possessions. En montrant comment l'expérience coloniale et impériale a été codifiée dans des représentations, des divisions disciplinaires, leurs méthodologies et leurs objets, elle nous convie à une lecture alternative de notre modernité à tous. Elle appelle l'Europe à vivre de façon responsable ce qu'elle dit être ses origines, son avenir et sa promesse. Si, comme l'a toujours prétendu l'Europe, cette promesse a véritablement pour objet l'avenir de l'humanité dans son ensemble, alors la pensée postcoloniale appelle l'Europe à ouvrir et à relancer sans cesse cet avenir, de façon singulière, responsable de soi, de l'Autre, et devant l'Autre. Cela dit, l'Europe n'est plus le centre du monde. Sa souveraineté est devenue ancillaire. Le monde contemporain, décidément, est hétérogène, c'est-à-dire constitué d'une multiplicité de nœuds régis par la double logique de l'entrelacement et de la déliaison. Cette hétérogénéité implique l'existence d'autres formes de vie et d'autres modes de penser, d'autres possibles de la vie. L'Autre, aujourd'hui, n'est plus celui que produit et invente l'Europe lorsqu'elle prend sur elle-même de se penser sous le signe de l'universel. C'est l'Autre à la fois de l'hétéronomie absolue et de la radicale proximité et similarité. Dans ce sens, la théorie postcoloniale a raison de dire que l'idée d'Europe est à la fois plus et autre chose que son espace et son passé. Ce qui définit l'Europe ne lui appartient plus en propre. Du coup, l'universalité ici n'est plus que l'autre nom du décentrement.

Dès lors, la menace, c'est le confinement dans des frontières circonscrites à l'avance ; l'obsession d'ancrage au détriment du souci pour le large et l'Ouvert.

Il y a ce que l'on pourrait appeler l'autobiographie de l'Europe, la façon dont elle s'écrit elle-même et s'autodésigne. Au fond, cette autobiographie (autodésignation) n'est rien d'autre qu'un champ polémique. L'Europe, aujourd'hui, ne constitue plus le centre du monde sinon sur un mode fictif. Le centre du monde s'est déplacé ailleurs. Voilà le contexte dans lequel l'Europe doit relancer la productivité des métaphores par le biais desquelles elle s'est essayée à se dire et à dire le monde, à se faire Idée. Cette Idée doit faire sans cesse l'objet d'une réinterprétation afin de ne pas être périmée. Nous devons accepter qu'elle soit mise en jeu par des lectures autres que la sienne propre. C'est à cette condition qu'elle s'enrichira et deviendra une force de fascination. Mais la mesure de cette force de fascination sera nécessairement sa capacité à contribuer à la déclosion du monde. Une Europe qui, tout en proclamant *urbi et orbi* sa vocation universelle, se réinvente sous le signe de la clôture n'intéresse pas le monde et n'est d'aucun intérêt pour lui.

Il faut donc réimaginer l'Europe comme une multiplicité qui n'a pas de limite externe, pas de dehors. C'est à cette condition qu'elle deviendra le miroir du monde et non un fragment – significatif certes – des innombrables archives du monde. Sa définition, l'Europe doit la trouver dans un jeu instable, toujours autre, qui déjoue toute définition – une contre-écriture qui rompt toute clôture et qui, loin de fermer le propos, se pose sous la forme d'une question inachevée, ouverte. Cette définition doit absolument laisser inscrire le tout-autre dans la langue de l'être. Elle doit absolument faire place à l'absolument étranger si l'Europe veut traiter autrement ses propres possibilités. L'une de ces possibilités, c'est l'écriture de son autobiographie à partir de l'Autre, en réponse aux questions qu'il lui adresse. Car c'est à partir de l'Autre que toute écriture du monde, véritablement, fait événement. Au lieu de se poser en pointe finale de l'humanité, l'Europe devrait donc être attentive à ce qui vient. Sa vocation

– si ce terme a un sens – est de s'avancer, comme le disait Derrida, exemplairement vers ce qui n'est pas elle, ce qui se cherche ou se promet aujourd'hui. Une telle Europe doit concevoir ses frontières comme n'étant pas données. Elle doit laisser venir l'événement imprévisible. C'est à cette condition qu'elle contribuera à la déclosion du monde.

La double structure d'impuissance et d'ignorance

Revenons, pour terminer, sur la colonisation et son après-vie, puisque tel est l'un des enjeux des débats contemporains sur la postcolonialité. En tant que formule générale de la domination, la colonisation créa une nouvelle structure d'action et de sens, un nouveau régime d'historicité (ou, mieux, une nouvelle prosaïque). Ce processus de mise en ordre du champ dans lequel se dérouleraient désormais les interactions entre dominants et assujettis coloniaux ne gomma point l'ensemble des coutumes et logiques autochtones qui lui préexistaient. Il fut fondamentalement hétéronome. Si cette tentative d'invention de nouvelles coutumes fut à l'origine de nouvelles contraintes, elle libéra également de nouvelles ressources et obligea les sujets coloniaux soit à chercher à en tirer profit, soit à les contester ou les déformer, soit à faire tout cela sinon simultanément, du moins parallèlement [53].

D'autre part, l'on sait que la colonisation se définissait, dans une large mesure, par des lignes de fuite. Du début à la fin, le régime colonial fut traversé de fissures, de fêlures, de brèches, qu'il ne cessa de colmater et de boucher. Même lorsqu'il se transforma en appareil plus ou moins centralisé, il n'en était pas moins travaillé par les logiques de la segmentarité. Dans la plupart des cas, chaque décision ne faisait souvent que déplacer ailleurs les lignes de fuite. Monde de microdéterminations, le

53 Lire Achille Mbembe, *La Naissance du maquis dans le Sud-Cameroun*, *op. cit.*, introduction.

monde colonial reposait aussi sur la gestion des petites et grandes peurs, la production et la miniaturisation d'une insécurité partagée aussi bien par les dominants que par les assujettis. Cette peur structurelle et moléculaire découlait du fait que, toujours, quelque chose lui échappait qu'il s'efforçait sans cesse de rattraper en édictant chaque fois de nouvelles lois et de nouveaux interdits. Et, même lorsqu'il le rattrapait, il n'avait jamais la certitude qu'il s'agissait du bon objet. La peur permanente – voire la paranoïa – avait également pour origine la *double structure d'impuissance et d'ignorance* si caractéristique de ce mode de domination. Les maîtres coloniaux ne savaient presque jamais ce qui dans la simple imitation était en réalité opposition ; ce qui dans l'opposition apparente n'était que simple inversion ; ou encore ce qui, tout en ayant l'air d'une révolte proprement dite, relevait finalement d'une simple logique du désir. Du début jusqu'à la fin, le régime colonial vécut dans le sentiment que quelque chose des sociétés autochtones – peu importait l'échelle, la taille ou les dimensions – relevait de l'inassignable.

Cela dit, l'histoire de la colonisation n'est pas seulement une histoire d'ambivalences et de contingences, de grands hasards et d'étonnantes rencontres, comme tend à le faire accroire une certaine critique historiographique et sociologique – documentée, souvent érudite et, à l'occasion, ingénue. Il y a dans les empires coloniaux du XIXe siècle des éléments de nouveauté, de modernité, voire dans certains cas de cohérence. Le dire ne signifie en rien minimiser les liens complexes qui se tissent entre l'administration coloniale et ses sujets. À distance de la suffisance positiviste, il faut donc relire l'histoire de l'Occident hors de l'Occident à rebours du discours occidental sur sa propre genèse, à rebours de ses fictions, de ses évidences parfois vides de contenu, ses déguisements, ses ruses et – cela vaut la peine de le répéter – sa *volonté de puissance* (qui, comme on vient de le suggérer, est profondément encastrée dans une structure d'impuissance et d'ignorance). Car, au-delà de la compilation des détails empiriques, la critique du colonialisme ou du fait impérial n'a encore rien dit du colonialisme et de l'impérialisme tant qu'elle ne s'est pas affrontée à cette volonté de puissance et à la manière dont ses dimensions ontologique, métaphysique, théologique et mythologique font constamment l'objet de voilement. En tant que volonté de puissance, la raison coloniale est une raison à la fois religieuse, mystique, messianique, utopique. La colonisation est inséparable des puissantes constructions imaginaires et des représentations symboliques et religieuses à travers lesquelles la pensée occidentale a figuré l'horizon terrestre. Il y a donc place, dans la critique des situations coloniales et des faits d'empire, pour une critique philosophique et éthique, et un examen circonstancié de ce qui, dans la chose, se donnait comme son feu intérieur. À la pratique, il arriva effectivement que cette loi intérieure soit déformée, désajustée, dérangée et sa clarté obscurcie. Mais ce ne fut qu'une affaire de cours et non pas d'axiomatique. Or, comme on l'a vu, ce qui l'anime de l'intérieur, l'élan qui la porte, c'est en très grande partie la race. C'est ce qui, au fond, régit son langage, ses schémas perceptifs, ou encore ses pratiques. « Vieux » ou « jeunes », les multiples répertoires et les différentes stratégies que les empires coloniaux mettent en place dans le but d'incorporer des populations hétérogènes dans une seule entité politique tout en maintenant les distinctions et les hiérarchies n'ont de sens que par rapport à l'incontournable réalité de la race.

La colonisation était également un système de signes que différents acteurs ne cessèrent de déchiffrer à leur manière. Elle avait ses manières de se représenter à elle-même sa mythologie. Elle avait des mots par lesquels elle s'autodésignait. Elle savait se déléguer dans des substituts indigènes qui la prolongeaient. Le rapport colonial de domination ne fut ni simple ni unilatéral. Il fut tissé de creux. Il avait toutefois une trame : la volonté de puissance et ce qu'elle nous dit au sujet des questions générales de la force et du droit, du droit et de la justice, de la justice et de la responsabilité, de la fragilité de la puissance, bref, de ce que l'on appelait autrefois le « propre de l'homme » et ses rapports à son semblable. Par ailleurs, il y eut des forces que la colonisation libéra, flux de richesse, flux de désirs et croyances ; le choc, l'étonnement, la séduction de la puissance et l'appel à l'assimilation. Colons et assujettis étaient investis aussi bien par les désirs, les croyances que par les intérêts. Loin de n'être que des complexes politico-économiques, les différents régimes coloniaux furent aussi des complexes de l'inconscient et, souvent, c'est à ce titre qu'ils laissèrent d'indélébiles traces dans l'imaginaire des colonisés. Et, malgré tout le poids d'incertitude qui entoura leurs pratiques, ils ne furent pas que des pétards mouillés.

La domination coloniale fut comparable à un état de guerre [54]. Dans bien des cas, celle-ci prit la forme d'une guerre permanente et de basse intensité. Le vainqueur cherchant chaque fois à prolonger indéfiniment le « rapport de conquérant à conquis », l'on peut dire de la « paix coloniale » qu'elle ne différait de la guerre que par le fait que l'un des camps était privé d'armes [55], comme on l'évoquera au chapitre suivant. De cette confrontation, les indigènes sortirent le plus souvent rompus, défaits et défigurés. Les colons risquaient, quant à eux, de n'en sortir qu'après avoir détruit tout ce qu'ils étaient en mesure de détruire. Car toute pratique coloniale est habitée par une pulsion interne : l'ivresse de la force, une sombre émulation de tuer et, s'il le faut, de périr. Au-delà de la recherche du profit, elle se construit toujours sur la crête d'une ligne intense : la ligne froide de la force et de la destruction pure. Cette force, parfois aveugle, traverse y compris les lignes de fuite qu'au demeurant elle se fait fort d'investir. Telle est la nature de la volonté coloniale de puissance. Fondée sur le partage entre la possession des armes d'un côté et la privation des armes de l'autre, elle consiste, dès lors, en la volonté de tout remettre en jeu. En tant que telle, cette volonté est un pari sur la mort des autres et sur la sienne propre. Mais cette dernière, toujours, est supposée passer par celle des autres – une mort déléguée.

---

54 Simone Weil, *Œuvres choisies*, Gallimard, coll. « Quarto », Paris, 1999, p. 419.

55 *Ibid.*, p. 420.

Dans une humanité planétarisée, voilà précisément les questions qui nous concernent au plus proche, dans l'énigme même de notre présent et dans sa capacité la plus propre d'avenir. C'est en effet en partie par le biais de l'esclavage des Nègres et de la colonisation – et donc de ces questions générales – que s'est forgée notre langue commune et que se sont juxtaposés les habitants de la terre, au sein d'une unité à la fois emblématique et problématique. Et c'est à poursuivre l'interrogation autour de la question des conditions d'une rencontre authentique que ces événements nous appellent. Cette rencontre commence non par l'oubli démesuré qui ferait de tous des somnambules, non par un révisionnisme que cachent mal les appels au positivisme scientiste, mais par le dépaysement réciproque. La nécessité d'un tel dépaysement requiert à son tour l'élaboration d'une pensée qui soit, à la fois, profondément historique, philosophique et éthique – mémoire et antimémoire, militante et antimilitante, politique, antipolitique et poétique. Antimilitante si tant est que le rapport au passé se transforme en tour du propriétaire dans son jardin. Mais politique dans la mesure où l'on va consciemment à la rencontre du passé non seulement comme ce qui nous est présent, mais aussi comme la condition de possibilité du partage et de l'en-commun, aussi infinitésimal soit-il.

3

Société française : proximité sans réciprocité

Pourquoi, en ce siècle dit de l'unification du monde sous l'emprise de la globalisation des marchés financiers, des flux culturels et du brassage des populations, la France s'obstine-t-elle à ne pas penser de manière critique la *postcolonie*, c'est-à-dire, en dernière analyse, l'histoire de sa présence au monde et l'histoire de la présence du monde en son sein aussi bien avant, pendant, qu'après l'Empire ? Quelles sont les conséquences politiques, intellectuelles et culturelles de cette crispation et que nous dit-elle au sujet des limites du modèle républicain et de sa prétention à symboliser une manière d'universalisme ? Quelles sont les conditions intellectuelles qui pourraient faire en sorte que le vieil universalisme à la française fasse place à cette alternative que l'on n'a cessé de refouler : celle d'une nation véritablement cosmopolite, capable de poser en des termes inédits et pour le compte du monde dans son ensemble la question de la *démocratie à venir* [1] ?

Afin de répondre à ces interrogations, l'on part de l'idée selon laquelle la problématique de la démocratie à venir est profondément liée au devenir de cette institution spécifique qu'est la *frontière* [2] – ce par quoi il faut entendre aussi bien le rapport

1 *Cf. La Démocratie à venir. Autour de Jacques Derrida* (actes du colloque organisé du 8 au 18 juillet 2002 au Centre culturel international de Cerisy-la-Salle), Galilée, Paris, 2004.

2 Sur ce sujet, voir les réflexions d'Étienne Balibar, *Europe, Constitution, Frontière*, Éditions du Passant, Paris, 2005.

entre la constitution du pouvoir politique et le contrôle des espaces que la question plus générale de savoir *qui est mon prochain*, comment traiter l'*ennemi* et que faire de l'*étranger*. La difficulté que l'on éprouve à « répondre de » ces trois figures a, pour l'essentiel, partie liée avec ce que les démocraties existantes ont fait du problème de la *race*, comme on l'a vu au chapitre précédent. À force de tenir pendant si longtemps le modèle républicain pour le véhicule achevé de l'inclusion et de l'émergence à l'individualité, l'on a fini par faire de la République une institution imaginaire et à en sous-estimer les capacités originaires de brutalité, de discrimination et d'exclusion.

La scène primordiale de cette brutalité et de cette discrimination a été la *plantation* sous l'esclavage, puis la *colonie* à partir du XIXe siècle. De manière tout à fait directe, le problème que posent le régime de la plantation et le régime colonial est celui de la fonctionnalité de la race comme principe d'exercice du pouvoir et comme règle de la sociabilité. Dans le contexte d'aujourd'hui, convoquer la race, c'est appeler à une réflexion à propos du *dissemblable*, de celui ou celle avec qui l'on ne partage rien ou très peu – de ceux et celles qui, tout en étant avec nous, à côté de nous ou parmi nous, ne sont, en dernière analyse, pas des nôtres. Bien avant l'Empire, la *plantation* et la *colonie* constituaient un « ailleurs ». Elles participaient du « lointain » et de l'étrangeté – d'un au-delà des mers. Et c'est presque toujours en tant qu'extrêmes limites qu'elles apparaissaient dans l'imaginaire métropolitain [3]. Aujourd'hui, la *plantation* et la *colonie* se sont déplacées et ont planté leurs tentes ici même, hors les murs de la Cité (en *banlieue*). Ce déplacement complique, plus que par le passé, la définition des limites du dedans et du dehors et provoque, au passage, une remise en question des critères de l'appartenance, « dès lors qu'il ne suffit plus d'être citoyen

3 Lire Christopher L. MILLER, *The French Atlantic Triangle. Literature and Culture of the Slave Trade*, Duke University Press, Durham (N.C.), 2008.

français pour être considéré comme un Français – et un Européen – à part entière, et traité comme tel [4] ».

Le prochain et le lointain, tout comme la colonisation, le monde qu'elle a créé et ce qui vient après, du coup s'enchevêtrent. Le paradoxe de cette présence est qu'elle reste largement invisible au moment même où s'observent l'étroite imbrication de l'ailleurs et de l'ici, la généralisation de l'étrange, de sa dissémination et de sa diffusion dans l'espace – tout cela ayant pour conséquence l'aggravation de la tension fondatrice du modèle républicain français. Il s'agit non point de l'opposition entre universalisme et communautarisme (comme tend généralement à le penser l'orthodoxie), mais entre universalisme et cosmopolitisme (l'idée d'un *monde commun*, d'une *commune humanité*, d'une *histoire* et d'un *avenir que l'on peut s'offrir en partage*). Et c'est la réticence à transformer ce passé commun en histoire partagée qui explique l'impuissance de la France à penser la *postcolonie*.

Cet argument sera développé en deux temps. D'abord, l'on fera valoir que le problème de ceux qui, tout en étant avec nous, parmi nous ou à côté de nous, ne sont finalement pas des nôtres en dépit d'un passé commun n'a été résolu ni par l'abolition de l'esclavage ni par la décolonisation. L'extension de la citoyenneté aux descendants d'esclaves ou des indigènes n'a pas entraîné une transformation profonde de la manière dont la France procède à la figuration politique de la démocratie. Elle n'a pas non plus conduit à un renouvellement des modalités d'institution imaginaire de la nation. Telle est, au demeurant, l'aporie au cœur de la logique de l'intégration et de l'assimilation qui gouverne bien des débats passés et actuels concernant la présence des étrangers sur le territoire national, voire l'appartenance des citoyens français non blancs à la République. La forme d'universalisme qui sous-tend l'idée républicaine semble, en effet, ne pouvoir penser l'Autre (l'ex-esclave, l'ex-colonisé) « qu'en termes de duplication, de dédoublement jusqu'à l'infini

---

4 Jocelyne Dakhlia, *Islamicités*, PUF, Paris, 2005, p. 8.

d'une image narcissique » à laquelle sont assujettis celui ou celle qui en sont la cible[5]. Malgré une riche tradition philosophique concernant les rapports entre l'Autre et le Même, les archétypes de l'Autre dans la pensée française contemporaine sont encore très largement dépendants des figures de l'exotique ou de catégories purement essentialistes.

Le déclin d'une nation figée

L'on vient d'affirmer que la décolonisation n'a pas mis un point final à la question de savoir que faire du passé commun une fois que celui-ci a été plus ou moins désavoué. L'on évoque la décolonisation non sans savoir que le terme fait l'objet de contestation. Nombreux sont en effet ceux qui se demandent si, avec la fin des tutelles formelles, tout a vraiment été remis en jeu, tout a vraiment recommencé, au point où l'on puisse dire que les ex-colonies ont rouvert leur existence et se sont mises à distance de leur état antérieur. Pour certains, la réponse à cette question est négative. Colonie, néocolonie, postcolonie : il s'agirait du même théâtre, des mêmes jeux mimétiques, avec des acteurs et des spectateurs différents (et encore !), mais avec les mêmes convulsions et la même injure. C'est, à titre d'exemple, le point de vue des militants anti-impérialistes, aux yeux desquels la colonisation française en Afrique n'a jamais vraiment pris fin. Elle aurait simplement changé de visage, revêtant désormais mille autres masques.

À l'appui de cette thèse, l'on cite, pêle-mêle, la présence de bases militaires dans plusieurs pays d'ancienne occupation française de la région et une longue tradition d'interventions directes dans les affaires de ces États, l'émasculation de leur souveraineté monétaire à travers des mécanismes tels que la Zone franc et l'aide à la coopération, le maillage et la clientélisation de leurs élites à travers une panoplie d'institutions culturelles et

---

5 Jacques Hassoun, *L'Obscur objet de la haine*, Aubier, Paris, 1997, p. 14.

politiques (cas des institutions de la Francophonie ou du bureau Afrique de l'Élysée), l'activisme des services secrets et de divers réseaux affairistes, voire criminels, la participation directe à des politiques de la violence, voire à des dynamiques de nature génocidaire [6]. Malgré le caractère parfois polémique de ces affirmations, il serait naïf de prétendre qu'elles sont toutes infondées. La France, comme toute autre puissance dans le monde, est soucieuse de ses intérêts idéologiques, stratégiques, commerciaux et économiques. Le primat de ses intérêts tant publics que privés commande, en très grande partie, sa politique extérieure. Historiquement, elle a su exploiter l'avantage que lui conférait sa position d'ancienne puissance impériale pour cimenter, avec les classes dirigeantes francophones, des rapports inégaux marqués tantôt du sceau de la brutalité, tantôt de celui de la vénalité.

Cette forme de domination peu onéreuse, Alexis de Tocqueville la recommandait déjà en 1847 pour les Arabes : « L'expérience a déjà montré mille fois que, quels que soient le fanatisme et l'esprit naturel des Arabes, l'ambition personnelle et la cupidité avaient souvent encore plus de puissance dans leur cœur et leur faisaient prendre accidentellement les résolutions les plus opposées à leurs tendances habituelles, écrivait-il alors. Le même phénomène s'est toujours vu chez les hommes à moitié civilisés. Le cœur du sauvage est comme une mer perpétuellement agitée, mais où le vent ne souffle pas toujours du même côté. » Et de réclamer une politique qui, soit en flattant leur ambition, soit en leur distribuant de l'argent, fasse en sorte que « même ceux d'entre eux qui montraient la haine la plus furieuse contre les chrétiens prennent tout à coup les armes pour eux et se tournent contre leurs compatriotes [7] ». En Afrique subsaharienne, ce « retournement des armes » a revêtu des formes diverses. Dans la

---

6 Oxfam France, Agir ici et Survie, *L'Afrique à Biarritz. Mise en examen de la politique française : Biarritz, 8-9 novembre 1994*, Karthala, Paris, 1995 ; François-Xavier Verschave, *La Françafrique. Le plus long scandale de la République*, Stock, Paris, 1998 ; John Chipman, *French Power in Africa*, Blackwell, Oxford, 1989.

7 Alexis de Tocqueville, *De la colonie en Algérie*, Complexe, Paris, 1988, p. 74-75.

plupart des cas, il s'inscrivait dans une simple logique de *corruption mutuelle*. Du côté africain, le moteur de la vénalité se trouvait alors être la conjonction de deux pulsions culturelles qui précèdent le moment colonial : d'une part, le désir illimité d'acquisition des biens et des richesses ; et, de l'autre, la reproduction sur le temps long de formes objectales de jouissance. En maintes autres circonstances cependant, la relation prenait purement et simplement la forme d'une panoplie d'attitudes racistes à peine cachées sous le manteau d'un paternalisme de bon aloi. Puis, lorsqu'il le fallait, la France n'hésitait pas à recourir à la force directe, voire à l'assassinat, pour pérenniser ses intérêts.

Aussi bien le racisme mâtiné de paternalisme et de mépris que la corruption mutuelle, voire le jeu de la servilité apparente du côté des élites africaines, tout cela était profondément ancré dans des structures historiques d'inégalité qu'une civilité presque cérémonielle masquait et ratifiait constamment. Mais l'inégalité constituait à la fois une forme d'échange et une forme de don. Dans ce jeu de la soumission, cérémonies, grâces, échanges, dons et contre-dons permettaient, d'une part, d'engendrer des dettes et, d'autre part, d'instituer des réseaux de dépendance réciproque que favorisait, au demeurant, une relative interculturalité [8]. Cela dit, il serait erroné de réduire l'analyse des dynamiques politiques et culturelles des sociétés postcoloniales francophones d'Afrique aux seuls rapports que leurs élites entretiennent avec la France. De fait, ces rapports eux-mêmes n'ont cessé de se transformer. Cette lente transformation a pris un cours erratique à la faveur de la faillite financière de nombre d'États, puis de la généralisation des guerres de rapine dans l'ensemble du continent, au cours du dernier quart du XXe siècle notamment. Si les réseaux affairistes traditionnels n'ont pas encore totalement perdu du terrain, ils ne peuvent

8 Voir Jean-François BAYART, « Réflexions sur la politique africaine de la France », *Politique africaine*, n° 58, 1995 ; puis ID., « *Bis repetita* : la politique africaine de François Mitterrand », *in* Samy COHEN (dir.), *Mitterrand et la sortie de la guerre froide*, PUF, Paris, 1998.

cependant plus agir comme si l'Afrique était une « chasse gardée » de la France. Au nom du maintien des grands équilibres macroéconomiques (discipline fiscale, maîtrise de l'endettement public et de l'inflation), de la libéralisation des échanges, voire de la lutte contre la pauvreté, le poids des fonctionnaires internationaux s'est accru même si, dans les faits, les réformes devant conduire à plus de compétitivité s'enlisent. Les besoins de rééchelonnement de la dette, les processus d'ajustement structurel et les privatisations ont rendu inévitable une gestion multilatérale de la crise africaine et des guerres et catastrophes humanitaires qui en sont sinon la cause, du moins le corollaire. Il en est résulté un accroissement de l'influence des institutions internationales (qu'elles soient financières, à l'instar de la Banque mondiale et du Fonds monétaire international, ou spécialisées dans l'action dite humanitaire) et l'émergence d'une forme de gouvernementalité que l'on a appelée, ailleurs, le « gouvernement privé indirect [9] ».

Du coup, l'Afrique francophone ne constitue plus le « domaine réservé » de la France. Même des organismes tels que l'Agence française de développement – autrefois l'un des outils privilégiés de la présence économique de ce pays en Afrique – sont désormais obligés de naviguer dans le sillage des institutions multilatérales de financement. Face aux contraintes qu'entraîne le choix d'appartenance à l'Europe, la France est désormais obligée d'alléger l'encombrant et dispendieux arsenal qui, longtemps, fit d'elle une « puissance africaine » à part entière. Comme à l'époque coloniale, les dividendes qu'elle tirait de ce mode de domination apparaissent aujourd'hui tout à fait dérisoires. Plus fondamentalement, la France est en train de perdre (ou, dans certains cas, a déjà perdu) une très grande partie de l'influence culturelle qu'elle exerçait autrefois sur les élites africaines. Cette perte s'explique en partie par son incapacité à soutenir les mouvements de démocratisation et, en partie

---

9 Achille MBEMBE, « Du gouvernement privé indirect », *Politique africaine*, n° 73, 1999 ; et Béatrice HIBOU (dir.), *La Privatisation des États*, Karthala, Paris, 1999.

aussi, par sa politique d'immigration. Il n'y a plus, aujourd'hui, un seul grand intellectuel africain disposé à célébrer, sans façons, les noces de la « négritude » et de la « francité », comme n'hésitait pas à le faire Léopold Sédar Senghor [10]. Les États-Unis sont manifestement les principaux bénéficiaires de cette défection. Ils offrent, à cet égard, trois atouts dont la France ne dispose guère.

Le premier, c'est leur capacité presque illimitée de capter et de recycler les élites mondiales. Au cours du dernier quart du XXe siècle, leurs universités sont parvenues à attirer dans leur giron presque tous les meilleurs intellectuels africains (y compris ceux d'entre eux qui avaient été formés en France), voire des universitaires français d'origine africaine auxquels les portes des institutions françaises étaient restées fermées [11]. Le deuxième est d'ordre racial. C'est l'immense réserve symbolique que constitue la présence aux États-Unis d'une communauté noire dont les classes moyenne et bourgeoise sont relativement bien intégrées dans les structures politiques nationales et fort visibles sur la scène culturelle. Certes, ladite communauté continue de souffrir de diverses formes de discrimination. Elle est, plus que toutes les autres, fortement touchée par la pauvreté urbaine. Mais il n'est qu'à voir le nombre de gens d'origine africaine qui, à un moment donné, ont exercé ou continuent d'exercer de hautes fonctions au sein de l'armée, du gouvernement fédéral, au Sénat, au Congrès, à la tête d'importantes municipalités, voire à la Cour suprême, pour mesurer la distance qui, sur ce plan, sépare les États-Unis de la France.

À bien des égards, la globalisation culturelle dont les États-Unis sont le fer de lance est, dans des domaines aussi variés que la musique, la mode ou le sport, constamment alimentée par les produits de la créativité des diasporas africaines installées dans ce pays depuis l'époque de la traite des esclaves [12].

---

10 Léopold Sédar SENGHOR, *Liberté*, t. 5 : *Le Dialogue des cultures*, Seuil, Paris, 1992.

11 Didier GONDOLA, « La crise de la formation en histoire africaine en France vue par les étudiants africains », *Politique africaine*, n° 64, 1997.

12 Gina DENT (dir.), *Black Popular Culture*, Bay Press, Seattle, 1992.

Aux premiers déplacements forcés des siècles de l'esclavage ont succédé diverses autres vagues migratoires en provenance des Caraïbes, puis, à partir des années 1960, de l'Afrique subsaharienne anglophone. À l'exception des Haïtiens, les migrations francophones sont, en revanche, récentes. La plupart sont liées au phénomène de la circulation des élites que la globalisation a accéléré. Elles coïncident, d'autre part, avec le tournant anti-immigration si caractéristique du dernier quart de siècle européen – anti-immigration qui a alimenté en Afrique des réactions de rejet de la France et de ce qu'elle représente, même si, par ailleurs, les faits de la francophonie et de la colonisation française se trouvent être des facteurs de différenciation parmi les Africains d'Amérique. D'autres migrations sont le fait des déscolarisés qui, grâce à leur esprit d'entreprise, sont en train de changer la face de certains quartiers des grandes villes américaines (cas de Little Senegal à Harlem ou présence de restaurants éthiopiens et érythréens dans les principales métropoles).

À cause de la forte présence des gens d'origine africaine aux États-Unis, il est devenu impossible d'imaginer l'identité américaine sans référence à l'« Atlantique noir », c'est-à-dire sans une reconnaissance explicite des fondations transnationales et diasporiques de la nation américaine et de la pluralité de ses héritages [13]. Ainsi s'opposent deux philosophies de la nation et de la présence au monde : d'un côté, un imaginaire de la nation en référence au *sol* et donc conçu en termes de frontières et de territoires, et, de l'autre, un imaginaire en référence aux *flux* et donc largement déterritorialisé. Contrairement à ce qui s'est passé en France, l'impératif d'égalité requis pour faire de chacun un sujet de droit et un citoyen à part entière n'a pas nécessairement conduit, aux États-Unis, à cette forme d'abstraction que représente le *sacre juridique* de l'individu – l'une des pierres d'angle de la fiction républicaine. Les politiques de discrimination positive (*affirmative action*) font certes l'objet de contestations, mais elles permettent de garantir une certaine visibilité des minorités

13 Paul Gilroy, *L'Atlantique noir*, *op. cit.*

raciales et des femmes dans différentes sphères de la vie publique et culturelle.

Interviennent, enfin, les puissantes institutions philanthropiques (fondations, Églises et autres), dont certaines disposent de sièges sur le continent. La plupart ont pour cibles les milieux universitaires, les organisations de la société civile, les médias, voire les décideurs (hommes politiques, hommes d'affaires). À travers les subventions qu'elles distribuent, les programmes qu'elles soutiennent et l'*ethos* qu'elles promeuvent, ces institutions jouent un rôle considérable dans l'« acculturation à l'américaine » des militants, hommes d'affaires, activistes et élites africaines en général. L'on pourrait résumer tout cela d'un mot : l'existence de structures de l'hospitalité. Il ne s'agit pas de sous-estimer la réalité de la violence raciale ou la persistance, aux États-Unis, de l'idéologie de la suprématie blanche. Il ne s'agit pas non plus d'occulter les effets du tournant qu'a représenté la « guerre contre le terrorisme ». Cela dit, ce sont ces structures de l'hospitalité qui font défaut à la France contemporaine [14]. Leur absence explique, en partie, son incapacité à penser la postcolonie et, au-delà, le monde contemporain. Au contraire, ce sont ces structures qui rendent le modèle américain si attrayant aux yeux des élites mondiales. Un fossé culturel grandissant se creuse entre les élites africaines, en particulier, et la France, dont le modèle leur paraît de plus en plus désuet au sein d'une Europe qui se construit sur le modèle d'une forteresse [15].

Penchons-nous, à présent, sur la question de la langue telle qu'elle se donne à voir à travers le miroir de la francophonie. Ici, il importe de se démarquer des principaux arguments mis en avant dans le discours idéologique des nationalismes panafricains. Selon ce discours, les langues européennes parlées en Afrique seraient des langues étrangères imposées par la force à

---

14 Didier Fassin, Alain Morice et Catherine Quiminal (dir.), *Les Lois de l'inhospitalité*, La Découverte, Paris, 1997.

15 Une Malgache, « La "grandeur" de la France à l'aune d'un consulat : témoignage », *Politique africaine*, n° 67, 1997 (voir aussi l'ensemble du dossier spécial « La France et les migrants africains » de ce numéro de la revue).

des populations défaites et soumises. Elles représenteraient de puissants facteurs d'aliénation et de division. En outre, elles ne se seraient imposées à la conscience africaine qu'en évinçant et en marginalisant les langues autochtones et la somme des réflexions religieuses, politiques et esthétiques que celles-ci véhiculaient. Sur un plan purement politique, la langue coloniale aurait pour fonction d'imposer la loi d'un pouvoir sans autorité à un peuple vaincu militairement. Pour ce faire, elle ne doit pas seulement provoquer la mort des langues autochtones qui lui résistent ou encore en effacer les traces. Elle doit aussi masquer sa propre violence en inscrivant celle-ci dans un système de fictions en apparence neutres (humanisme, civilisation, universalisme). Tel étant le cas, il ne pourrait y avoir de libération politique, économique ou technologique qui ne s'accompagnerait point d'une autonomie linguistique. En retour, l'émancipation culturelle ne serait guère possible sans identification totale entre langues africaines, nation africaine et pensée africaine [16].

L'on ne saurait nier les pouvoirs de la langue, notamment lorsque ceux-ci s'exercent dans un contexte de rencontre imposée, d'expropriation et de dépossession, comme ce fut le cas sous la colonisation. De fait, il y a toujours, dans ce genre de situations, un équivalent linguistique du « pouvoir du sabre » (razzias et destructions, tortures, mutilations, épurations et profanations). Cela dit, le raisonnement nationaliste/panafricaniste repose sur une série de méprises. Tout d'abord, il sous-estime le fait que, au terme de plusieurs siècles d'assimilation progressive, d'appropriation, de réappropriation et de trafics, le français a fini par devenir *une langue africaine à part entière*. Ce processus est fort différent de la « francisation » des diverses régions de l'Hexagone dont traite Fernand Braudel dans son étude sur l'identité de la France [17]. Les langues, religions et techniques

16 Ngugi wa Thiong'o, *Decolonising the Mind*, *op. cit.* et Paulin Hountondji (dir.), *Les Savoirs endogènes*, CODESRIA, Dakar, 1994.

17 Fernand Braudel, *L'Identité de la France*, t. 1 : *Espace et histoire*, Flammarion, Paris, 2009 (1986).

héritées de la colonisation sont passées par un processus de *vernacularisation* – iconoclaste sans doute, et, par nombre de ses aspects, destructeur, mais aussi porteur de ressources nouvelles, tant sur le plan de l'imagination, de la représentation que de la pensée.

Ensuite, loin de voir leur pouvoir de figuration entravé ou piégé, les langues autochtones ont tiré profit du processus de vernacularisation du français. De cet entremêlement est en train de naître une culture créole caractéristique des grandes métropoles africaines. Sur le plan linguistique, la *créolité* consiste, ici, en une transformation figurative impliquant, inévitablement, une relative déperdition, une dissipation, voire un obscurcissement de l'originaire. Cette dissipation a lieu au sein d'un foisonnement des objets, des formes et des choses. Voilà pourquoi, sur un plan épistémologique et culturel, créolité rime, non pas avec la production mimétique et l'aliénation, comme tend à le faire croire le discours africain du nationalisme culturel, mais avec vraisemblance, véri-similitude, onomatopée et métaphore. Maintenant, il s'avère que le discours officiel français sur la langue française présente des similitudes avec celui des nationalismes panafricains. Peu importe que le nombre des francophones hors de France soit aujourd'hui supérieur à celui des Français ; ou encore que la langue française soit, de nos jours, plus parlée hors de France que sur le territoire. Bien des Français continuent d'agir et de penser comme s'ils en avaient l'exclusive propriété. Ils tardent à comprendre que le français est désormais une *langue au pluriel* ; qu'en se déployant hors de l'Hexagone, il s'est enrichi, s'est infléchi et a pris du champ par rapport à ses origines. La France ne s'étant guère décolonisée – malgré la fin de l'empire colonial –, elle continue de promouvoir une conception centrifuge de l'universel largement décalée par rapport aux évolutions réelles du monde de notre temps.

L'une des raisons de ce narcissisme culturel est que le français a toujours été pensé en relation avec une géographie imaginaire qui faisait de la France le « centre du monde ». Au cœur de cette géographie mythique, la langue française était supposée véhiculer, par nature et par essence, des valeurs universelles (les Lumières, la raison et les droits de l'homme, une certaine sensibilité esthétique). Telle était sa tâche, mais aussi son pouvoir : celui de représenter la pensée qui, se mettant à distance d'elle-même, se réfléchit et se pense elle-même. Dans cet éclat lumineux devait se manifester une certaine démarche de l'esprit : celle qui, dans un mouvement ininterrompu, devait conduire à l'apparition de l'« homme » et au triomphe de la *ratio* européenne et universelle [18]. La République devait ainsi constituer l'éclatante manifestation de cette mission et des valeurs qui la sous-tendaient. Les noces de la République et de la langue furent telles que l'on pourrait dire : la langue n'a pas seulement créé la République (l'État), elle s'est elle-même créée au travers de la République. Dans un acte de transsubstantiation, la République a délégué sa mission à un substitut, la langue française, qui la représente et la prolonge. Du coup, parler ou écrire le français dans sa pureté, ce n'est pas seulement dire sa nationalité, c'est pratiquer, *de facto*, une langue universelle. C'est percer l'énigme du monde, discourir sur le *genre humain*.

Ce rapport métaphysique à la langue s'explique par la double contradiction sur laquelle repose l'État-nation français. D'une part, les noces de la langue et de l'État trouvent une partie de leur origine dans la Terreur (1793-1794). C'est de cette époque que date le *réflexe du monolinguisme* – cette idée typiquement nôtre selon laquelle, la langue française étant une, indivisible et centrée sur une norme unique, tout le reste n'est que patois. En d'autres termes, il y aurait une voie – et une seule – d'accès au sens. Cette voie ne pourrait triompher que sur les ruines des autres langues. Il s'agit, d'autre part, de la tension, elle aussi héritée – du moins en partie – de la Révolution de 1789, entre le cosmopolitisme et l'universalisme. Cette tension est au fondement de l'identité française. L'universalisme à la française n'est, en effet, pas l'équivalent du cosmopolitisme. Dans une

---

18 Michel FOUCAULT, *Les Mots et les Choses. Une archéologie des sciences humaines*, Gallimard, Paris, 1990 (1966).

large mesure, la phraséologie de l'universalisme a toujours servi de paravent à l'idéologie du nationalisme et à son modèle culturel centralisateur : le parisianisme. Pendant longtemps, la langue a été l'enveloppe de cette phraséologie de l'universalisme dont elle a, à la fois, manifesté et masqué les aspects les plus chauvinistes. Le triomphe de l'anglais comme langue dominante du monde contemporain devrait entraîner la prise de conscience qu'une nationalisation excessive de la langue fait nécessairement de celle-ci un idiome local, porteur, à ce titre, de valeurs… locales.

L'autre raison du déclin de l'aura de la France en Afrique et dans le monde est le scepticisme (aussi bien dans le monde postcolonial qu'en Occident), sinon le doute, à l'égard de tout idéal universaliste abstrait. Les luttes anticoloniales ont radicalisé ce soupçon sur le plan pratique. Sur le plan théorique, la critique postcoloniale et la critique de la race (deux phénomènes intellectuels qu'en France l'on continue de confondre à tort avec le tiers-mondisme) ont accentué le défaut de crédibilité de notre idéologie. Or, la réflexion s'est longtemps déployée comme si la *critique postcoloniale* de l'universalisme (pour ne citer qu'elle) n'avait jamais eu lieu. En prenant au sérieux ces deux critiques, l'on aurait vite appris, d'une part, que les langues universelles sont celles qui assument leur caractère « multilingue » ; d'autre part, combien le sort des grandes cultures mondiales se joue désormais dans leur capacité à traduire les idiomes du lointain en quelque chose non plus d'étrange ou d'exotique, mais de familier.

Puis il y a eu le triomphe, dans maintes sphères de la culture, d'une sensibilité cosmopolite que favorise, en très grande partie, la globalisation. Comme on le sait désormais, la globalisation consiste autant en un processus de mise en relation des mondes qu'en un processus de réinvention des différences. À la limite, l'un des succès de la globalisation est le sentiment qu'elle donne à chacun et à chacune de pouvoir vivre non seulement leur fantaisie, mais aussi de faire l'expérience intime de la différence dans l'acte même par lequel on la subsume et la sublime. Autrement dit, il y a une manière de « nous » qui prend désormais forme à l'échelle du monde – de façon privilégiée – dans l'acte par lequel l'on *partage les différences*. La sublimation de la différence et son partage sont possibles, parce que, la distinction entre la langue et la marchandise s'étant, pour l'essentiel, effacée, communier à l'une équivaut à participer à l'autre. Langue de la marchandise, marchandise *de* la langue, marchandise *en tant que* langue, langue *sous l'espèce de* la marchandise, langue *comme* désir et désir de langue en tant que désir de marchandise : tout cela ne constitue plus, à la limite, qu'une seule et même chose, un seul et même régime des signes [19].

Liquider l'impensé de la race

La discussion que l'on vient de développer conduit logiquement à une première conclusion : la présence de l'ailleurs dans l'ici et de l'ici dans l'ailleurs oblige à relire l'histoire de la France et de son Empire. Aujourd'hui, la tentation dominante est de la réécrire en en faisant une histoire de la « pacification », de la « mise en valeur de territoires vacants et sans maîtres », de la « diffusion de l'enseignement », de la « fondation d'une médecine moderne », de la « création d'institutions administratives et juridiques », de la mise en place d'infrastructures routières et ferroviaires. Cet argument repose sur l'idée ancienne selon laquelle la colonisation fut une entreprise humanitaire et qu'elle contribua à la modernisation de vieilles sociétés primitives et agonisantes, qui, abandonnées à elles-mêmes, auraient peut-être fini par se suicider. En traitant ainsi du colonialisme, l'on s'autorise d'une sincérité intime, d'une authenticité de départ, afin de mieux trouver des alibis – auxquels l'on est seuls à croire – à une conduite passablement immorale. Car, comme le soulignait Simone Weil, « la colonisation commence presque toujours par l'exercice de la force sous sa forme pure,

---

19 Marcel Hénaff, *Le Prix de la vérité*, Seuil, Paris, 2002.

c'est-à-dire par la conquête. Un peuple, soumis par les armes, subit soudain le commandement d'étrangers d'une autre couleur, d'une autre langue, d'une tout autre culture, et convaincus de leur propre supériorité. Par la suite, comme il faut vivre, et vivre ensemble, une certaine stabilité s'établit, fondée sur un compromis entre la contrainte et la collaboration [20] ». Révisionnisme oblige, l'on prétend aujourd'hui que les guerres de conquête, les massacres, les déportations, les razzias, les travaux forcés, la discrimination raciale institutionnelle, les expropriations et toutes sortes de destructions, tout cela ne fut que la « corruption d'une grande idée » ou, comme l'expliquait autrefois Alexis de Tocqueville, des « nécessités fâcheuses [21] ».

Réfléchissant sur la sorte de guerre que l'on peut et doit faire aux Arabes, le même Tocqueville affirmait : « Tous les moyens de désoler les tribus doivent être employés. » Et de recommander, en particulier, l'interdiction du commerce et le « ravage du pays » : « Je crois, dit-il, que le droit de guerre nous autorise à ravager le pays et que nous devons le faire soit en détruisant les moissons à l'époque de la récolte, soit tout le temps en faisant des incursions rapides qu'on nomme razzias et qui ont pour objet de s'emparer des hommes ou des troupeaux. » Comment s'étonner, dès lors, qu'il finisse par s'exclamer : « Dieu nous garde de voir jamais la France dirigée par l'un des officiers de l'armée d'Afrique ! » La raison en est que l'officier qui « une fois a adopté l'Afrique et en a fait son théâtre [y] contracte bientôt des habitudes, des façons de penser et d'agir très dangereuses partout, mais surtout dans un pays libre. Il y prend l'usage et le goût d'un gouvernement dur, violent, arbitraire et grossier [22] ».

Telle est, en effet, la vie psychique du pouvoir colonial. Il s'agit, non pas d'une « grande idée », mais d'une espèce bien déterminée de la logique des races au sens de traitement, contrôle, séparation des corps, voire des espèces. Dans son

20 Simone Weil, *Œuvres choisies*, *op. cit.*, p. 419.
21 Alexis de Tocqueville, *De la colonie en Algérie*, *op. cit.*, p. 77.
22 *Ibid.*, p. 88-89.

essence, il s'agit d'une guerre menée non contre d'autres personnes humaines, mais contre des espèces différentes qu'il faudrait, au besoin, exterminer [23]. C'est la raison pour laquelle des auteurs tels que Hannah Arendt ou Simone Weil ont pu, après avoir examiné en détail les procédés des conquêtes et de l'occupation coloniales, conclure à une analogie entre ceux-ci et l'hitlérisme [24]. L'hitlérisme, dit Simone Weil, « consiste dans l'application par l'Allemagne au continent européen, et plus généralement aux pays de race blanche, des méthodes de la conquête et de la domination coloniales [25] ». Et de citer, à l'appui de sa thèse, les lettres écrites par Hubert Lyautey depuis Madagascar et le Tonkin.

Que, sur le plan culturel, l'ordre colonial ait été marqué de bout en bout par ses ambiguïtés et ses contradictions est indiscutable [26]. La médiocrité de ses performances économiques est aujourd'hui largement admise [27]. Encore faut-il distinguer ses différentes périodes. Après s'être longtemps appuyée sur les sociétés concessionnaires – dont on ne nie plus aujourd'hui la brutalité et les méthodes de prédation –, la France vécut longtemps dans l'illusion qu'elle pouvait bâtir son empire à peu de frais (*empire-on-the-cheap*) [28]. Les colonisés devaient financer eux-mêmes leur propre servitude. Elle avait, dès 1900, rejeté l'idée de programmes d'investissement dans les territoires coloniaux, qui auraient bénéficié de fonds métropolitains et auraient fait un usage intensif des ressources africaines. Ce n'est qu'après 1945 que l'idée d'un colonialisme « développemental » (*developmental colonialism*) se fit jour – et encore ne s'agissait-il que d'une

---

23 Olivier Le Cour Grandmaison, *Coloniser, exterminer. Sur la guerre et l'État colonial*, Fayard, Paris, 2005.

24 Hannah Arendt, *Les Origines du totalitarisme*, Gallimard, coll. « Quarto », Paris, 2002 (1967).

25 Simone Weil, *Œuvres choisies*, *op. cit.*, p. 430-431. Lire également les remarques d'Aimé Césaire à ce sujet, *Discours sur le colonialisme*, *op. cit.*

26 Anne Stoler et Frederick Cooper (dir.), *Tensions of Empire. Colonial Cultures in a Bourgeois World*, University of California Press, Berkeley, 1997, p. 1-56.

27 Herbert Frankel, *Capital Investment in Africa. Its Course and Effects*, Oxford University Press, Londres, 1938.

28 Catherine Coquery-Vidrovitch, *Le Congo au temps des compagnies concessionnaires, 1898-1930*, Éditions de l'EHESS, Paris, 1972.

économie d'extraction, fragmentée et opérant sur des marchés captifs à partir d'enclaves plus ou moins disjointes [29]. Ce projet fut vite abandonné pour au moins deux raisons : d'abord à cause de coûts jugés trop élevés ; ensuite parce qu'au bout du compte la logique impériale était simplement intenable. À long terme, les demandes indigènes en matière de droits civiques et d'égalité raciale au sein d'un espace politique unique (l'État-providence) avaient pour effet de déplacer sur la Métropole les coûts que cette dernière s'efforçait de rabattre sur les territoires coloniaux eux-mêmes. Ainsi s'explique, pour l'essentiel, la décision de décoloniser.

C'est, en partie, parce que l'on est persuadé d'avoir établi dans les colonies une « civilisation bienfaisante » que l'on éprouve tant de peine à déchiffrer les contours de la « nouvelle société française ». Ainsi en est-il de ce que l'on nomme – afin de mieux le stigmatiser – le « communautarisme ». Mais l'idée que le « communautarisme » rassemble, par exemple, l'ensemble des musulmans de France fait-elle vraiment sens ? Olivier Roy n'a-t-il pas raison lorsqu'il affirme qu'il n'y a pas plus de « communauté musulmane » que de « communauté juive » en France, mais des populations éclatées, hétérogènes et, dans l'ensemble, peu soucieuses de s'unifier ou même de se reconnaître avant tout comme des communautés religieuses ? Croit-on vraiment que l'on pourra fonder de nouveau le lien social en faisant de la laïcité la police de la religion ou du vêtement, ou que les problèmes de l'immigration et d'intégration constituent avant tout des problèmes de sécurité ? Comment se fait-il que la figure du « musulman » ou de l'« immigré » qui domine le discours public ne soit jamais celle d'un « sujet moral » à part entière, mais puise toujours dans des catégories dévaluantes qui traitent des « musulmans » et des « immigrés » comme d'une masse indistincte, qu'il est, dès lors, permis de disqualifier sommairement ?

---

29 Frederick Cooper, *Decolonization and African Society*, *op. cit.*

C'est, par ailleurs, cette façon de diviser les gens qui explique que l'on éprouve tant de peine à donner chair au modèle civique républicain. C'est, enfin, ce qui rend si difficile le processus de figuration politique d'une société éclatée en une multitude de voix de plus en plus séparées par les nouvelles questions sociales : la question raciale et celle de l'islam. En mutilant de cette manière l'histoire de la présence française au monde et de la présence du monde en son sein, l'on fait croire que la tâche de production et d'institution de la nation française, loin d'être une expérimentation continue, s'est achevée depuis longtemps déjà, et qu'il n'est plus que du devoir des nouveaux arrivants de s'intégrer à une identité qui existe déjà et qui leur est offerte à la manière d'un don, en retour duquel ils doivent manifester reconnaissance, voire « respect de notre propre étrangeté [30] ». C'est une violence similaire qui fait penser que le modèle civique républicain aurait, depuis longtemps, trouvé ses formes canoniques ; ou encore que tout ce qui remet en question ses fondements ethniques et racialisants relèverait purement et simplement du projet tant honni d'une « démocratie des communautés et des minorités », ou d'une manière d'« ethniciser » des questions qui seraient avant tout « sociales ».

Les remarques que l'on vient de faire ne peuvent paraître curieuses que si l'on fait l'impasse sur la prodigieuse logique de clôture (culturelle et intellectuelle) dont la France a fait l'expérience au cours du dernier quart du XXe siècle. Ce reflux nationaliste et provincial de la pensée a profondément affaibli ses capacités à penser le monde et à contribuer de façon décisive aux débats sur *la démocratie à venir*. Les raisons de cette myopie étant trop bien connues, point n'est besoin de les ressasser ici. Qu'il suffise d'en mentionner deux. D'une part – et à quelques exceptions près –, la France n'a pas su mesurer à sa juste valeur la signification politique du virage qu'a été l'irruption, dans différents champs du savoir, de la philosophie, des arts et de la littérature, des quatre courants intellectuels qu'ont été la théorie

30 Julia Kristeva, *Étrangers à nous-mêmes*, Fayard, Paris, 1988, p. 289.

postcoloniale, la critique de la race, la réflexion sur les diasporas et toutes sortes de flux culturels, ainsi que, dans une moindre mesure, la pensée féministe. L'apport de ces courants à la théorie démocratique, à la critique de la citoyenneté et au renouvellement de la pensée sur la différence et l'altérité est indiscutable. Cruciale est, à cet égard, la reconnaissance du fait qu'historiquement l'individu se constitue en citoyen par la médiation d'un processus de subjectivation. En d'autres termes, est citoyen celui, ou celle, qui peut répondre personnellement à la question « Qui suis-je ? » et peut, ce faisant, parler publiquement à la première personne. Certes, il ne suffit pas de parler à la première personne pour exister comme sujet. Mais il n'y a pas de démocratie là où cette possibilité est purement et simplement niée. D'autre part, pour avoir négligé l'importance de ces pensées venues d'ailleurs (et qui, pourtant, s'inspiraient profondément des apports de sa philosophie), la France s'est souvent retrouvée dans l'incapacité d'élargir sa réflexion sur les rapports entre la mémoire et la nation. Comment, par exemple, ne pas voir que la *plantation* et la *colonie* constituent à la fois des *lieux de mémoire* et des *lieux d'épreuve* ? Ici, peut-être plus qu'ailleurs, s'éprouve ce en quoi consiste la tentative de devenir sujet, ou encore de se soucier de soi (autosubjectivation). Comment ne pas voir que la *plantation* et la *colonie* récusent radicalement la possibilité d'appartenance à une *humanité commune*, cette pierre angulaire de l'idée républicaine ?

Dans la forme française d'humanisme civique (la République), le passage du moi particulier au moi universel (l'*homme en général*) n'est possible que si l'on fait abstraction des différences individuantes. Dans cette logique, le citoyen est avant tout celui, ou celle, qui est conscient(e) d'être un être humain égal aux autres et qui, en outre, dispose de la capacité de discernement de ce qui est utile au bien public. Les courants de pensée nés de la rencontre avec le « tout-monde » montrent cependant que, là où ces attaches ont été niées ou oblitérées par la violence et la domination, la montée vers la citoyenneté n'est pas automatiquement incompatible avec l'attachement à ces différences individuantes que sont la famille, la religion, la corporation, voire l'ethnie ou la race. Le sentiment d'appartenance à la *société du genre humain* (la définition de soi en termes universels) ne passe pas nécessairement par l'abstraction des différences individuantes. L'abstraction des différences n'est pas une condition *sine qua non* de la conscience d'appartenance à une humanité commune.

Les mêmes courants montrent également que si l'on veut « ouvrir le futur à tous », il faut au préalable opérer une critique radicale des présupposés qui ont favorisé la reproduction des rapports de sujétion tissés sous l'Empire entre les indigènes et les colons et, plus généralement, entre l'Occident et le reste du monde. Ces rapports s'incarnaient dans des institutions militaires, culturelles et économiques. Mais ils se donnaient surtout à voir dans des dispositifs de coercition symbolique, ou encore dans des corpus de connaissances dont l'orientalisme, l'africanisme ou la sinologie représentent sans doute les avatars les mieux connus. Dans cette perspective, la *démocratie à venir* est celle qui aura pris au sérieux la tâche de déconstruction des savoirs impériaux qui, naguère, ont rendu possible la domination des sociétés non européennes. Cette tâche doit aller de pair avec la critique de toutes les formes d'universalisme qui, hostiles à la différence et, par extension, à la figure d'Autrui, attribuent à l'Occident le monopole de la vérité, de la « civilisation » et de l'humain.

En opérant une critique radicale de la pensée totalisante du Même, l'on pourra poser les fondements d'une réflexion sur la différence et l'altérité, d'une pratique de la convivialité, d'une esthétique de la singularité plurielle – cette multiplicité dispersante à laquelle se réfèrent sans cesse des penseurs tels qu'Édouard Glissant ou Paul Gilroy[31]. Et en cet âge de l'unilatéralisme et de la bonne conscience, on pourra relancer la critique

---

31 Édouard GLISSANT, *Poétique*, t. 3 : *Poétique de la relation*, Gallimard, Paris, 1990 ; ID., *Tout-Monde*, Gallimard, Paris, 1993 et Paul GILROY, *After the Empire. Melancholia or Convivial Culture*, Columbia University Press, New York, 2005.

de tout Souverain qui, cherchant à passer pour l'Universel, finit toujours par produire une notion essentialiste de la différence comme mesure et structure hiérarchique destinées à légitimer le meurtre et l'inimitié. Une telle critique est nécessaire parce qu'elle ouvre la voie à la possibilité d'une démocratie véritablement postraciale fondée sur l'obligation de reconnaissance mutuelle comme condition d'une vie conviviale [32]. Dans ce type de démocratie, l'égalité ne consiste pas tant « en une commensurabilité des sujets par rapport à quelque unité de mesure » qu'en l'« égalité des singularités dans l'incommensurable de la liberté », pour reprendre des termes de Jean-Luc Nancy. Dans de tels contextes, énoncer le pluriel de la singularité devient l'un des moyens les plus efficaces pour négocier le Babel des races, des cultures et des nations rendu inévitable par la longue histoire de la globalisation.

Si la France veut peser d'un poids quelconque dans le monde qui vient, voilà la direction qu'elle doit prendre. Mais prendre cette direction implique qu'elle démolisse le mur du narcissisme (politique, culturel et intellectuel) qu'elle a érigé autour d'elle – narcissisme dont on pourrait dire que l'impensé procède d'une forme d'ethno-nationalisme racialisant. Ce désir de provincialisme est d'autant plus surprenant qu'il fleurit à l'ombre de l'une des traditions de la pensée politique qui, dans l'histoire de la modernité, a, plus que toute autre, fait montre d'une sollicitude radicale pour l'« homme » et pour la « raison ». Il se trouve que, historiquement, cette sollicitude pour le sort réservé à l'« homme » et à la « raison » a vite montré ses limites chaque fois qu'il a fallu reconnaître la figure de l'« homme » dans le visage d'Autrui défiguré par la violence du racisme. Le versant nocturne de la République, l'épaisseur inerte où vient s'engluer sa radicalité, c'est encore et toujours la *race* [33]. Celle-ci est la page obscure où, placé par la force du regard de l'Autre,

---

32 Paul GILROY, *Against Race*, Harvard University Press, Cambridge, 2002.

33 Laurent DUBOIS, A *Colony of Citizens. Revolution and Slave Emancipation in the French Caribbean, 1787-1804*, University of North Carolina Press, Durham, 2004 ; Sue PEABODY, *« There Are No Slaves in France ». The Political Culture of Race and Slavery in the Ancient Regime*, Oxford

l'« homme » se retrouve dans l'impossibilité de savoir en quoi consiste l'essence de son travail et des lois. Or, il se trouve que, dans ce pays, une imprenable tradition d'universalisme abstrait, héritée de la Révolution de 1789 et de la Terreur, n'a cessé de nier le fait brutal de la race, sous le prétexte que la revendication du droit à la différence – peu importe laquelle – contredit le dogme républicain d'égalité universelle. De fait, ce qui, en principe, fait la force de l'idéal républicain, c'est son adhésion au projet d'autonomie humaine. Comme l'explique Vincent Descombes, le projet d'autonomie humaine est celui d'une « humanité qui poserait elle-même et à partir d'elle-même les principes de sa conduite [34] ». Mais cette tradition feint d'oublier que l'« homme » se laisse repérer sous des figures à chaque fois différentes et singulières, et qu'aucune pensée du sujet ne saurait être complète si elle oublie que celui-ci ne s'appréhende que dans une distanciation de soi à soi et ne saurait s'éprouver que dans la relation positive à un ailleurs.

Pour un partage de singularités et une éthique de la rencontre

Deuxième conclusion : si la vie de la démocratie participe d'une opération – sans cesse à reprendre – de figuration du social, alors on peut affirmer que se faire entendre, se connaître soi-même, se faire reconnaître, parler de soi constituent des aspects centraux de toute pratique démocratique. Entreprise d'expression, capacité de se donner une voix et un visage, la démocratie est, fondamentalement, une pratique de la représentation – une prise de distance par rapport à autrui aux fins d'imagination de soi, d'expression de soi et de partage, dans l'espace public, de cette imagination et des formes que prend

---

University Press, Oxford, 1996 et Sue Peabody et Tyler Stovall (dir.), *The Color of Liberty. Histories of Race in France*, Duke University Press, Durham, 2003.

34 Vincent Descombes, *Le Complément de sujet, op. cit.*

cette expression. De ce point de vue, l'on peut difficilement prétendre que l'idéal français d'humanité civique s'est accompli alors même qu'une partie de ses citoyens sont littéralement exclus de la part d'estime publique que nous dispensons quotidiennement, comme le dit Pierre Rosanvallon, « sous la forme d'une quote-part de présence dans les institutions culturelles, les programmes scolaires, les divertissements médiatiques, les parades publiques » et autres politiques d'assistance.

Une fois de plus, il s'agit d'insister sur le fait que l'individualisme normatif occulte largement les effets inégalitaires et culturellement structurants du racisme. Ce dernier est profondément inscrit dans le mode ordinaire des relations sociales et, surtout, dans la routine bureaucratique. L'une des manières de le masquer dans le champ idéologique consiste précisément à opposer universalisme et différencialisme (communautarisme) ou encore à s'en tenir à une réaffirmation, dans l'abstrait, de l'égalité de chaque individu devant la loi [35]. Pour que la *démocratie à venir* prenne sens et forme, et pour qu'émerge, dans sa multiplicité dispersante, cette nouvelle nation qui commence à se faire, sous nos yeux, une nouvelle économie élargie de la représentation qui prenne en compte toutes les formes de production et d'affirmation des identités collectives est nécessaire. Pour le moment, une trop grande masse de citoyens, obscurs et invisibles, sont littéralement apparentés aux étrangers dans l'imaginaire public – et ce à une époque où la figure de l'étranger se confond dangereusement avec celle de l'ennemi. L'on ne peut plus, dans ces conditions, assumer que le problème de la mal-représentation sera réglé par notre capacité d'agir et de parler pour le compte d'autrui. Ce qu'il faut dissiper, c'est l'opacité qui entoure la présence, dans ce pays, de citoyens rendus invisibles par des dispositifs qui produisent quotidiennement des formes d'exclusion que rien, sinon la race, ne justifie.

---

35 Véronique De Rudder (dir.), *L'Inégalité raciste. L'universalité républicaine à l'épreuve*, PUF, Paris, 2000.

La reconnaissance des différences n'est guère incompatible avec le principe d'une société démocratique. Une telle reconnaissance ne signifie pas non plus que la société fonctionne désormais sans idées et croyances communes. En fait, cette reconnaissance constitue un préalable à ce que ces idées et ces croyances soient véritablement partagées. Après tout, la démocratie signifie également la *possibilité d'identification à l'Autre*. Sans cette possibilité d'identification, la République est désœuvrée. Par ailleurs, le processus de subjectivation – dont on a dit qu'il participe pleinement du devenir-citoyen – passe, entre autres, par des particularismes librement revendiqués. Ce que la globalisation rend possible, c'est précisément la possibilité de subjectivation des particularités. Qu'est-ce, en effet, qu'être soi à l'âge de la globalisation, sinon de pouvoir revendiquer librement telle ou telle particularité – la reconnaissance de ce qui, dans la nation qui nous est commune, voire le monde qui nous est commun, me rend différent des autres ? Et, de fait, l'on pourrait suggérer que la reconnaissance de cette différence par les autres est précisément la médiation par laquelle je me fais leur *semblable*. Il apparaît donc, quant au fond, que le *partage des singularités* est bel et bien un préalable à une *politique du semblable et de l'en-commun*.

Du reste, comme l'explique Jean-Luc Nancy, la singularité est à la fois ce que nous partageons et ce qui nous partage. Reconnaître la singularité des lieux d'épreuve à partir desquels nous nous sommes historiquement constitués comme nation ne signifie point que des « différences en être » nous sépareraient les uns des autres. C'est la raison pour laquelle Nancy définit la « fraternité » comme l'« égalité dans le partage de l'incommensurable », mais l'incommensurable de ce que chacun de nous a en propre. Il n'y a de « nous », dit-il, que dans le « à chaque fois une seule fois » de voix singulières. Et de conclure : l'*être-en-commun* relève fondamentalement du *partage*[36]. Par ailleurs,

---

36 Jean-Luc Nancy, *L'Expérience de la liberté*, Galilée, Paris, 1988, p. 97. C'est nous qui soulignons.

combler le déficit de figuration, ou encore briser le socle moniste de la culture publique hexagonale, n'est pas la même chose qu'endosser une politique dont le fondement serait avant tout ethnique, racial ou religieux ; ou encore des pratiques culturelles manifestement contraires aux droits humains. Après tout, le refus de valider la biologisation du social, son ethnicisation ou sa racialisation est légitime. Mais ce n'est possible que si l'on s'attaque à la question de la mal-représentation. Et il n'y a que le passage au cosmopolitisme pour faire échec à, d'un côté, une démocratie des communautés et des minorités et, de l'autre, son double masqué : une démocratie imbue de ses propres préjugés de race, mais aveugle aux actes par lesquels elle pratique le racisme.

Troisième conclusion : autant le sort de la démocratie s'est joué, à partir du XIXe siècle, autour de la figure de l'individu doté de droits indépendamment de qualités telles que le statut social, autant la *démocratie à venir* dépendra de la réponse que nous donnerons à la question de savoir *qui est mon prochain, comment traiter l'ennemi* et *que faire de l'étranger*. La « nouvelle question de l'Autre » sous toutes ses figures – ou encore la présence d'autrui parmi nous, l'apparition du *tiers* – se trouve ainsi replacée au cœur de la problématique contemporaine d'un monde humain, d'une politique du monde. Dans ces conditions, les interrogations d'ordre philosophique que soulevait, il n'y a pas si longtemps, Maurice Merleau-Ponty gardent toute leur actualité politique : « Comment le mot *Je* peut-il se mettre au pluriel [...] ? Comment puis-je parler d'un autre *Je* que le mien [37] ? » Que nous le voulions ou non, les choses aujourd'hui et dans l'avenir sont telles que l'apparition du *tiers* dans le champ de notre vie commune et de notre culture ne s'effectuera plus jamais sur le mode de l'anonymat. Cette apparition nous condamne à apprendre à *vivre exposés les uns aux autres* [38].

---

37 Maurice MERLEAU-PONTY, *Phénoménologie de la perception*, Gallimard, Paris, 1945, p. 400-401.

38 Jean-Luc NANCY, *La Création du monde ou la mondialisation*, Galilée, Paris, 2002, p. 176.

La France dispose des moyens de retarder cette montée en visibilité. Mais, au fond, celle-ci est inéluctable. Il faut donc, au plus vite, faire symbole de cette présence de telle manière qu'elle rende possible une circulation de sens. Ce sens émergera à distance, à la fois, d'une simple juxtaposition des singularités et de l'idéologie simpliste de l'intégration. Si, comme l'affirme Jean-Luc Nancy, l'*être-en-commun* relève du partage, alors la démocratie à venir sera fondée non seulement sur une éthique de la rencontre, mais également sur le partage des singularités. Elle se construira sur la base d'une distinction nette entre l'« *universel* » et l'« *en-commun* ». L'universel implique un rapport d'inclusion à quelque chose ou quelque entité déjà constitués. L'*en-commun* a pour trait essentiel la communicabilité et la partageabilité. Il présuppose un rapport de co-appartenance entre de multiples singularités. C'est à la faveur de ce partage et de cette communicabilité que nous produisons l'humanité. Cette dernière n'existe pas déjà toute faite.

Un dernier mot : en arguant du fait que ce qui sépare est aussi ce qui se met « avec », l'on vient de renvoyer dos à dos une certaine forme de multiculturalisme anglo-saxon (*logique du côtoiement, de la juxtaposition et de la ségrégation*) et une certaine manière de narcissisme à la française (*logique de la duplication, mais duplication qui n'empêche guère la discrimination*). Il faut maintenant arrêter cette réflexion en faisant valoir que, si justice doit être rendue à la fois à l'absoluité singulière du propre et à l'impropriété commune de tous, comme le suggère Nancy, alors la démocratie doit retrouver ce qui, à l'origine, a toujours fait d'elle un événement éthique. Il faudrait peut-être, ici, commencer par redécouvrir le corps et le visage d'autrui en tant qu'ils représentent non seulement les traces parlantes de son existence, mais ce qui fait de lui sinon mon *prochain*, du moins mon *semblable*. C'est peut-être la condition pour mener à bien la tâche de refiguration politique du social qui ne peut plus être différée. Quant à la force du modèle français d'universalisme, elle viendra de la capacité d'inventer des formes chaque fois neuves d'humaine coexistence. Cette autre manière de comprendre le sens de l'humain constitue aujourd'hui le préalable à toute *politique du monde*. Cette politique du monde repose sur le souci que nous porterons à l'unicité de chacun que le visage de chacun exprime. Du coup, la responsabilité pour autrui et à l'égard du passé deviendra l'orbite à partir de laquelle le discours sur la justice et la démocratie et la pratique que nous en avons se mettent en mouvement.

4

Le long hiver impérial français

Dans le reste du monde, le virage postcolonial dans les sciences sociales et les humanités s'est effectué il y a près d'un quart de siècle. Depuis lors, la critique postcoloniale pèse dans de nombreux débats politiques, épistémologiques, institutionnels et disciplinaires aux États-Unis, en Grande-Bretagne et dans nombre de régions de l'hémisphère Sud (Amérique du Sud, Australie et Nouvelle-Zélande, sous-continent indien, Afrique du Sud) [1]. Dès sa naissance, cette pensée a fait l'objet d'interprétations fort variées et a suscité, à intervalles plus ou moins réguliers, des vagues de polémiques et controverses – qui d'ailleurs se poursuivent –, voire des objections totalement contradictoires les unes avec les autres [2]. Elle a aussi donné lieu à des pratiques intellectuelles, politiques et esthétiques tout aussi foisonnantes et divergentes,

1 Comme exemple de cette diversité, lire Mabel MORANA, Enrique DUSSEL, Carlos A. JAUREGUI (dir.), *Coloniality at Large. Latin America and the Postcolonial Debate*, Duke University Press, Durham, 2008. Voir également la synthèse de Fernando CORONIL, « Latin American Postcolonial Studies and Global Decolonization », *in* Neil LAZARUS (dir.), *Penser le postcolonial. Une introduction critique*, Amsterdam, Paris, 2006 ; ainsi que Vinayak CHATURVEDI (dir.), *Mapping Subaltern Studies and the Postcolonial*, Verso, Londres/New York, 2000.

2 Lire, à titre d'exemple, Simon DURING, « Postcolonialism and Globalization : Towards a Historicization of the Inter-Relation », *Cultural Studies*, 14, 3-4, 2000, p. 385-404 ; Harry D. HAROOTUNIAN, « Postcoloniality's Unconscious/Area Studies' Desire », *Postcolonial Studies*, 2/2, 1999, p. 127-147. Voir, plus récemment, *New Formations*, n° 59, 2006 ; *PMLA (Publications of the Modern Language Association of America)*, n° 122/3, 2007. Lire également le numéro spécial de *Social Text*, 10, 2-3, 1999 ; le numéro spécial d'*American Historical Review*, 99, 1994. Voir aussi Aijaz AHMAD, *In Theory : Classes, Nations, Literatures*, *op. cit.* et Arif DIRLIK, *The Postcolonial Aura : Third World Criticism in the Age of Global Capitalism*, Westview Press, Boulder (CO), 1997.

au point que l'on est parfois fondé à se demander ce qui en constitue l'unité [3]. Cette fragmentation nonobstant, l'on peut affirmer qu'en son noyau central la critique postcoloniale a pour objet ce que l'on pourrait appeler *l'entremêlement des histoires et la concaténation des mondes*. L'esclavage et surtout la colonisation (mais aussi les migrations, la circulation des formes et des imaginaires, des biens, des idées et des personnes) ayant joué un rôle décisif dans ce processus de collision et d'enchevêtrement des peuples, c'est non sans raison qu'elle en a fait des objets privilégiés de ses enquêtes.

Le meilleur de la pensée postcoloniale ne considère la colonisation ni comme une structure immuable et a-historique, ni comme une entité abstraite, mais comme un processus complexe d'invention à la fois de frontières et d'intervalles, de zones de passage et d'espaces interstitiels ou de transit. Parallèlement, elle fait valoir que, en tant que force historique et moderne, l'une de ses fonctions était la production de la subalternité. Diverses puissances coloniales avaient instauré, dans leurs empires respectifs, une subordination fondée sur des bases raciales et des statuts juridiques parfois différenciés, mais toujours, et en dernière instance, infériorisants. En retour, dans le but d'articuler leurs revendications à l'égalité, bien des sujets coloniaux durent procéder à la critique des torts que la loi de la race et la race de la loi (et celle du genre et de la sexualité) avaient contribué à créer. La pensée postcoloniale examine ainsi le travail accompli par la race et les différences fondées sur le genre et la sexualité dans l'imaginaire colonial et leurs fonctions dans le processus de subjectivation des assujettis coloniaux. Elle s'intéresse par ailleurs à l'analyse des phénomènes de résistance qui jalonnèrent l'histoire coloniale, aux diverses expériences d'émancipation et à leurs limites, à la façon dont les peuples opprimés se constituèrent en sujets historiques et pesèrent d'un

3 Lire en particulier Robert J. C. Young, *Postcolonialism : An Historical Introduction*, Blackwell, Oxford, 2001 et David Ludden (dir.), *Reading Subaltern Studies. Critical History, Contested Meaning and the Globalization of South Asia*, Permanent Black, New Delhi, 2001.

poids propre dans la constitution d'un monde transnational et diasporique. Elle se préoccupe, enfin, de la manière dont les traces du passé colonial font, dans le présent, l'objet d'un travail symbolique et pratique, ainsi que des conditions dans lesquelles ce travail donne lieu à des formes inédites, hybrides ou cosmopolites, au sein de la vie et de la politique, de la culture et de la modernité.

Décrochage et discordance des temps

Le cloisonnement plus ou moins étanche entre les disciplines, le provincialisme plus ou moins accentué des savoirs produits et dispensés dans l'Hexagone (longtemps masqué par l'exportation des produits intellectuels de luxe tels que Sartre, Lacan, Foucault, Deleuze, Derrida ou Bourdieu) et le narcissisme culturel aidant, la France est restée longtemps en marge de ces nouveaux voyages de la réflexion planétaire. Jusqu'à une date récente, la pensée postcoloniale est restée sinon méprisée, du moins peu connue dans ce pays. Cavalière indifférence ou simple insolence doublée d'ignorance ? Ostracisme calculé, désinvolture ou simple accident ? Toujours est-il qu'elle n'y fera l'objet d'aucune critique informée ni débat digne de ce nom jusque au début du millénaire [4]. Et, hormis quelques textes d'Edward Said, presque aucun théoricien se réclamant de ce courant de pensée ou de ses divers affluents (*subaltern studies*, par exemple) ne fera l'objet de traduction [5].

C'est qu'au moment où il commence à prendre de l'ascendance dans les milieux académiques et artistiques anglo-saxons, la France politique et culturelle, avançant dans une direction

---

4 Lire, à cet égard, l'article de Jacques Pouchepadass, « Les *subaltern studies* ou la critique postcoloniale de la modernité », *L'Homme*, n° 156, 2000. Voir, au milieu des années 2000, Marie-Claude Smouts (dir.), *La Situation postcoloniale. Les* postcolonial studies *dans le débat français*, Presses de Sciences Po, Paris, 2007.

5 Voir, néanmoins, les textes d'auteurs se réclamant des *subaltern studies* réunis dans Mamadou Diouf (dir.), *L'Historiographie indienne en débat. Colonialisme, nationalisme et sociétés postcoloniales*, Karthala/Sephis, Paris, 1999.

opposée, rentre dans ce que l'on pourrait appeler une sorte d'« hiver impérial ». Du point de vue de l'histoire intellectuelle, cet hiver se caractérise par une série de « décrochages », d'anathèmes et de grandes excommunications qui se soldent par le recul relatif d'une pensée française d'allure véritablement planétaire. Fort significatif est, de ce point de vue, le décrochage du marxisme et d'une conception des rapports entre la production du savoir et l'engagement militant héritée, non des années 1960 comme on tend souvent à le faire accroire, mais d'une longue histoire étroitement liée à celle du mouvement ouvrier, de l'internationalisme et de l'anticolonialisme. De fait, l'Empire s'étant inscrit en profondeur dans l'identité française, surtout entre les deux guerres mondiales, sa perte (et notamment celle de l'Algérie) prend l'allure d'une véritable amputation dans l'imaginaire national soudain privé de l'une des ressources de sa fierté. La colonisation prenant fin, la France craint de ne plus avoir, dans les équilibres mondiaux, qu'une place provinciale. L'histoire impériale – dont l'une des fonctions était de chanter la gloire de la nation, de dessiner sa galerie de portraits héroïques, ses images de conquête, ses épopées et ses représentations exotiques – est reléguée à une région périphérique et marginale de la conscience nationale. Grand gâchis, morts et souffrances inutiles pour les uns, honte et culpabilité pour les autres, elle ne préoccupe plus que les secteurs les plus réactionnaires de la société française, qui, depuis la marge, s'efforcent dans la nostalgie et la mélancolie d'en préserver la mémoire.

A contrario, l'historiographie française postcoloniale tend désormais à ne traiter la colonisation que comme « un moment certes important, mais finalement tardif et "exogène", d'une très longue histoire "indigène" [6] ». Comme s'il fallait au plus vite s'en déprendre, aucune place centrale ne lui est faite à l'intérieur de la pensée française, au sein de laquelle elle ne joue plus

6 Voir Sophie Dulucq, Catherine Coquery-Vidrovitch, Jean Frémigacci, Emmanuelle Sibeud et Jean-Louis Triaud, « L'écriture de l'histoire de la colonisation en France depuis 1960 », *Afrique & histoire*, vol. 2, n° 6, 2006, p. 243. Lire également les thèses de Jean-François Bayart sur l'« historicité propre des sociétés africaines » dans *Id.*, *L'État en Afrique*, *op. cit.*

dorénavant qu'une fonction d'extériorité puisqu'elle est relocalisée et située de l'autre côté de la frontière, comme pour bien marquer la disparition de l'Autre qu'aurait, pense-t-on, entraînée la décolonisation. Plus grave encore, une certaine critique s'efforce d'attribuer à la décolonisation ce qu'elle appelle la « défaite de la pensée » en France. D'une part, cette défaite trouverait son expression la plus éclatante dans la déconstruction des deux signatures de la modernité occidentale que seraient la raison et le sujet, et dans la proclamation, au cours des années 1960 en particulier, des différentes morts de l'homme, du sens et de l'histoire. D'autre part, et selon les mêmes, cette « défaite » serait la conséquence de la réfutation de l'ethnocentrisme occidental, rendue légitime par la décolonisation. Cette réfutation – qu'ils assimilent à une manière de diabolisation et de culpabilisation de l'Occident – aurait abouti à la dissolution de l'« homme », « ce concept unitaire de portée universelle », et à sa substitution par l'« homme différent », pierre angulaire d'une diversité culturelle sans hiérarchie [7]. Le relativisme culturel et l'émiettement du sujet humain en une série de singularités irréductibles entre elles auraient, à leur tour, facilité la naissance de projets de transformation radicale de la société, qui s'incarneront dans le tiers-mondisme et dans le gauchisme [8].

Au moment où, prenant appui sur le poststructuralisme, la psychanalyse et une tradition du marxisme critique, la pensée postcoloniale prend son envol dans le monde anglo-saxon, nombre de penseurs qui auraient pu s'y intéresser – et dont certains ont autrefois milité au Parti communiste, sympathisé avec cette formation politique ou eu des accointances avec des organisations radicales ou anti-impérialistes – sont pressés d'en finir avec le gauchisme, le marxisme et leurs avatars, au premier rang desquels ils placent le « tiers-mondisme [9] ». À gauche

---

7 Alain Finkielkraut, *La Défaite de la pensée*, Gallimard, Paris, 1987, p. 90.

8 Luc Ferry et Alain Renaut, « Préface à cette édition », *La Pensée 68*, Gallimard, Paris, 1988 (1985), p. 15.

9 *Cf.* le bilan critique de Gérard Chaliand, *Les Mythes révolutionnaires du tiers monde*, Seuil, Paris, 1979 ; Pascal Bruckner, *Le Sanglot de l'homme blanc. Tiers monde, culpabilité, haine de soi*, Seuil,

notamment – où l'identification des luttes et « causes justes » avec le Parti communiste avait été étroite –, l'on cherche à sortir de l'adhésion inconditionnelle à la dogmatique marxiste afin de pouvoir formuler de nouvelles positions critiques qui permettraient de penser le stalinisme et la politique de l'Union soviétique en termes qui ne reprennent pas purement et simplement le langage de la droite et qui n'ouvrent pas la voie à une nouvelle phase d'exaltation nationaliste. Dans ce contexte, le tiers-mondisme est assimilé tantôt à un militantisme expiatoire, tantôt à la haine de soi et de l'Occident. Cette catégorie polémique surgit en France à un moment où l'échec du projet révolutionnaire dans les mondes extra-européens ne fait plus de doute, tandis que dans l'Hexagone l'idéologie des droits de l'homme connaît un essor notable. Par ailleurs, à la conception traditionnellement anti-impérialiste de la solidarité internationale [10], une partie des intellectuels revenus du marxisme opposent désormais une « morale de l'extrême urgence » (humanitarisme) qui met l'accent sur des interventions ponctuelles là où, en réponse à la misère du monde, le projet était auparavant la construction du socialisme. La conviction est, désormais, qu'il n'y aura de socialisme hors d'Occident que totalitaire. Dans ces conditions, il ne sert à rien de vouloir transférer les aspirations et utopies révolutionnaires occidentales vers les mouvements de lutte des pays non européens.

C'est dans ce contexte que, abreuvés de sarcasmes, Jean-Paul Sartre et à travers lui toute une tradition de pensée anticolonialiste font l'objet d'un retentissant désaveu [11]. Auparavant, Frantz Fanon, presque condamné à l'ostracisme, venait de

---

Paris, 1983 et Carlos RANGEL, *L'Occident et le tiers monde. De la fausse culpabilité aux vraies responsabilités*, Robert Laffont, Paris, 1982.
Lire également Yves LACOSTE, *Contre les anti-tiers-mondistes et contre certains tiers-mondistes*, La Découverte, Paris, 1985 et Claude LIAUZU, *Aux origines des tiers-mondismes. Colonisés et anticolonialistes en France, 1919-1939*, L'Harmattan, Paris, 1982 et ID., « Les intellectuels français au miroir algérien. Éléments pour une histoire des tiers-mondismes », *Cahiers de la Méditerranée*, n° 3, Nice, 1984.

10 Régis DEBRAY, *La Critique des armes*, Seuil, Paris, 1974.

11 Jean-Paul SARTRE, *Situations V. Colonialisme et Néocolonialisme*, Gallimard, Paris, 1964.

commencer son long purgatoire, ne suscitant plus que l'intérêt de voix marginales et vite étouffées. Concernant Césaire, l'élite bien pensante ne veut rien savoir du *Discours sur le colonialisme*, et encore moins de la *Tragédie du roi Christophe* (1963) ou d'*Une saison au Congo* (1966). Elle ne veut retenir que l'image de l'homme qui, tournant le dos aux sirènes de l'indépendance, a fait le choix de faire de son île un département de la France. Hormis chez Sartre, Beauvoir et à l'exception de quelques débris chez Derrida, aucun des deux grands mouvements visant à déconstruire la race au cours du XXe siècle – le mouvement des droits civiques aux États-Unis et la lutte globale contre l'apartheid – ne laisse de traces saillantes dans l'œuvre des ténors de la pensée française. Ainsi, traitant de l'État racial vers la fin des années 1970, Michel Foucault n'a pas un seul mot pour l'Afrique du Sud, qui, à l'époque, représente pourtant le seul archétype « réellement existant » de la ségrégation légale [12]. C'est du reste en Amérique – et non à Paris – que Maryse Condé, Valentin Mudimbe et Édouard Glissant – grandes figures françaises ou francophones identifiées à ce courant, même si elles ne s'y reconnaissent pas entièrement – trouvent refuge et une reconnaissance, voire la consécration.

Une partie de l'humanisme colonial français consistait à identifier et à reconnaître dans les traits des peuples que la France avait subjugués le visage multiple de l'humanité et la physionomie innombrable de la terre. Chez les réformateurs coloniaux en particulier, la reconnaissance des différences entre groupes humains n'empêchait nullement la constitution d'une fraternité asymétrique. L'entreprise coloniale elle-même avait été une affaire relativement multiraciale [13]. Du commandant de

12 Michel Foucault, *Cours au Collège de France. 1975-1976*, Éditions de l'EHESS, Paris, 1997, chapitre : « Il faut défendre la société ».

13 À propos de ce phénomène, W. E. B. Du Bois écrira : « J'ai marché dans Paris avec [Blaise] Diagne, qui représente le Sénégal – tout le Sénégal, blanc et noir – au Parlement français. Mais Diagne est un Français, qui n'est noir que de manière fortuite. Je soupçonne Diagne d'être plutôt méprisant à l'égard de ses propres Wolofs noirs. J'ai parlé avec Candace, qui est le député noir de la Guadeloupe. Candace est épidermiquement français. Il n'a pas de

cercle à l'interprète, voire au gouverneur ; du tirailleur réquisitionné lors des guerres de conquête ou de « pacification » au député au Palais-Bourbon, voire au ministre de la République, le visage public de l'Empire français était loin d'être entièrement pâle. Au début des années 1980, ce bariolage des couleurs n'est plus qu'un lointain souvenir. Le projet d'assimilation – qui avait été l'une des pierres d'angle de l'humanisme colonial français et qui avait, plus qu'on ne veut souvent l'avouer, recueilli la profonde adhésion de bien des sujets coloniaux – a été quasiment abandonné au lendemain de la décolonisation. Les minorités sont progressivement mises sous le boisseau, recouvertes d'un voile de pudeur qui offusque leur visibilité dans la vie politique et publique de la nation. Quant aux anciennes possessions d'Afrique en particulier, elles sont abandonnées à leurs tyrans, auxquels les classes dirigeantes françaises dispensent libéralement leur soutien politique et idéologique, à coups de corruption et d'interventions militaires. Ceux des dissidents qui, comme Mongo Beti, dénoncent, à partir de la marge, les violences néocoloniales sont tournés en dérision et crient pratiquement dans le désert [14]. Lorsque la marginalisation ne suffit pas à les ramener à la raison, l'on n'hésite pas à recourir à la censure afin de les faire taire [15].

L'on observe le même processus de recentrage hexagonal de la pensée dans la critique de ce que l'on appelle, pour la stigmatiser, la « pensée 68 ». Celle-ci est décriée au moment même où le poststructuralisme et la « *french theory* » enflamment l'imagination académique dans le reste du monde. Si Foucault, Derrida, Barthes, Lacan et d'autres inspirent une certaine démarche à la réflexion postcoloniale, ces auteurs font, en France, l'objet d'un « procès » au moment même où ce courant de pensée entame la relecture de leurs œuvres dans le reste du monde – autre preuve

convictions à propos de l'élévation des Noirs, à part dans le contexte français » (anthologie *The New Negro : An Interpretation*, Albert et Charles Boni, New York, 1925, p. 397).

14 Lire sa revue *Peuples noirs, peuples africains*. Voir également Ambroise Kom, *Mongo Beti parle. Testament d'un esprit rebelle*, Homnisphères, Paris, 2006.

15 Mongo Beti, *Main basse sur le Cameroun, op. cit.*

de la discordance des temps. Ils sont en effet accusés d'être, pêle-mêle, des fossoyeurs des Lumières et des ennemis de l'humanisme. Il leur est reproché d'avoir liquidé le sens et la transcendance, d'avoir favorisé l'avènement d'un procès sans sujet et d'avoir inventé un monde et une histoire qui nous échappent de toutes parts [16]. Pour le reste, échaudée par le spectacle malheureux des lendemains d'indépendance et des dérives autoritaires des nouveaux régimes ; convaincue qu'elle s'était pour l'essentiel fourvoyée, et déterminée à oublier, voire à renier, ses engagements passés avec la cause anticoloniale, une partie importante de l'intelligentsia n'arrête plus de battre sa coulpe et croit trouver dans la croisade antitotalitaire son nouveau chemin de Damas.

Mais, en réalité, ce grand mouvement de redistribution des cartes conceptuelles et la transformation décisive de l'espace idéologique qui en résulte ont commencé bien avant la décolonisation proprement dite. Celle-ci sert surtout d'accélérateur à une dynamique amorcée au milieu des années 1930. À l'époque déjà, les milieux de la démocratie chrétienne, certains courants libéraux et dissidents de la gauche s'interrogent sur la nature de l'URSS et des tentations qui guettent la démocratie libérale [17]. Au lendemain de la Seconde Guerre mondiale, au sortir du nazisme, une partie importante de la pensée française se trouve confrontée à la question du communisme dans sa version stalinienne [18]. Mais c'est au cours de la période de la Guerre froide que le passage de l'antifascisme à l'anticommunisme atteint un point de non-retour. Au sein de l'intelligentsia française, la lecture des relations internationales s'effectue désormais dans le cadre de l'antagonisme capitalisme/communisme, d'une part, et

16 À propos des paradoxes de la critique de la « pensée 68 » en général, lire Serge Audier, *La Pensée anti-68. Essai sur les origines d'une restauration intellectuelle*, La Découverte, Paris, 2009 (2008).

17 Lire par exemple le numéro spécial de la revue *Esprit* de janvier-février 1934 ; Boris Souvarine, *La Critique sociale, 1931-1934*, La Différence, Paris, 1983 et Daniel Guérin, *Fascisme et grand capital*, Syllepse, Paris, 1999.

18 Lire par exemple Maurice Merleau-Ponty, *Humanisme et terreur* (1947) et *Les Aventures de la didactique* (1955), *in Œuvres*, Gallimard, coll. « Quarto », Paris, 2010.

démocratie libérale/totalitarisme, d'autre part [19]. Ponctuée par des événements tels que le procès de Kravtchenko et de Rousset, la révolte hongroise et le Printemps de Prague, cette dynamique atteint son point culminant dans les années 1950, puis rebondit de plus belle dans les années 1970, lorsque les repentis de la « lutte des classes » (des intellectuels aux parcours et intérêts différents, mais qui ont en commun d'être issus ou d'avoir été proches du marxisme-léninisme) opèrent le glissement du philocommunisme et de la foi laïque dans le socialisme à l'invocation de la dissidence et des droits de l'homme. Sur fond de crise des relations entre les intellectuels et les partis de gauche, ils s'emparent alors du concept de « totalitarisme », dont ils lient l'usage à un militantisme polémique et à un plaidoyer pour la dissidence et les droits humains au sein des pays du Pacte de Varsovie [20]. L'avènement de la pensée postcoloniale au cours du dernier quart du XXe siècle coïncide donc avec la tentative, en France, de sortie des marxismes (officiels et d'opposition) et l'arraisonnement de la pensée par le projet antitotalitaire [21]. Contrairement aux intuitions de Hannah Arendt, la plupart des théories françaises du totalitarisme sont cependant oublieuses non seulement du fascisme et du nazisme, mais aussi du colonialisme et de l'impérialisme. C'est que, pauvre théoriquement, le concept de « totalitarisme » fonctionne avant tout, et à quelques exceptions près, à la manière d'une matraque. Son élaboration est subordonnée aux impératifs de politique intérieure française, et on l'utilise d'abord pour instruire le procès du marxisme [22].

Les facteurs brièvement évoqués ci-dessus ont retardé la diffusion de la pensée postcoloniale en France, et en ont, de plus,

19 Raymond Aron, *Démocratie et totalitarisme*, Gallimard, Paris, 1987 (1965).

20 Michael Christofferson, *Les Intellectuels contre la gauche. L'idéologie antitotalitaire en France (1968-1981)*, Agone, Marseille, 2009. Voir également Julian Bourg, *From Revolution to Ethics : May 68 and Contemporary French Thought*, McGill-Queen's University Press, Montréal/Kingston/Londres/Ithaca, 2007.

21 Lire, dans cette perspective, Cornelius Castoriadis, *L'Institution imaginaire de la société*, Seuil, Paris, 1975, notamment le chapitre 1 : « Le marxisme : bilan provisoire ».

22 Cornelius Castoriadis, *La Société bureaucratique*, Bourgois, Paris, 1990 ; Claude Lefort, *La Complication. Retour sur le communisme*, Fayard, Paris, 1999 et Id., *L'Invention démocratique. Les limites de la domination totalitaire*, Fayard, Paris, 1981.

fortement brouillé la réception. Encore faut-il ajouter ce que l'on pourrait appeler les raisons « épistémiques ». Celles-ci ont trait aux conditions et modalités de production du savoir sur les mondes extra-européens dans les sciences sociales et les humanités durant la colonisation et au lendemain de la décolonisation. Comme l'a montré Pierre Singaravélou, les années 1880-1910, au cours desquelles culminent le scientisme et l'expansion coloniale, correspondent au moment de l'institutionnalisation des savoirs sur les colonies et les populations colonisées [23]. Les « sciences coloniales » en France (l'histoire, la géographie, la législation, l'économie) avaient pour objet central les « races attardées » [24]. Leur fonction principale était de contribuer, d'une part, à la mise en scène de la diversité humaine, d'autre part, à l'élévation par la connaissance de cette humanité primitive au niveau des « peuples évolués » [25]. À leur fondement se trouvaient trois postulats : évolutionniste, différentialiste et primitiviste [26]. Si les « sciences coloniales » proprement dites disparaissent progressivement de la scène au lendemain de la décolonisation, c'est souvent pour être remplacées par les « sciences de la Guerre froide ». La « grande partition » qui présida à leur naissance et qui justifiait l'existence d'un véritable apartheid non seulement des connaissances, mais aussi des institutions persiste cependant. Qu'il s'agisse des disciplines historiques, géographiques, juridiques, économiques, ethnographiques ou politiques, la valorisation de la différence et de l'altérité constitue, d'un point de vue épistémique, la pierre angulaire de toute mise en ordre cognitive des mondes extra-européens.

---

23 Pierre Singaravélou (dir.), *L'Empire des géographes. Géographie, exploration et colonisation, XIXe-XXe siècle*, Belin, Paris, 2008.

24 Voir Lewis Pyenson, *Civilizing Mission : Exact Sciences and French Overseas Expansion, 1830-1940*, Johns Hopkins University Press, Baltimore, 1993 ; Michael A. Osborne, *Nature, the Exotic, and the Science of French Colonialism*, Indiana University Press, Bloomington, 1994.

25 Sur leurs paradoxes et ambiguïtés, lire Emmanuelle Sibeud, *Une science impériale pour l'Afrique ? La construction des savoirs africanistes en France, 1878-1930*, Éditions de l'EHESS, Paris, 2002.

26 Isabelle Poutrin (dir.), *Le XIXe siècle. Science, politique et tradition*, Berger-Levrault, Paris, 1995.

La *différence*, telle est l'épistémologie qui fonde ces « sciences ». C'est ce qui explique en très grande partie la ségrégation entre les discours et savoirs concernant les mondes anciennement colonisés et les discours et savoirs sur l'Hexagone. Par ailleurs, l'espace concédé aux études extra-européennes étant des plus réduits dans le dispositif académique et culturel français, ces savoirs ne sont guère intégrés ni dans la « bibliothèque nationale des connaissances » ni à une véritable histoire-monde [27]. Au contraire, une topographie des savoirs fondée sur un nouveau partage du monde en « aires culturelles » (*area studies*) domine désormais. On retrouve la même logique de discrimination et de cantonnement dans des espaces réservés en matière de dispositifs institutionnels et d'édition. Les instituts et centres de recherche sur les mondes extra-européens fonctionnent à la manière de ghettos au sein du dispositif universitaire, tandis que la grande majorité des ouvrages scientifiques ou des articles concernant les mondes postcoloniaux sont confinés, pour la plupart des disciplines, dans un groupe séparé de revues et maisons d'édition [28].

Intellectuellement et culturellement, la France cherche désormais ailleurs que dans l'Empire et ses vestiges des ressources pour nourrir le patriotisme et alimenter sa « fonction imaginaire ». Peut-être ne se replie-t-elle pas entièrement sur l'Hexagone. Mais c'est adossée à l'Hexagone, qui désormais lui sert de filtre, qu'elle entreprend sa lecture d'elle-même et du monde. Entre 1980 et 1995, une génération d'universitaires formés dans les institutions françaises, et composée en très grande partie de citoyens français « de couleur » et de ressortissants de minorités issues des anciennes possessions coloniales, commence à tirer les conséquences de cet hiver culturel et

---

27 Daniel Rivet, « Le fait colonial et nous. Histoire d'un éloignement », *Vingtième siècle*, n° 33, janvier-mars 1992, p. 127-138 ; Catherine Coquery-Vidrovitch, « Plaidoyer pour l'histoire du monde dans l'Université française », *Vingtième siècle*, n° 61, 1999, p. 111-125.

28 Signe de cet anachronisme à l'heure dite de la « littérature-monde », les prestigieuses éditions Gallimard – contrairement au Seuil – n'ont pas trouvé mieux qu'un ghetto éditorial appelé « Continents noirs » (!) pour caser la plupart de leurs auteurs non blancs.

intellectuel. En butte au « monocolorisme » et au système mandarinal et bureaucratique en vigueur dans les universités et les centres de recherche, ils émigrent aux Etats-Unis, où, qu'il s'agisse du *linguistic turn*, du *self-reflexive moment* en anthropologie, de la critique féministe et des *critical race studies*, une véritable effervescence saisit les humanités et les sciences sociales. Ils se ressourcent à la rencontre des pensées afro-américaine, des Caraïbes anglophones, des mondes sino-indiens et latino-américains, et des nouvelles interprétations de l'histoire et de la littérature françaises qui émergent au sein de l'académie américaine [29].

Frémissements d'expressions plurielles

Les remarques qui précèdent ne s'inscrivent pas dans une logique de procès. Elles visent à contextualiser non seulement le décalage dans la réception des études postcoloniales en France, mais aussi le déphasage français en relation à un monde qui, une fois la décolonisation achevée, se reconstitue désormais sur le modèle de la circulation de flux éclatés et diasporiques [30]. Alors que la France s'arc-boute sur ses problématiques traditionnelles de l'« assimilation » et de l'« intégration », ailleurs l'on privilégie celle des « modernités alternatives [31] ». C'est au début des années 1990 que la France commence timidement à secouer sa langueur postcoloniale. Comme souvent, cette secousse s'amorce à partir des marges de la société. Un frémissement s'observe d'abord dans le domaine artistique et culturel. La greffe d'éléments de la culture populaire afro-américaine à la culture populaire des banlieues commence à produire

---

29 À propos des regards d'historiens américains sur l'histoire contemporaine de la France, lire par exemple le numéro spécial des *Cahiers d'histoire. Revue d'histoire critique*, n° 96-97, 2005. Voir également les articles réunis dans le numéro spécial de *French Politics, Culture and Society*, vol. 18, n° 3, 2000, et dans *Yale French Studies*, n° 100, 2001.

30 Arjun Appadurai, *Modernity at Large*, University of Minnesota Press, Minneapolis, 1996.

31 Dilip P. Gaonkar (dir.), *Alternative Modernities*, *op. cit.*

des effets parmi les jeunes issus des minorités. Tel est notamment le cas dans les sphères de la musique, du sport, de la mode et de la stylistique de soi [32].

L'âge d'or de la présence afro-américaine au cœur de Paris (de 1914 jusque vers les années 1960) est certes révolu [33]. La très longue période de domination du jazz, du reggae et du *rhythm and blues* touche à sa fin, et l'irruption du hip-hop et la réception des diverses variantes du rap ne sont guère dénuées d'ambiguïté. Mais certaines figures de proue de cette nouvelle forme d'expression donnent à ce genre musical une indéniable tonalité politique [34]. Cette nouvelle sensibilité esthétique s'alimente également, bien qu'indirectement, de la lente domination du football (sport le plus populaire de France) par les athlètes noirs et d'origine arabe. D'ailleurs, quelques-uns d'entre eux n'hésitent pas à intervenir dans des débats concernant le racisme ou la citoyenneté [35]. À l'instar de certaines figures noires du basketball étatsunien et de l'athlétisme américain et caribéen, ils jouent un rôle de modèle, du moins parmi les jeunes des banlieues confrontés à des processus contradictoires d'auto-identification et rongés par un désir effréné de participation à la société de consommation, dont la *global black culture* est devenue un indice planétaire [36].

Ce frémissement s'observe également dans les formes nouvelles que revêtent les luttes des minorités, que celles-ci

---

32 Heike RAPHAEL-HERNANDEZ (dir.), *Blackening Europe : The African-American Presence*, Routledge, New York, 2003.

33 Sur cette période, lire Tyler STOVALL, *Paris Noir. African Americans in the City of Light*, Houghton Mifflin, New York, 1996. Pour la suite, consulter Dominic THOMAS, *Black France. Colonialism, Immigration, and Transnationalism*, Indiana University Press, Bloomington, 2007 et Bennetta JULES-ROSETTE, *Black Paris. The African Writers' Landscape*, University of Illinois Press, Urbana, 2000.

34 Manuel BOUCHER, *Rap, expression des lascars. Significations et enjeux du Rap dans la société française*, L'Harmattan, Paris, 1999 et A. J. M. PRÉVOS, « Two Decades of Rap in France : Emergence, Development, Prospects », *in* Alain-Philippe DURAND (dir.), *Black, Blanc, Beur : Rap Music and Hip-Hop Culture in the Francophone World*, Scarecrow Press, Oxford, 2002, p. 1-21.

35 Laurent DUBOIS, *Soccer Empire : The World Cup and the Future of France*, University of California Press, Los Angeles, 2010 et Lilian THURAM, *Mes étoiles noires*, Philippe Rey, Paris, 2010.

36 Ce qui correspond peu ou prou aux observations de Paul GILROY dans *Darker than Blue*, *op. cit.* Lire également A. J. M. PRÉVOS, « "In It for the Money" : Rap and Business Cultures in France », *Popular Music and Society*, vol. 26, n° 4, 2003, p. 445-461.

appartiennent à la catégorie des intrus et *complete outsiders* (immigrés légaux ou clandestins) auxquels est refusé le droit d'avoir des droits ; ou à celle des *sans-parts* de la démocratie française – ceux qui, bien que nominalement français, s'estiment néanmoins privés de la jouissance pleine et entière des profits symboliques rattachés à la citoyenneté, à commencer par le *droit à la visibilité*. C'est que, depuis le milieu des années 1970, des clubs de pensée de l'extrême droite développent l'idée selon laquelle l'identité nationale française serait souillée par les immigrés. D'abord agitée par le Front national, cette idée gagne peu à peu la droite républicaine et s'infiltre dans une bonne partie de la gauche, voire de l'extrême gauche. Si, après les boucheries des deux guerres mondiales la France, avait en effet organisé une immigration destinée à répondre au pressant besoin de main-d'œuvre de ses industries, cette immigration a été effectivement stoppée après la crise pétrolière de 1974. Depuis lors, il n'y a d'immigration en France que marginale – par le biais des regroupements familiaux, des demandes d'asile, des études, d'entrées pour des raisons touristiques ou clandestines.

Mais, alors que l'immigration n'est plus que marginale, les lois ne cessent de se durcir au cours de cette période de gel, chaque ministre de l'Intérieur se faisant le devoir de passer une ou plusieurs lois anti-immigration toujours plus draconiennes que les précédentes. En plus de créer des digues à l'entrée, l'une des conséquences immédiates de cette cascade de dispositifs législatifs et de répression est de rendre chaque fois plus précaire la vie des étrangers d'ores et déjà établis en France. Par ailleurs, l'accumulation de lois et l'emballement réglementaire produisent, durant les vingt dernières années, un nombre considérable de « sans-papiers », que l'État entreprend ensuite de traquer au nom de la lutte contre l'immigration clandestine [37]. La France, désormais, s'enorgueillit de ses « quotas d'expulsion » [38]. C'est

37 Didier Fassin, Alain Morice et Catherine Quiminal (dir.), *Les Lois de l'inhospitalité*, *op. cit.*
38 Lire *Cette France-là* (collectif), La Découverte, Paris, 2009.

dans ce contexte que certains n'hésitent plus à parler de « xénophobie d'État » [39].

Si la première forme de mobilisation a pour enjeu central le droit d'avoir des droits (à commencer par le *droit de séjour* en France), la seconde (qui émerge vers la fin des années 1990) est une lutte pour la visibilité et contre la minoration et les stéréotypes. Elle s'attaque indirectement à un non-dit majeur du modèle républicain français : l'implicite « blanc » de la francité. En effet, au nom du principe constitutionnel français d'égalité entre les individus, les différences d'origine, de race (ethnie), de genre ou de religion entre les individus et les groupes ne peuvent entrer en ligne de compte. La République se veut laïque et « *color blind* ». L'impératif d'égalité requis « pour faire de chacun un sujet de droit et un citoyen à part entière implique de considérer les hommes de façon relativement abstraite. Toutes leurs différences et leurs distinctions doivent être mises à distance pour ne plus les considérer que dans leur commune et essentielle qualité : celle de sujet autonome [40] ». Les conséquences de cette radicale indifférence aux différences sont telles que la collecte de « statistiques ethniques » est proscrite par la loi, et toute velléité de programmes de discrimination positive décriée [41]. L'effet pervers de cette indifférence aux différences est donc une relative indifférence aux discriminations.

À cet égard, et jusqu'à la fin des années 1990, les médias en général et la télévision en particulier constituent la scène principale d'une double violence symbolique : d'une part, la violence de l'indifférence et de la minoration, d'autre part, la violence impliquée dans la production des stéréotypes et des préjugés racistes. À l'époque, les minorités ne sont certes pas invisibles à la télévision. Mais, lorsqu'elles y font irruption, c'est dans des

39 Lire en particulier Olivier Le Cour Grandmaison, *La République impériale. Politique et racisme d'État*, Fayard, Paris, 2009.

40 Pierre Rosanvallon, *Le Peuple introuvable. Histoire de la représentation démocratique en France*, Gallimard, Paris, 1998, p. 13.

41 À propos de ces discussions, lire Alain Renaut, *Un humanisme de la diversité. Essai sur la décolonisation des identités*, Flammarion, Paris, 2009.

émissions musicales ou sportives. Les Noirs en particulier n'apparaissent souvent à l'écran et dans le champ public que comme comédiens, chanteurs ou saltimbanques. Lorsqu'ils sont présents dans les fictions, il s'agit presque toujours de fictions américaines et non françaises. Il en va de même des publicités et des émissions sur la vie quotidienne. Les footballeurs et autres athlètes ne sont pas mieux lotis. Ils sont assimilés à des « tirailleurs » modernes, dont le corps et la puissance physique sont entièrement dévoués au drapeau, mais sur lesquels pèse constamment le soupçon de ne pas vouloir chanter *La Marseillaise* à pleins poumons.

La mise en scène des Arabes obéit à une logique parallèle. Les préjugés sur la nature violente de l'Arabe et ses pulsions incontrôlables constituent des éléments durables des dispositifs historiques de stigmatisation. De par sa propension supposée au viol, le garçon arabe issu de l'immigration maghrébine serait une source d'insécurité dans et hors sa communauté [42]. L'islam lui-même est moins appréhendé comme religion que comme culture ; ou, lorsqu'il l'est, sa théologie est celle d'un Dieu véhément, coléreux, épris de sang et irrationnel. Les controverses à répétition sur le « foulard islamique » ou sur la *burqa* sont saturées par l'imagerie orientaliste autrefois dénoncée par Said. Elles permettent surtout de mettre en scène les violences que *ces* hommes font à *ces* femmes – violences qui ne ressemblent pas aux « violences bien de chez nous » : excision, mariages forcés, polygamie, loi des grands frères, port du foulard, tests de virginité. On s'apitoie alors sur la vulnérabilité des « femmes musulmanes ». Mais, surtout, l'on craint que les femmes françaises ne fassent, à leur tour, l'objet d'une violence sexiste exogène, menacées qu'elles sont dans l'espace public par des agresseurs non blancs et non chrétiens [43].

---

42 Nacira Guénif-Souilamas et Éric Macé, *Les Féministes et le garçon arabe*, L'Aube, Paris, 2004.

43 Lire, sur ce point, Elsa Dorlin, « Le grand strip-tease : féminisme, nationalisme et *burqa* en France », *in* Nicolas Bancel, Florence Bernault, Pascal Blanchard, Ahmed Boubeker, Achille Mbembe et Françoise Vergès, *Ruptures postcoloniales. Les nouveaux visages de la société française*, La Découverte, Paris, 2010.

La production des stéréotypes vise, quant à elle, à renvoyer les minorités à leurs origines d'« ailleurs » (par opposition à ici) et à leur attribuer une irréductible altérité. Ces stéréotypes sont ensuite recyclés et réinterprétés comme constitutifs de leur essentielle étrangeté [44]. D'ailleurs les minorités viendraient-elles à faire l'objet d'une véritable intégration au sein de la société que cette étrangeté même risquerait de contaminer l'identité française de l'intérieur. Le « voile intégral », peut ainsi affirmer la féministe Élisabeth Badinter, « symbolise le refus absolu d'entrer en contact avec l'autre ou plus précisément le refus de la réciprocité. [...] Dans cette possibilité d'être regardé sans être vu et soi-même de regarder l'autre sans qu'il me voie, je perçois de mon point de vue la satisfaction d'une triple jouissance sur l'autre par la non-réciprocité, la jouissance exhibitionniste et la jouissance voyeuriste [...]. Je pense que ce sont des femmes très malades, et je parle très sérieusement, et je ne crois pas que nous avons à nous déterminer en fonction de la pathologie [45] ».

À la différence des « Français de souche », les minorités se caractériseraient surtout par l'exotisme de leurs coutumes, costumes et cuisines ; les tropicalités des lieux d'où elles sont originaires, les fruits et parfums dont témoignent de nombreuses publicités, qu'il s'agisse de celles ayant trait aux destinations touristiques ou de celles qui mettent en scène le cacao, la banane, les cocotiers, la vanille, les chameaux ou les plages ensoleillées. La logique de ces représentations est de « renvoyer les Français non blancs aux causes [géographiques, climatiques ou] culturelles de leur défaut d'intégration à la nation ». L'utilisation répétée du qualificatif « ethnique » pour les nommer ainsi que pour désigner leurs pratiques est de ce fait stratégique.

---

44 Voir les articles de Frederick COOPER, « From Imperial Inclusion to Republican Exclusion ? France's Ambiguous Postwar Trajectory », et de Didier GONDOLA, « Transient Citizens : The Othering and Indigenization of Blacks and Beurs within the French Republic », parus *in* Charles TSHIMANGA, Didier GONDOLA et Peter J. BROWN (dir.), *Frenchness and the African Diaspora. Identity and Uprising in Contemporary France*, Indiana University Press, Bloomington, 2009.

45 <www.assemblee-nationale.fr/13/commissions/voile-integral/voile-integral-20090909-2.asp>.

D'une part, elle ne se comprend qu'en référence au non-dit selon lequel « les Français blancs ne sont pas "ethniques" [46] ». D'autre part, elle cherche à souligner leur inassimilabilité. C'est contre ce dispositif symbolique que s'élève, en 1998, le Collectif Égalité composé d'artistes et d'intellectuels noirs [47]. Les luttes pour la visibilité et contre la minoration ont pour point de départ l'idée selon laquelle la nation française n'existe pas déjà là, toute faite : elle est en très grande partie la somme des identifications contradictoires dont se réclament ses membres. Ces derniers la font exister concrètement à travers la façon dont ces formes contradictoires d'identification sont mises en scène et en récits. Et, loin de constituer un obstacle à l'existence d'un espace public, ces formes contradictoires sont des ressources pour un approfondissement de la relation entre démocratie, réciprocité et mutualité.

C'est également au début des années 1990 que se dessinent des initiatives parallèles dans le champ académique. Une jeune génération d'historiens commence à s'intéresser au commerce des regards entre (ex-) colonies et (ex-) Métropole, aux formes de collision entre la mémoire et l'histoire et à la permanence et à la mutation des regards coloniaux dans la culture populaire française. D'autres privilégient l'étude des images et des représentations et cherchent à mettre en relief la place centrale du colonialisme dans l'évolution de la modernité française [48]. Cette perspective les conduit inévitablement à l'examen du rôle constitutif que joua l'idéologie coloniale dans la formation de l'identité républicaine. Puis, à partir de cette reconnaissance des rapports entre républicanisme et Empire, ils s'efforcent de comprendre les nouvelles formes hybrides issues de la présence

46 Sur tout ce qui précède, lire la synthèse d'Éric Macé, « Postcolonialité et francité dans les imaginaires télévisuels de la nation », *in* Nicolas Bancel, Florence Bernault, Pascal Blanchard, Ahmed Boubeker, Achille Mbembe et Françoise Vergès, *Ruptures postcoloniales, op. cit.*

47 Isabelle Rigoni (dir.), *Qui a peur de la télévision en couleurs ? La diversité culturelle dans les médias*, Aux lieux d'être, Montreuil, 2007 et Wayne Brekhus, « Une sociologie de l'invisibilité : réorienter notre regard », *Réseaux*, n° 129-130, 2005.

48 Nicolas Bancel, Pascal Blanchard et François Delabarre, *Images d'Empire, 1930-1960*, La Martinière/La Documentation française, Paris, 1997.

impériale française dans le monde en explorant ce qu'ils appellent la « fracture coloniale ». Leur démarche se démarque ainsi d'une tradition bien établie de l'historiographie coloniale française sur au moins trois plans. D'abord par la manière dont cette génération fait le lien entre histoire coloniale et histoire métropolitaine, brouillant de ce fait la commode séparation entre l'étude d'ici et celle des « ailleurs » ; ensuite par la manière dont elle répercute ses travaux dans le champ public et contribue *ipso facto* à la constitution d'un champ de recherche qui s'apparente à la « *public history* » ; et enfin par la façon dont elle reproblématise l'imaginaire national français [49].

Ce n'est qu'au début du millénaire que, surmontant indifférence et maintes réticences, une critique fondée du postcolonialisme en tant que telle est amorcée. Ainsi, dans le champ de la théorie en particulier, *De la postcolonie* – que l'on range souvent à tort sous le parapluie des « études postcoloniales » – s'attaque à trois veaux d'or de l'orthodoxie postcolonialiste, à savoir, d'abord, la tendance à réduire la longue histoire des sociétés anciennement colonisées à un moment unique (la colonisation), alors qu'il s'agit de réfléchir en termes de concaténation des durées ; ensuite, la fétichisation et la conflation des deux notions de « résistance » et de « subalternité » ; et finalement les limites des problématiques de la différence et de l'altérité. Au détour d'une exploration historique, littéraire, politique, philosophique, esthétique et sculpturale des *qualités* du pouvoir au lendemain de la décolonisation, cet ouvrage prend le contrepied de toute une tradition des études postcoloniales et avance l'hypothèse selon laquelle l'une des dimensions constitutives – mais généralement négligées – de la « condition postcoloniale » est l'inscription des dominants et de leurs sujets dans une même « *épistémè* ». Il critique en même temps la dépendance d'une certaine pensée postcoloniale à l'égard de catégories

49 Nicolas Bancel, Pascal Blanchard et Françoise Vergès, *La République coloniale*, Albin Michel, Paris, 2003 et Pascal Blanchard, Nicolas Bancel et Sandrine Lemaire, *La Fracture coloniale*, La Découverte, Paris, 2005.

hypostasiées de la « différence » et de l'« altérité » et montre comment, en matière d'exercice et de culture du pouvoir au lendemain de la décolonisation, la logique de la répétition souvent l'emporte sur celle de la différence. L'ouvrage tente ainsi de compliquer le concept d'*agency* en montrant comment l'action des subalternes, loin d'être préordonnée à la rupture révolutionnaire, souvent produit des situations paradoxales. Ces situations d'emboîtement obligent, en retour, à se démarquer du faux dualisme entre soit une vision victimaire, soit une vision héroïque de la subalternité au profit d'une véritable critique de la responsabilité [50].

Parallèlement, d'autres tentatives se font jour, en particulier dans le champ de la critique littéraire [51]. L'on observe, par ailleurs, un regain d'intérêt pour les études historico-philosophiques et sociologiques de la race [52] et une relecture des formes de sa cristallisation dans l'esclavage et ses conséquences posthumes [53], ou encore dans les processus de constitution contemporaine des minorités en tant que sujets politiques distincts [54]. Dans *La Matrice de la race* par exemple, Elsa Dorlin étudie la généalogie sexuelle et coloniale de la nation française au croisement de la philosophie politique, de l'histoire de la médecine et des études sur le genre. Sans nécessairement revendiquer une filiation postcoloniale, ce travail fait écho aux études initiées par ce courant de pensée qui non seulement affirment un lien étroit entre patriarcat et colonialisme, mais encore insistent sur le caractère sexué du procès de production de la race et de la nation. Françoise Vergès, de son côté, repense la distinction

---

50 Achille Mbembe, *De la postcolonie, op. cit.* Voir notamment la préface à la deuxième édition, 2005 (p. x et xi, en particulier).

51 Jean-Marc Moura, *Littératures francophones et théorie postcoloniale*, PUF, Paris, 1999 ; Jacqueline Bardolph, *Études postcoloniales et littérature*, Champion, Paris, 2002 et Michel Beniamiano et Lise Gauvin, *Vocabulaire des études francophones. Les concepts de base*, Presses universitaires de Limoges, Limoges, 2005.

52 Elsa Dorlin, *La Matrice de la race. Généalogie sexuelle et coloniale de la nation française*, La Découverte, Paris, 2009 (2006).

53 Françoise Vergès, *Abolir l'esclavage. Une utopie coloniale*, Albin Michel, Paris, 2001.

54 *Cf.* l'étude de Pap Ndiaye, *La Condition noire. Essai sur une minorité française*, Calmann-Lévy, Paris, 2008.

traditionnelle entre la nation républicaine et l'empire colonial et suggère de les considérer non comme des sphères hermétiquement fermées et séparées, mais comme une unité interactive tant sous l'esclavage que pendant la colonisation et après. Au même moment, de nombreux travaux sont consacrés à la manière dont la France traite ses immigrés et ses minorités. S'esquisse, petit à petit, une critique de l'altérité telle qu'elle est produite par la société française dans des pratiques quotidiennes – que celles-ci aient trait au logement, aux soins médicaux, à la famille, à la gestion ordinaire des centres de rétention des immigrés et des déboutés du droit d'asile, à la vie quotidienne des étrangers en situation irrégulière et aux vécus du racisme [55]. Depuis lors, un ensemble d'événements a permis une visibilité accrue de la pensée postcoloniale au sein du public français. Phénomène de mode ou pas, plusieurs années après la parution en français des ouvrages d'Edward Said, des textes importants du corpus postcolonial font finalement l'objet de traductions et d'innombrables débats [56]. De nombreux jeunes chercheurs produisent des travaux originaux présentés lors d'innombrables colloques, séminaires ou dans des revues.

Byzantines querelles

Comme on vient de le montrer, l'irruption de la pensée postcoloniale dans le champ discursif français et les différends qu'elle suscite tiennent à tout sauf à des circonstances contingentes. Récemment, la critique s'est cependant déplacée du champ strictement littéraire et théorique aux sciences sociales. Au cours de ce déplacement, elle a dégénéré en querelle byzantine. Celle-ci est animée par un groupe de contempteurs,

55 Voir en particulier Didier Fassin et Éric Fassin, *De la question sociale à la question raciale ? Représenter la société française*, La Découverte, Paris, 2009 (2006) ; puis Didier Fassin (dir.), *Les Nouvelles Frontières de la société française*, La Découverte, Paris, 2010.

56 Homi Bhabha, *Les Lieux de la culture. Une théorie postcoloniale*, Payot, Paris, 2008 et Neil Lazarus (dir.), *Penser le postcolonial, op. cit.*

dont les assauts, souvent désinvoltes, ne se privent pas d'insinuations malveillantes et visent avant tout à abaisser les auteurs de travaux qu'ils n'ont pas pris le soin de bien lire et encore moins de comprendre. Cette querelle ne surgit ni ne se déroule dans un vide idéologique. Surtout chez les zélotes de l'antipostcolonialisme, ses enjeux ne sont pas simplement – ni même d'abord – des enjeux de savoir et de connaissance, ainsi que l'explique bien Catherine Coquery-Vidrovitch dans un ouvrage fort remarqué [57]. Mus par une ferveur toute pentecôtiste, ils se servent avant tout de la pensée postcoloniale – comme d'autres, avant eux, du « tiers-mondisme » et de la « pensée 68 » – à la manière d'un chiffon rouge. C'est le cas du pamphlet au ton frauduleux de l'africaniste Jean-Loup Amselle, *L'Occident décroché* [58]. Dans la plupart des cas, ce dernier y « fabrique » littéralement des énoncés apodictiques. Il les impute ensuite à des auteurs qu'il qualifie d'autorité de « postcolonialistes », alors que non seulement ces derniers ne se revendiquent guère de ce courant de pensée, mais encore n'ont jamais énoncé dans la réalité les arguments qui leur sont prêtés et auxquels s'attaque notre croisé. Critiquant un argumentaire qu'il a monté de toutes pièces selon des modalités qui ne sont à aucun moment explicitées, il peut alors construire un front de lutte en apparence homogène, mais en vérité imaginaire, y incluant, pour les besoins de la polémique, des textes et auteurs qui n'y ont pas leur place.

Là où ces enjeux de connaissance existent, comme le soutient non sans raison Jean-François Bayart dans un essai hâtif [59], ces derniers ne peuvent guère être dissociés, comme il semble le suggérer, des enjeux éthiques et philosophiques [60]. Car la colonisation n'était pas qu'une forme particulière de *rationalité*, avec

---

57 Lire Catherine Coquery-Vidrovitch, *Les Enjeux politiques de l'histoire coloniale*, Agone, Marseille, 2009.

58 Jean-Loup Amselle, *L'Occident décroché. Enquête sur les postcolonialismes*, Stock, Paris, 2008.

59 Jean-François Bayart, *Les Études postcoloniales. Un carnaval académique*, Karthala, Paris, 2010.

60 Pour une tentative de formulation philosophique de ces enjeux, lire Alain Renaut, *Un humanisme de la diversité*, *op. cit.*

ses technologies et ses dispositifs. Elle se voulait également une certaine *structure du connaître*, une *structure du croire*, voire, comme l'avait fait valoir Edward Said, un *régime épistémique*. Au demeurant, elle revendiquait un double statut de *juridiction* et de *véridiction*. À ce titre, il y a bel et bien une singularité morale de la colonisation en tant qu'idéologie et pratique de la conquête du monde et de l'asservissement des races jugées inférieures ; et la critique de la connaissance historique des situations coloniales doit bel et bien alterner ce que Paul Ricœur appelait le « souci épistémologique » (propre à l'opération historiographique) et le « souci éthico-culturel » (qui relève du jugement historique)[61]. C'est d'ailleurs ce que Ricœur appelait une « herméneutique critique ». C'est une démarche à laquelle l'on a le droit de rester indifférent, mais elle est légitime, tout comme les critiques de type nominaliste ou philosophique de la colonisation formulées à travers des analyses historiques, littéraires, psychanalytiques ou phénoménologiques.

Dans le but de disqualifier en bloc « *les* études postcoloniales », leurs pourfendeurs entretiennent volontiers l'amalgame entre ce courant de pensée et l'usage qu'en font certains de ses tenants français. Ils s'en prennent notamment à la manière dont la critique postcoloniale est maniée dans le réel – et notamment le fait que, entre les mains de ses tenants locaux, cette pensée tend à devenir un instrument de lutte, d'affrontements et de refus. Dans un aveuglement commode, ils font en outre comme s'il n'existait point une tradition des « études postcoloniales », qui, depuis ses origines, n'a cessé de replacer l'histoire de la colonisation dans la perspective d'une histoire de l'impérialisme – ou précisément de l'anti-impérialisme[62]. Puis,

61 Paul Ricœur, *Histoire et Vérité*, Seuil, Paris, 1955, p. 11.

62 Il s'agit d'un mode d'investigation qui consiste à prendre comme point de départ les formes de résistance aux trois types de pouvoir caractéristiques de l'impérialisme colonial, à savoir le pouvoir de conquérir et de dominer, le pouvoir d'exploiter et le pouvoir d'assujettir. Pour une évaluation, lire Barbara Bush, *Imperialism and Postcolonialism*, Longman, Londres, 2006 ; Patrick Wolfe, « History and Imperialism : A Century of Theory, from Marx to Postcolonialism », *American Historical Review*, n° 102, 2, 1997, p. 388-420. Voir également dans

arguant du fait que, en bien des régions du monde, la colonisation fut brève, ils cherchent à en minimiser l'impact et la portée, qu'ils qualifient de superficielle sans que l'on sache exactement quels critères permettent d'établir historiquement un tel bilan. Dans les deux cas, l'objectif est de dénier à la colonisation toute fonction fondatrice dans l'histoire des sociétés autochtones ; d'en minimiser la violence et d'en faire un *événement blanc* ; de faire valoir que les empires coloniaux n'ont pas grand-chose de nouveau ; que le colonialisme n'est qu'un cas particulier d'un phénomène transhistorique et universel (l'impérialisme) ; et que le monde impérial est loin de constituer un « système » omnipuissant, puisqu'il est travaillé par des tensions et affrontements internes, voire par des impossibilités et des discontinuités [63]. Puis, comme si cette catégorie disciplinaire était intégralement claire à elle-même, certains proposent de recourir à la « sociologie historique » pour rendre compte des faits coloniaux, qu'ils réduisent soit à un simple problème de passage de l'Empire à l'État-nation, soit à un simple inventaire comparé des pratiques de gouvernance impériale [64].

Ils mobilisent à cet effet des figures totémiques telles que Max Weber et Michel Foucault, et s'efforcent ensuite de réactiver la vieille querelle explication/interprétation/compréhension que des auteurs comme Paul Ricœur s'étaient pourtant efforcés d'apaiser. C'était à une époque – que l'on croyait révolue – où les sciences sociales continuaient de subir de plein fouet l'attraction des modèles quantitatifs et positivistes en

---

le champ historico-littéraire, Elleke Boehmer, *Empire, the National and the Postcolonial, 1890-1920,* Oxford University Press, New York, 2001.

63 Pour une formulation parfois caricaturale et polémique de cette position, lire Jane Burbank et Frederick Cooper, « "Nouvelles" colonies et "vieux" empires », *Mil Neuf Cent. Revue d'histoire intellectuelle*, n° 27, 2009 et Jean-François Bayart, *Les Études postcoloniales, op. cit.*

64 Jean-François Bayart, *Les Études postcoloniales, op. cit* ; Pierre Grosser, « Comment écrire l'histoire des relations internationales aujourd'hui ? Quelques réflexions à partir de l'Empire britannique », *Histoire @Politique. Politique, culture, société*, n° 10, janvier-avril 2010, <www.histoire-politique.fr>.

vigueur dans les sciences de la nature [65]. Au demeurant, comme le rappellent Paul Ricœur ou Michel de Certeau, l'interprétation est un trait de la recherche de la vérité en histoire. Il en est de même de la dimension narrative ou littéraire de tout discours historique. Elle renferme toujours, *a priori*, une dimension cognitive [66]. Derrière les deux officiants que sont Weber et Foucault et sous le couvert d'un appel à une relecture de l'« histoire impériale », c'est en réalité aux noces d'Auguste Comte et du structuralisme que l'on est convié. Après tout, l'on n'a guère besoin de mettre en doute les concepts de vérité, de réalité ou de connaissance pour faire valoir que l'activité scientifique est une construction sociale. Par ailleurs, et dans une large mesure, les faits n'existent qu'à travers le langage au moyen duquel ils sont exprimés et les descriptions qui les produisent. Quant au qualificatif « historique » rattaché à cette « sociologie », il n'a souvent que peu à voir avec les acquis de la critique française de la seconde moitié du XXe siècle. En insistant sur le fait qu'il n'y a pas, en histoire, de mode privilégié d'explication, cette critique fait valoir, par ricochet, qu'il existe une variété de types d'explication [67]. La « sociologie historique » n'est qu'un type d'explication parmi d'autres. S'agissant de l'analyse des situations coloniales, il n'est pas nécessairement vrai que, dans les échelles d'observation, le petit soit meilleur à penser que le grand, le détail vaille plus que l'ensemble, et l'exception plus que la généralisation [68]. Il n'est pas vrai non plus que « *les* études postcoloniales » ne feraient que du textualisme, de l'idéologie et de la dénonciation militante ou « compassionnelle », tandis que la « sociologie historique » ferait de la « science » pure et « cynique ». À des degrés divers, aussi bien les « études postcoloniales » que la « sociologie historique » travaillent sur des

65 Attraction déjà fortement remise en question par Husserl au milieu des années 1930. Lire Edmund Husserl, *La Crise des sciences européennes et la phénoménologie transcendantale*, Gallimard, Paris, 1976 (1936).

66 Michel de Certeau, *L'Écriture de l'histoire*, Gallimard, Paris, 2002 (1975) et Paul Ricœur, *Temps et Récit*, t. 1 : *L'Intrigue et le récit historique*, Seuil, Paris, 1991, chapitre 2 en particulier.

67 Paul Veyne, *Comment on écrit l'histoire. Essai d'épistémologie*, Seuil, Paris, 1996 (1971).

68 Jacques Revel (dir.), *Jeux d'échelles. La micro-analyse à l'expérience*, Seuil, Paris, 1996.

représentations, transmettent incessamment des jugements moraux, n'opèrent pas toujours la distinction entre ce qui est vrai et ce qui est tenu pour vrai, manipulent des séries causales par définition contingentes et sont, en fin de compte, les héritières d'un même genre discursif : la « philosophie critique de l'histoire ».

L'on prétend par ailleurs que « *les* études postcoloniales » ne se seraient occupées que des « discours » et des textes, et non des « pratiques réelles », comme si les discours des gens ne faisaient pas partie de leur « réalité » et comme si l'examen des dimensions imaginaires de la colonisation ou encore des faits psychiques ou iconographiques était sans importance dans la reconstitution des représentations et des pratiques des acteurs de l'époque [69]. On passe ainsi sous silence le fait que l'un des objets privilégiés des « études postcoloniales » est justement l'étude des transactions matérielles et symboliques et des interactions intersubjectives qui, dans le contexte colonial, permettaient de constituer le lien colonial. En réalité, quantité d'études se réclamant de ce courant de pensée dissèquent non seulement les discours, les textes et les représentations, mais aussi les comportements des sujets coloniaux et leurs réponses à la pression des normes coloniales, les diverses manœuvres de négociation, de justification ou de dénonciation qu'ils ne cessèrent de déployer, le plus souvent dans des contextes d'incertitude parfois radicale [70]. Elles montrent comment les sujets colonisés sont pris non seulement dans des rapports de production, mais aussi dans des relations de pouvoir, de sens et de savoir – toutes choses qui exigent, si l'on devait suivre Weber lui-même, de

---

69 « Il faut démystifier l'instance globale du *réel* comme totalité à restituer. Il n' y a pas "le" réel qu'on rejoindrait à condition de parler de tout ou de certaines choses plus "réelles" que les autres, et qu'on manquerait, au profit d'abstractions inconsistantes, si on se borne à faire apparaître d'autres éléments et d'autres relations. Il faudrait peut-être aussi interroger le principe, souvent implicitement admis, que la seule *réalité* à laquelle devrait prétendre l'histoire, c'est la *société* elle-même. » Pour une conception élargie et du réel et des pratiques, lire ainsi Michel FOUCAULT, *Dits et Écrits, IV, 1980-1988*, Gallimard, Paris, 1994, p. 15.

70 Lire par exemple Dipesh CHAKRABARTY, *Rethinking Working-Class History : Bengal, 1890-1940*, Princeton University Press, Princeton, 1989 ; Gyan PRAKASH, *Bonded Histories : Genealogies of Labor Servitude in Colonial India*, Cambridge University Press, Cambridge, 1990.

combiner d'entrée de jeu explication, compréhension et interprétation [71]. À côté de la « sociologie historique », il y a donc place pour d'autres modèles (mixtes) d'explication et d'interprétation des situations coloniales et de leurs dispositifs. Dans l'expérience coloniale, il n'y a pas de « pratiques sociales » (ou ce que les zélotes de l'antipostcolonialisme appellent les « réalités concrètes ») qui seraient séparées des « discours », des langages ou des représentations. Discours, langages et représentations, en plus d'être des composantes symboliques et imaginaires dans la structuration du lien colonial et dans la constitution des sujets colonisés, constituent en eux-mêmes des ressources de l'action et des pratiques à part entière [72].

Si la querelle lancée en France par les tenants de l'antipostcolonialisme est anachronique d'un point de vue épistémologique, elle est, par contre, fort symptomatique d'un point de vue culturel et politique puisque ses enjeux portent désormais sur l'identité même de la France, les limites de son modèle démocratique et les ambiguïtés de son universalisme républicain. Car, au fond, la querelle autour de la pensée postcoloniale – comme celles concernant la régulation de l'islam, le « foulard islamique » ou la *burqa*, les débats récemment commandités par l'État sur l'identité nationale, la fièvre des commémorations ou les innombrables projets de monuments, musées et stèles funéraires – est d'abord le symptôme d'un profond chiasme dans le présent, et du malaise de la France dans la mondialisation. Ce chiasme – autre nom de ce qu'Ann Stoler qualifie d'aphasie – est une conséquence directe des maladies françaises de la colonisation, comme l'on parlait autrefois des maladies de l'esprit [73]. Il trouve ses ressorts privilégiés dans l'affrontement en cours de deux désirs antagonistes : d'une part le désir de frontière et de

71 Max Weber, *Économie et société*, t. 1 : *Les Catégories de la sociologie*, Pocket, Paris, 2003, première partie du chapitre 1 notamment.

72 Sur ce genre d'argument, lire Bernard Lepetit, *Les Formes de l'expérience. Une autre histoire sociale*, Albin Michel, Paris, 1995.

73 Ann Laura Stoler, « Colonial Aphasia : Race and Disabled Histories in France », *Public Culture*, à paraître.

contrôle des identités, porté par une nébuleuse néorévisionniste, et, de l'autre, le désir de reconnaissance symbolique et d'élargissement d'une *citoyenneté en souffrance*[74], porté en particulier par les minorités et ceux qui les soutiennent. Une chose unit ces minorités par ailleurs fragmentées : ce qu'elles perçoivent subjectivement comme une condition de dépossession symbolique. Cette dépossession est aggravée par l'apparente rémanence et reproduction dans la France contemporaine de pratiques, schèmes de pensée et représentations hérités d'un passé d'infériorisation juridique et de stigmatisation raciale et culturelle.

Désir de provincialisation

Le désir de frontières – et donc de séparation et de provincialisation – rassemble des courants néorévisionnistes et provincialistes fort hétéroclites dont l'unité réside dans le rejet quasi viscéral de toute vision autre qu'occidentale à la fois de l'Occident lui-même et du monde des autres. Cette constellation – en réalité une addition de trajectoires aux origines et aux destins différents – regroupe des idéologues venus d'horizons divers. L'on y retrouve, pêle-mêle, ceux pour qui la perte de l'Empire et en particulier celle de l'Algérie française furent une catastrophe, des marxistes dogmatiques – pour lesquels la lutte des classes constitue le fin mot de l'histoire –, des anciens de la Gauche prolétarienne, des catéchistes de la laïcité et du modèle républicain, des défenseurs autoproclamés des valeurs de l'Occident ou encore de l'identité chrétienne de la France, des critiques de l'Europe matérialiste, des nostalgiques du sacré et de la culture classique, des lecteurs de Maurras et de Mao confondus, des membres de l'Académie française, des tenants de l'antiaméricanisme de gauche comme de droite, des croisés

74 L'on utilise ici le terme « citoyenneté en souffrance » comme on le dit d'une lettre restée en souffrance, qui n'a pas atteint sa destination et est, de ce fait, restée sans réponse.

antipostmodernistes et adversaires de la « pensée 68 », ceux pour qui Auschwitz doit demeurer l'axe de la mémoire collective du monde occidental et la métaphore fondatrice du récit de la réunion de l'Europe, diverses faces de l'extrémisme français (de la gauche insurrectionnelle au populisme aristocratique et aux royalistes), des relais politico-culturels et médiatiques tels que France-Culture, *Le Figaro Magazine*, *Le Point*, *L'Express* ou *Marianne*[75].

Recourant lorsqu'il le faut à un usage libéral de stéréotypes et de non-dits racistes, cette nébuleuse s'efforce de réactiver le mythe de la supériorité occidentale tout en posant en termes stridents et frileux la question de l'appartenance et de la cohésion nationale. Mais surtout, exploitant tout l'arc des émotions et passions populaires, elle cultive le fantasme de l'« homme sans Autre » et d'une France débarrassée de ses immigrés. À rebours d'une tradition de pensée philosophique qui va de Maurice Merleau-Ponty à Emmanuel Levinas, voire Jacques Derrida et Jean-Luc Nancy, le nouvel « Autre » est par définition celui auquel l'on ne peut guère s'identifier, dont on souhaite la disparition, et que l'on doit, dans tous les cas, empêcher de se glisser dans nos formes de vie, puisqu'il finira par les empoisonner. Dans les lignes qui suivent, l'on examinera successivement quelques différends politico-culturels autour desquels s'articule la poussée néorévisionniste. L'on montrera ensuite comment ces différends, d'une part, alimentent et exacerbent le désir de frontière et de séparation, d'autre part, appellent chaque fois à une police des identités des plus stricte et des plus sévère, de préférence sous la forme d'interdictions en tout genre, et finalement influencent négativement la réception de la pensée postcoloniale en France.

Le premier différend porte sur le déchiffrement du temps du monde et la caractérisation du moment contemporain. Les courants néorévisionnistes estiment que notre époque serait marquée par une transformation qualitative de la violence mondiale

---

75 Jean Birnbaum, *Les Maoccidents. Un néoconservatisme à la française*, Stock, Paris, 2009.

et une nouvelle redistribution planétaire de la haine. Cette situation à plusieurs égards chaotique constituerait l'équivalent d'une guerre civile mondiale et aurait un impact direct sur la nature des risques sécuritaires auxquels la France et d'autres pays occidentaux seraient exposés. Serait en jeu la survie même de la « civilisation occidentale ». L'une des conséquences de cette lecture ultrapessimiste du moment contemporain est la redéfinition – en cours – de l'étranger en tant que type social apparenté tantôt à l'immigré clandestin (figure par excellence de l'intrus et de l'indésirable) et tantôt à l'ennemi [76]. Le statut polémique qu'occupe désormais la figure de l'étranger dans l'imaginaire et le champ français des affects, des passions et des émotions va de pair avec un désir renouvelé de la frontière, ainsi qu'une réactivation des techniques de séparation et de sélection qui lui sont associées – les *contrôles d'identité* et la logique des expulsions notamment [77]. L'étranger n'est pas seulement le citoyen d'un autre État : il est surtout celui qui est différent de nous, dont la dangerosité est réelle, duquel nous sépare une distance culturelle avérée et qui, sous toutes ces figures, constitue une menace mortelle pour notre mode d'existence.

Les courants néorévisionnistes et provincialistes estiment par ailleurs que, pour répondre aux dimensions sécuritaires de cette angoisse existentielle, l'État de droit dans son acception classique doit être amendé. La différenciation des fonctions de la police (qui s'occupait des étrangers sur le territoire national) de celles de l'armée (qui s'occupait des ennemis extérieurs) doit être tempérée. De nouvelles politiques doivent être mises en place pour défendre le territoire contre la migration clandestine et, récemment, le terrorisme islamique. L'on a ainsi assisté à l'apparition, à l'intérieur même de l'ordre démocratique et républicain, d'une forme spécifique de gouvernementalité que l'on pourrait appeler le *régime de la claustration*. Ce régime se

---

76 Arjun Appadurai, *Géographie de la peur*, Payot, Paris, 2007.

77 Sur cette question de la frontière, lire en particulier les travaux d'Étienne Balibar, *We, the People of Europe ? Reflections on Transnational Citizenship*, Princeton University Press, Princeton, 2004.

caractérise, entre autres, par la militarisation croissante des technologies civiles de gouvernement, l'extension des pratiques et domaines qui tombent sous le sceau du secret d'État, une formidable expansion et miniaturisation des logiques policières, judiciaires et pénitentiaires, notamment celles qui ont trait à l'administration des étrangers et des intrus. Aux fins de gestion des populations jugées indésirables ont été mis en place d'innombrables dispositifs juridiques, réglementaires et de surveillance visant à faciliter les pratiques d'entreposage, de rétention, d'incarcération, de cantonnement dans des camps, ou encore d'expulsion [78].

Il en a résulté non seulement une prolifération sans précédent des zones de non-droit au cœur même de l'État de droit, mais aussi l'institution d'un clivage radical entre, d'une part, les citoyens auxquels l'État s'efforce d'assurer protection et sécurité, et, d'autre part, une somme de gens littéralement harcelés et, à l'occasion, privés de tout droit, livrés à la précarité et auxquels l'on refuse non seulement la possibilité d'avoir des droits, mais encore une existence juridique [79]. Un complexe de dispositions différenciées, de législations, d'accords internationaux formels ou informels entre la France et les États tiers est venu compléter ce dispositif. L'ensemble de ce processus a culminé avec la formation d'un « ministère de l'Identité nationale et de l'immigration » [80]. Pris ensemble, ce complexe a pour cibles privilégiées certaines catégories d'individus et certains groupes sociaux définis en termes de leurs caractéristiques ethniques, religieuses, raciales et de nationalité. Il vise à restreindre leur liberté de circulation, voire à l'annuler purement et simplement. L'enjeu de toute politique de contrôle des frontières et des identités étant la possibilité de contrôler les frontières mêmes du

---

78 Michel AGIER, Rémy BAZENGUISSA-GANGA et Achille MBEMBE, « Mobilités africaines, racisme français », *Vacarme*, n° 43, 2008, p. 1-8.

79 Lire « L'Europe des camps. La mise à l'écart des étrangers », numéro spécial de *Cultures et Conflits*, n° 57, 2005.

80 Décret n° 2007-999 du 31 mai 2007 relatif aux attributions du ministre de l'Immigration, de l'Intégration, de l'Identité nationale et du Codéveloppement (<www.legifrance.gouv.fr.>).

politique, le politique fait progressivement l'objet, en France, d'une fragmentation selon des lignes bioraciales que le pouvoir cherche, à force de dénégation et de banalisation, à faire ratifier comme telles par le sens commun [81].

Le deuxième différend porte spécifiquement sur l'« islam radical », objet fantasmatique par excellence qui, dans les conditions contemporaines, sert de frontière imaginaire à la nationalité et à l'identité françaises. En l'occurrence, un certain nombre de pratiques aussi bien domestiques que publiques de l'islam sont mises en cause au nom de la laïcité. Trois principes ou idéaux sont en effet supposés constituer le socle de la laïcité et du républicanisme à la française. Et d'abord l'idéal d'égalité, qui exige que les mêmes lois s'appliquent également à tous – la loi républicaine devant en toutes circonstances primer sur les règles religieuses. Ensuite l'idéal de liberté et d'autonomie, qui présuppose que nul ne devrait être soumis, contre son gré, à la volonté d'autrui. Et enfin l'idéal de fraternité, qui impose à tous un devoir d'assimilation – condition nécessaire à la constitution de la communauté des citoyens. Or, aux yeux des fractions les plus conservatrices du mouvement néorévisionniste, l'« islam radical » se définit comme l'envers obscur des Lumières et la figure inversée de la modernité. Il serait incompatible avec la notion républicaine de la laïcité. Ne vise-t-il pas l'application, en France, d'un droit « étranger » – signe d'un refus d'intégration et d'assimilation de la part de ses adeptes ? Ce droit n'est-il pas en contradiction avec les principes de liberté, d'égalité des sexes et de fraternité qui fondent la République, puisqu'il consacre le traitement inhumain des femmes (port de la *burqa*, voile imposé, mutilations génitales, mariages forcés, viols, polygamie, excision, tests de virginité) ? Dans les termes du consensus néorévisionniste, les femmes musulmanes souffriraient sous le poids d'un double joug – la soumission à leur mari ou à leurs frères et la soumission à une religion inégalitaire. Dans le cas où les traitements indexés n'enfreignent aucune loi, il

81 M. Agier, « L'encampement comme nouvel espace politique », *Vacarme*, n° 44, 2008, p. 2-3.

faudrait créer une loi permettant de les interdire et de les réprimer. La République aurait pour obligation d'affranchir les musulmanes de ce joug. Éventuellement, elle pourrait les forcer à être libres sans se poser la question de leur consentement. Répétition du procès de civilisation coloniale, l'on pourrait, au nom du paternalisme républicain, les émanciper en ayant au besoin recours à la coercition.

Derrière les controverses sur le *hijab* ou la *burqa* – ou plus généralement le sort des femmes musulmanes – se profilent et s'enchevêtrent donc plusieurs processus. Le premier est l'institution d'un « féminisme d'État », qui se sert de la question des « femmes musulmanes » pour mener un combat de nature raciste contre une culture islamique posée comme fondamentalement sexiste [82]. À gauche comme à droite, le féminisme républicain est transformé en une couveuse de l'islamophobie. L'on s'en sert non seulement pour alimenter des représentations et des pratiques racistes, mais encore pour les rendre acceptables puisqu'elles sont exprimées sur le mode de l'euphémisme et de la litote [83]. Le deuxième consiste en une « injonction paradoxale de liberté » qui va de pair avec la culturalisation des valeurs républicaines [84]. En droite ligne du procès colonial de civilisation, le projet est d'émanciper, en toute bonne conscience, des individus « pour leur bien », si besoin est contre leur gré, et par le biais de l'interdit, de l'ostracisme et de la loi dont la fonction première n'est plus de faire justice, mais de stigmatiser et de produire des figures honnies [85].

Dans la perspective des mouvements néorévisionnistes et provincialistes, les idéaux républicains s'incarnant dans une

---

82 Elsa Dorlin, « Pas en notre nom », <www.lautrecampagne.org/article.php?id=132#ref12>.

83 Lire Pierre Tevanian, *La République du mépris. Les métaphores du racisme dans la France des années Sarkozy*, La Découverte, Paris, 2007 ; et S. Bouamama, *L'Affaire du voile, ou la production d'un racisme respectable*, Éditions du Geai bleu, Lille, 2004.

84 Voir la contribution de Nilüfer Göle *in* Charlotte Nordmann, *Le Foulard islamique en questions*, Amsterdam, Paris, 2004.

85 Sylvie Tissot, « Bilan d'un féminisme d'État », *Collectif Les mots sont importants*, février 2008, <http://lmsi.net/spip.php?article717>. Lire aussi Éric Fassin, « La démocratie sexuelle et le conflit des civilisations », <http://multitudes.samizdat.net>.

culture et une langue, leur réalisation s'effectue aussi bien dans le respect du droit de la République que dans l'allégeance à une culture spécifique : la culture française catholique et laïque, qui prescrit les comportements privés et publics et abolit – ou à tout le moins adoucit – la séparation que l'on avait coutume d'établir entre ces deux sphères de la vie [86]. Peu importe si, ce faisant, la confusion s'installe entre la moralité publique (les valeurs de la République) et les préjugés culturels de la société française. Comme l'a amplement montré Cécile Laborde, le déchiffrement du sens des signes religieux musulmans s'appuie moins sur le droit que sur des préjugés culturalistes et stéréotypés. Si l'État laïque a su faire des « accommodements raisonnables » en faveur des chrétiens et des juifs, il insiste, s'agissant des musulmans, pour que ce soient eux qui les fassent en mettant des bornes à l'expression de leur identité publique [87]. Le républicanisme prôné par les courants néorévisionnistes tend, par ailleurs, à assimiler les pratiques culturelles françaises à la neutralité idéale. Il fait valoir, *a contrario*, que la sphère publique française n'est pas culturellement et religieusement neutre. À ses yeux, les demandes des minorités pour des accommodements raisonnables ne constituent pas des demandes de justice puisqu'il les qualifie de « communautarisme » afin précisément de mieux les disqualifier [88].

Le troisième point de fixation des discours néorévisionnistes et provincialistes a trait au réenchantement de la mythologie nationale à un moment où la France fait l'épreuve d'un apparent déclin et subit un déclassement relatif sur l'échiquier international. La thématique du déclin n'est ni neuve ni exclusive à cette mouvance. Elle resurgit à intervalles réguliers dans

---

86 Telle est au demeurant l'économie interne du rapport Stasi. Lire Bernard Stasi, *Laïcité et République. Rapport de la commission de réflexion sur l'application du principe de laïcité dans la République remis au président de la République le 11 décembre 2003*, La Documentation française, Paris, <www.iesr.ephe.sorbonne.fr/docannexe/file/3112/rapport_laicite.Stasi.pdf>.

87 Cécile Laborde, *Critical Republicanism. The Hijab Controversy and Political Philosophy*, Oxford University Press, Oxford, 2008.

88 Cécile Laborde, « Virginité et *burqa* : des accommodements déraisonnables ? Autour des rapports Stasi et Bouchard-Taylor », 16 septembre 2008, <www.laviedesidees.fr>.

l'histoire française. Son apparition coïncide généralement avec les temps de crise et de grandes peurs. Discours de la perte et de la mélancolie, l'un de ses effets immédiats est alors d'accentuer les crispations identitaires, de réveiller la nostalgie de la grandeur et de déplacer aussi bien le terrain que le contenu du politique et les formes de l'antagonisme social [89]. Tel a été le cas au cours du dernier quart du XXe siècle lorsque le sentiment a prévalu, chez beaucoup et pas seulement du côté de l'extrême droite, que le grand récit national s'était effondré. Cet effondrement n'aurait pas pour cause unique les transformations de l'économie française et la crise du modèle républicain d'intégration. Il serait aussi l'une des conséquences de la pensée déconstructionniste dont Mai 68 serait l'avatar. L'identité solide et les certitudes sur lesquelles reposait auparavant ce récit auraient été emportées sous les flots du relativisme ambiant et des philosophies de la « mort du sujet ». Comment, dans ces conditions, réanimer l'idée nationale, sinon en réinvestissant le passé et en se réappropriant ses nombreux gisements symboliques ? D'où, depuis plusieurs années déjà, des tentatives de réhabilitation d'une conception cultuelle, sacrificielle et presque théologico-politique de l'histoire de la France.

S'inspirant des manuels scolaires de la fin XIXe-début du XXe siècle, cette conception de l'histoire est tout entière tournée vers les gloires du passé. Elle a pour caractéristique de situer la France dans un rapport francocentré à l'Europe et au monde, et d'assigner à la discipline historique des tâches de civisme et de morale. En plus d'être édifiante, l'histoire doit renvoyer à une essence nationale qui se serait forgée au fil de la chronologie. Ainsi, l'homogénéité du peuple et son unité se seraient accomplies au détour de trois dates : la bataille de Poitiers de 732, qui permet de stopper l'invasion arabe ; la prise de Jérusalem en 1099, qui témoigne du pouvoir étendu de l'Europe chrétienne ; et la révocation de l'Édit de Nantes en 1685, qui confirme la

89 Didier FASSIN et Éric FASSIN (dir.), *De la question sociale à la question raciale ?*, *op. cit.* et Robert CASTEL, *La Discrimination négative. Citoyens ou indigènes ?*, Seuil, Paris, 2007.

tendance longue dans l'histoire de France du « choix de Rome » et démontre symboliquement que la France est avant tout un pays catholique, mais aussi que son identité s'est forgée sur l'exclusion des Arabes, des juifs et des protestants [90]. Histoire glorieuse également dans la mesure où elle rend compte de nombreux hauts faits, d'une succession de « grands hommes » et d'événements censés témoigner du génie français.

C'est par ailleurs une histoire dont l'une des fonctions est l'exaltation du patriotisme. Enfin, c'est une histoire qui accorde une place de choix à la vieille rhétorique d'une France qui apporte ses Lumières aux colonies et les répand dans le monde. Il ne s'agit donc pas d'occulter la colonisation en tant que telle, mais de s'en servir comme d'une matrice idéologique de l'éducation citoyenne, comme ce fut le cas lors de l'expansion impériale, quand on ne pouvait guère penser la République sans ses innombrables possessions au-delà des mers. Il s'agit également d'inverser les termes de la reconnaissance de l'œuvre coloniale. Chez les plus zélés, cette inversion passe au besoin par l'attribution de caractères héroïques aux crimes coloniaux et à la torture. Ces crimes n'exigeraient aucune repentance puisqu'ils ne seraient des crimes qu'aux yeux de nos contemporains. En effet, dans l'esprit de l'époque, ils étaient plutôt une marque de la civilisation française – une civilisation capable de s'affirmer aussi bien par l'esprit que par les armes [91]. Chez d'autres, même si des crimes ont pu être perpétrés et des injustices commises, le bilan final de la colonisation est globalement « positif [92] ». Et des

---

90 Hervé Lemoine, *La Maison de l'Histoire de France. Pour la création d'un centre de recherche et de collections permanentes dédié à l'histoire civile et militaire de la France. Rapport à Monsieur le ministre de la Défense et Madame la ministre de la Culture et de la Communication*, <www.culture.gouv.fr/culture/actualites/rapports/rapporthlemoine.pdf>. Voir également Jean-Pierre Azéma, « Guy Môquet, Sarkozy et le roman national », *L'Histoire*, n° 323, septembre 2007 ; Suzanne Citron, *Le Mythe national. L'histoire de France revisitée*, L'Atelier, Paris, 2008 et Sylvie Aprile, « L'histoire par Nicolas Sarkozy : le rêve passéiste d'un futur national-libéral », CVUH, <http://cvuh.free.fr/spip.php?article82>, 30 avril 2007.

91 Paul Aussaresses, *Services spéciaux. Algérie, 1955-1957*, Perrin, Paris, 2001.

92 Marc Michel, *Essai sur la colonisation positive. Affrontements et accommodements en Afrique noire, 1830-1930*, Perrin, Paris, 2009.

ex-colonisés la France est en droit de requérir gratitude et reconnaissance.

On ne trouve pas seulement les linéaments de cette conception sacrificielle et cultuelle de l'histoire dans une série de discours prononcés par Nicolas Sarkozy au cours de la dernière campagne présidentielle française et au lendemain de sa victoire. Par rapport à la question coloniale, ces discours se caractérisent par le même « refus de la repentance » et la même urgence d'auto-absolution et d'innocentement. Ces discours – celui prononcé à Toulon le 7 février 2007, comme celui de Dakar (26 juillet 2007) dans lequel il déclare que l'homme africain n'est pas assez entré dans l'histoire – cherchent à officialiser un travail culturel effectué depuis de longues années dans divers réseaux politiques et culturels non seulement de l'extrême droite, mais aussi de la droite et de la gauche républicaines [93] : « Le rêve européen a besoin du rêve méditerranéen. Il s'est rétréci quand s'est brisé le rêve qui jeta jadis les chevaliers de toute l'Europe sur les routes de l'Orient, le rêve qui attira vers le sud tant d'empereurs du Saint-Empire et tant de rois de France, le rêve qui fut le rêve de Bonaparte en Égypte, de Napoléon III en Algérie, de Lyautey au Maroc. Ce rêve qui ne fut pas tant un rêve de conquête qu'un rêve de civilisation. [...]. L'Occident longtemps pécha par arrogance et par ignorance. Beaucoup de crimes et d'injustices furent commis. Mais la plupart de ceux qui partirent vers le sud n'étaient ni des monstres ni des exploiteurs. Beaucoup mirent leur énergie à construire des routes, des ponts, des écoles, des hôpitaux. Beaucoup s'épuisèrent à cultiver un bout de terre ingrat que nul avant eux n'avait cultivé. Beaucoup ne partirent que pour soigner, pour enseigner. Cessons de noircir le passé [...]. On peut désapprouver la colonisation avec les valeurs qui sont les nôtres aujourd'hui. Mais on doit respecter

93 Alain Griotteray, *Je ne demande pas pardon. La France n'est pas coupable*, Le Rocher, Paris, 2001 ; Daniel Lefeuvre, *Pour en finir avec la repentance coloniale*, Flammarion, Paris, 2006 ; Paul-François Paoli, *Nous ne sommes pas coupables. Assez de repentances !*, La Table ronde, Paris, 2006 ; Max Gallo, *Fier d'être Français*, Fayard, Paris, 2006 et Pascal Bruckner, *La Tyrannie de la pénitence. Essai sur le masochisme occidental*, Grasset, Paris, 2006.

les hommes et les femmes de bonne volonté qui ont pensé de bonne foi œuvrer utilement pour un idéal de civilisation auquel ils croyaient [...]. »

Le quatrième différend concerne la race et le racisme. Oubliant volontiers les expériences historiques de l'esclavage et de la colonisation, les mouvements néorévisionnistes et provincialistes font valoir que le racisme n'a jamais pénétré de toutes parts la société française et que, contrairement au cas des États-Unis, la ségrégation raciale en France n'a jamais été légale et institutionnelle[94]. Le racisme dans l'Hexagone aurait toujours fait l'objet d'une disqualification symbolique et n'aurait jamais eu qu'une existence résiduelle. Les discriminations, lorsqu'elles existent, seraient négligeables et disparaîtraient si, pour les uns, étaient fortement réduites les inégalités économiques et si, pour les autres, la France pouvait « sélectionner » ses immigrants. D'ailleurs, les problèmes sociaux fondamentaux du pays auraient pour origine le racisme anti-Blancs. Quand la réalité du racisme anti-non-Blancs est admise, elle est traitée comme une simple différence culturelle. Dans ces conditions, toute évocation de la race à des fins soit de discrimination positive, soit de réparation de torts faits à l'idée d'égalité est stigmatisée. Elle ferait courir à la République le risque d'ethnicisation des rapports sociaux.

Ainsi, commentant les émeutes qui ont embrasé de nombreuses banlieues françaises en novembre 2005, Alain Finkielkraut y voyait une démonstration de la haine que vouent les Noirs et les Arabes à la France. De fait, estime-t-il, ces émeutes constitueraient un instantané de la guerre qu'une partie du « monde arabo-musulman » aurait déclarée à l'Occident et dont la République serait la cible privilégiée. Selon Finkielkraut, les Noirs qui « haïssent la France comme république » ont la prétention d'accorder à l'esclavage le même statut d'exception, le

---

94 Sur l'épisode de l'esclavage en particulier et les paradoxes de la race et de la citoyenneté, lire Laurent Dubois, *A Colony of Citizens. Revolution & Slave Emancipation in the French Caribbean, 1787-1804*, Chapell Hill, University of North Carolina Press, 2004.

même poids destinal et sacré et la même puissance paradigmatique que ceux dont jouit la « Shoah ». Pourtant, explique-t-il, « si l'on met la Shoah et l'esclavage sur le même plan, alors on est obligé de mentir, car [l'esclavage] n'est pas une Shoah. Et ce n'était pas un crime contre l'humanité parce que ce n'était pas seulement un crime. C'était quelque chose d'ambivalent. [...] Il a commencé bien avant l'Occident. En fait, la spécificité de l'Occident pour tout ce qui concerne l'esclavage, c'est justement tout ce qui concerne son abolition [...] ». Du reste, aux Africains, la République n'a fait « que du bien ». La colonisation n'avait-elle pas pour objectif de les « éduquer » et, ce faisant, d'« apporter la civilisation aux sauvages » ?

La cause des émeutes ne serait donc pas à chercher du côté du racisme. Ces émeutes seraient d'abord la preuve d'une suprême ingratitude. Au demeurant, le « racisme français » serait un mythe fabriqué par ceux qui haïssent la France. Certes y a-t-il ici et là « des Français racistes [...], qui n'aiment pas les Arabes et les Noirs ». Mais « comment voulez-vous qu'ils aiment des gens qui ne les aiment pas ? ». D'ailleurs, « ils les aimeront encore moins maintenant [après les émeutes], quand ils prendront conscience de combien eux-mêmes les haïssent ». Au demeurant, Noirs et Arabes ne se considèrent pas eux-mêmes comme Français. A-t-on idée de la façon dont ils parlent le français ? « C'est un français égorgé, l'accent, les mots, la grammaire. » « [Leur] identité se trouve ailleurs. » N'étant en France que par « intérêt », ils traitent l'État français comme une « grande compagnie d'assurance ». Qu'aux énormes sacrifices consentis par la République ils n'opposent aujourd'hui que haine et quolibets, voilà qui est bien la manifestation de leur radicale altérité – celle-là même qui fait qu'ils n'ont jamais été et ne seront jamais vraiment des nôtres ; qu'ils sont « inintégrables » et que leur présence parmi nous risque, à la longue, de mettre en danger notre propre existence. Selon Finkielkraut, le véritable problème est donc l'*antiracisme* qui, prophétise-t-il, « sera au XXIe siècle ce qu'a été le communisme au XXe ». La fonction première de cette idéologie serait de produire, à partir de rien, une culpabilité de commande exigée par la pensée « correcte[95] ». Pis, l'antiracisme est le nouveau nom de l'antisémitisme[96].

Colonialisme et maladies posthumes de la mémoire

Les politiques officielles de la mémoire – que celle-ci soit républicaine ou nationale – ont toujours été marquées par leur énorme poids d'ambiguïtés, en plus d'être à l'origine d'intenses passions, affrontements et déchirements. De la construction de la mémoire républicaine en particulier, Pierre Nora dit qu'elle fut « à la fois autoritaire, unitaire, exclusiviste, universaliste et intensément passéiste ». Non seulement elle tenait sa cohérence de ce qu'elle excluait, mais encore elle s'est toujours définie contre des ennemis réels ou fantasmés[97]. Comment en effet s'inventer un passé, investir l'espace, les esprits et le temps et faire émerger une religion civile (avec ses liturgies, ses autels et temples, ses statues, fresques, stèles et commémorations) alors que le régime nouveau issu de la Révolution était contesté, aussi bien sur sa droite que sur sa gauche ; confronté, à la fois, au péril clérical, à une armée réfractaire et à l'alliance de la bourgeoisie bancaire et industrielle et de la classe paysanne, le tout dans un pays lui-même historiquement constitué de terroirs plus ou moins cloisonnés[98] ?

---

95 Sur tout ce qui précède, lire l'interview d'Alain Finkielkraut publiée par l'hebdomadaire israélien *Haaretz* le 18 novembre 2005 et l'article de Sylvain Cypel, « La voix "très déviante" d'Alain Fienkielkraut au quotidien *Haaretz* », *Le Monde*, 24 novembre 2005.

96 Alain Finkielkraut, *Au nom de l'Autre. Réflexions sur l'antisémitisme qui vient*, Gallimard, Paris, 2003. Sur des thèmes relativement proches, voir Pierre-André Taguieff, *La Judéophobie des modernes, des Lumières au Jihad mondial*, Odile Jacob, Paris, 2008 et Id., *La Nouvelle Judéophobie*, Mille et Une Nuits, Paris, 2002.

97 Pierre Nora (dir.), *Les Lieux de mémoire*, Gallimard, coll. « Quarto », Paris, 1997, p. 560.

98 Sur ces périls, voir *ibid.*, p. 560. Sur ce cloisonnement, lire Fernand Braudel, *L'Identité de la France, op. cit.* ; Theodore Zeldin, *Histoire des passions françaises*, Payot, Paris, 2003 (1978) et Eugen Weber, *La Fin des terroirs. La modernisation de la France rurale 1870-1914*, Fayard/Recherches, Paris, 1983.

Que la politique de la mémoire ait souvent constitué un tel élément de division nationale s'explique, d'une part, par la capacité de la mémoire à réveiller les blessures d'un passé difficile, et dont on se demande comment il pourrait, à travers le travail du deuil, être mis au service du récit fondateur de la nation. Cela s'explique, d'autre part, par la relation étroite qui, depuis la Révolution, a toujours existé dans la culture politique française entre la mort (surtout violente), l'oubli et la dette – et donc par le rapport entre la mort et l'idée de justice [99]. Tel a surtout été le cas lorsqu'il s'est agi de soustraire les crimes politiques et les faits de mort violente à la logique de l'incrimination [100]. De ce point de vue, la Révolution a enclenché une mécanique sépulcrale dont on trouve les prolongements sous la Restauration (inflation des honneurs accordés aux cendres, marquage effréné des lieux de sépulture, innombrables exhumations et réinhumations). À l'époque, le deuil public constitue une manifestation de la puissance politique, et la mémoire elle-même est susceptible d'être utilisée comme instrument de justice punitive et glaive expiatoire. Dans la politique d'État, la mémoire nationale a donc toujours fonctionné comme un espace d'expiation, à mi-chemin entre la logique de l'incrimination et le désir de réparation. Par-devers la pierre ou les rites se trouve donc ce que Chateaubriand appelait un « champ de sang ». C'est ce sang versé que les monuments et les rites sont appelés à expurger. Et c'est la raison pour laquelle ils ont pour fonction de témoigner de l'effort de réconciliation avec la perte.

---

99 Pour une approche générale de ces rapports, lire Paul Ricœur, *La Mémoire, l'Histoire, l'Oubli*, Seuil, Paris, 2003 (2000), p. 459-480 notamment.

100 Ce fut par exemple le cas entre 1789 et 1795. Il suffit de penser aux exécutions publiques de Louis XVI, Marie-Antoinette et Madame Élisabeth, aux têtes coupées et exhibées de Launey (gouverneur de la Bastille) et de Flesselles (prévôt des marchands de Paris), à la bouche bourrée de foin de Foulon, au cœur arraché de Berthier de Sauvigny (intendant de la généralité de Paris), à la tête du député Féraud coupée et exhibée en pleine Convention en 1795, ou encore à l'engorgement des cimetières et charniers de la Madeleine, de Picpus, des Errancis et de Sainte-Marguerite. Lire à ce sujet Emmanuel Fureix, *La France des larmes. Deuils politiques à l'âge romantique (1814-1840)*, Champ Vallon, Paris, 2009.

Qu'un rapport aussi étroit ait été tissé entre la mémoire et l'épreuve de la mort violente et son intériorisation s'explique, d'une part, par une conception de la nation qui fait de cette dernière une âme et un principe spirituel et, d'autre part, par la vertu sociale et politique que la culture politique française a toujours accordée au cadavre. Les éléments constitutifs de cette âme et de ce principe spirituel sont, d'une part, la possession en commun d'un riche legs de souvenirs (le passé), et, d'autre part, le désir de vivre ensemble et la volonté de continuer à faire valoir dans le présent l'héritage qu'on a reçu du passé. À ces deux caractéristiques s'ajoute une conscience républicaine qui se prévaut d'une exorbitante exceptionnalité, puisqu'elle prétend faire coïncider la singularité française avec l'universel tout court. Fait de sacrifices et de dévouement, le passé est lui-même conçu en termes héroïques, glorieux et prométhéens – passé d'efforts, de sacrifices, de dévouement. La valorisation de l'héritage et des souvenirs communs passe par une manière de *culte des ancêtres* – les grands hommes. Le culte des ancêtres a son pendant dans le culte du sacrifice. Parce que la nation est une conscience morale, elle peut légitimement exiger, comme le soulignait Renan, l'« abdication de l'individu » au profit de la communauté. Culte des ancêtres et de leurs hauts faits et culte du sacrifice forment un capital social et symbolique d'autant plus décisif pour la construction de l'idée nationale que, une génération après le régicide, le pays fait face à une crise de la représentation et à un déficit de sacralité. L'amour de la patrie et la fierté d'être français se traduisent, par ailleurs, par des gestes publics et des rituels de piété civique : défilés militaires, musées, mémoriaux, commémorations, stèles, statues, noms des boulevards, rues, avenues, ponts et grandes places, et enfin le Panthéon.

Dans la droite ligne de la conception sacrificielle et cultuelle de la nation que l'on vient brièvement de décrire, c'est le 4 avril 1873 qu'est votée, pour la première fois dans l'histoire de la France moderne, une loi relative à la conservation des tombes des soldats morts, en l'occurrence ceux tombés pendant la guerre de 1870-1871. Cette loi prévoit en détail « le statut des terrains et le type de tombe ossuaire à créer [101] ». Pendant plus d'un siècle, la politique officielle de la mémoire visera à commémorer, avant tout, les « morts pour la France », la communauté civique s'originant et se reproduisant symboliquement dans des célébrations funèbres et se définissant de ce point de vue comme une « communauté de la perte », mais d'une perte sans oubli. Déjà, au tournant des XVIIIe et XIXe siècles, la France connaît une révolution funéraire. Les passions politiques s'expriment à travers la construction de nouvelles nécropoles, les défilés des cortèges funèbres qui sillonnent la ville, la pratique des éloges sur la tombe, le port ostensible d'un deuil public tantôt expiatoire et tantôt doloriste ou protestataire, ou encore le culte des reliques profanes [102]. Le culte des morts est supposé produire consensus et légitimité. Mais, tout dépendant de quelles morts, il est aussi susceptible de servir de site d'expression à la dissension puisque le sang des vaincus en particulier peut être convoqué comme un instrument qui appelle non la réconciliation, mais la vengeance communautaire. À partir de 1830, en particulier, triomphe un républicanisme de type sacrificiel, et c'est en partie ce paradigme que certains s'efforcent, aujourd'hui, de réactualiser.

Au cours des années 1980 cependant, un glissement se précise. À une politique de la mémoire fondée sur la célébration des morts communs succède, petit à petit, une autre économie des commémorations, au centre de laquelle se trouvent les « morts causés par la France ». Pendant longtemps, la France n'avait jamais voulu reconnaître sa responsabilité dans le génocide des Juifs. Cette catastrophe était imputée au régime de Vichy qui, seul, devait en porter l'infamie. Cette attitude change progressivement et les premiers « morts causés par la France » à faire

---

101 Nicolas Bancel et Pascal Blanchard, « Colonisation : commémorations et mémoriaux. Conflictualité sociale et politique d'un enjeu mémoriel », *in* Nicolas Bancel, Florence Bernault, Pascal Blanchard, Ahmed Boubeker, Achille Mbembe et Françoise Vergès, *Ruptures postcoloniales, op. cit.*

102 Anne-Emmanuelle Demartini et Dominique Kalifa (dir.), *Imaginaire et sensibilités au XIXe siècle*, Créaphis, Grâne, 2005.

l'objet d'une reconnaissance sont les « morts en déportation ». En 1990, la loi Gayssot consacre définitivement leur statut de « victimes » et fixe le rôle de l'État dans la construction d'une « mémoire de la Shoah ». En 1993, un décret instaure « une journée nationale commémorative des persécutions racistes et antisémites commises sous l'autorité de fait dite "du gouvernement de l'État Français" », suivi, en 1994, de l'inauguration du Mémorial du Vél'd'Hiv' à la mémoire des victimes de la Shoah. La dernière étape de ce processus est l'aveu, en 1995, par Jacques Chirac des responsabilités de la France dans le génocide des Juifs. Suivent les inaugurations du Mémorial national des Milles en 2004 ; du Mémorial de la Shoah et du Mur des noms (les 76 000 Juifs déportés) à Paris en 2005. Le point culminant de ce processus est l'entrée des Justes au Panthéon en 2007 [103].

Si la nouvelle politique de la mémoire fait place aux morts causées par la France, une distinction demeure cependant. Alors que les « morts pour la France » sont des morts « subies » par des Français au nom de la nation et dont on transfigure les victimes en « héros », les « morts causées par la France » font leur apparition sur l'autel de la mémoire nationale dans le statut de « victimes ». C'est notamment le cas en ce qui concerne l'Holocauste. Il se trouve, pour d'autres événements, que des Français figurent parmi les morts causées par la France. C'est le cas de la colonisation. Elle bouscule non seulement le tracé qui généralement sépare nos morts de ceux des autres, mais encore divise la cité politique en son milieu et en ses marges, puisque, en cet événement, celle-ci s'offre à la fois comme sa propre victime et son propre bourreau.

C'est l'une des raisons pour lesquelles elle constitue l'œil même du cyclone mémoriel qui souffle sur le pays. Depuis quelques années, l'État lui-même attise l'ouragan. Pour les raisons évoquées plus-haut, il veut officiellement « moderniser » les commémorations. Dans cette inflation de cérémonies

103 Sur ce qui précède, lire Nicolas Bancel et Pascal Blanchard, « Colonisation : commémorations et mémoriaux. Conflictualité sociale et politique d'un enjeu mémoriel », *loc. cit.*

du souvenir, hommages, inauguration de monuments, de musées et de places publiques, les frontières entre l'histoire, la mémoire et la propagande sont brouillées [104]. Ainsi, dans un projet en cours, la guerre de 1914-1918 – qui avait marqué un singulier recul de la démocratie et préparé à terme l'avènement du fascisme et du nazisme – est dialectiquement réinterprétée comme ayant été au départ de la construction européenne. Du conflit de 1939-1945, il n'est plus dit qu'il s'agissait d'une « guerre mondiale », mais d'une guerre d'ordre essentiellement européen, avec d'importants prolongements internationaux. Quant aux soldats des troupes coloniales réquisitionnés pour des combats qui, affirme-t-on maintenant, leur étaient étrangers, l'on avance qu'ils sont « morts pour la Liberté et la Civilisation », méritant de ce fait le privilège d'avoir été colonisés. Dans ce cas comme dans d'autres, l'entreprise guerrière en général est assimilée à une croisade dont les morts sont des martyrs qui, dans un élan patriotique, auraient volontairement renoncé à la vie pour une juste cause [105].

Le discours contre la repentance vise à assumer sereinement la totalité de l'histoire de la France. Il a pour but la réhabilitation de l'œuvre coloniale. On allègue que les véritables victimes de la colonisation ne furent pas les indigènes, mais les colons. Les premiers doivent de la gratitude aux seconds. Cette logique de l'innocentement et de l'auto-absolution trouve son point d'incandescence dans le cas de l'Algérie, dont la mémoire se trouve être l'épicentre des maladies françaises de la colonisation [106]. La France y fut présente pendant près d'un siècle et demi. Quatre ou cinq générations d'Européens en firent leur

---

104 Laurence De Cock, Fanny Madeline, Nicolas Offenstadt et Sophie Wahnich, *Comment Nicolas Sarkozy écrit l'histoire de France*, Agone, Marseille, 2008.

105 Lire le *Rapport de la Commission sur la modernisation des commémorations publiques* (présidence : André Kaspi), novembre 2008, <www.ladocumentationfrancaise.fr/rapports-publics/084000707/index.shtml>.

106 Guy Perville, *Pour une histoire de la guerre d'Algérie 1954-1962*, Picard, Paris, 2002 ; Mohammed Harbi et Benjamin Stora (dir.), *La Guerre d'Algérie 1954-2004, fin de l'amnésie*, Robert Laffont, Paris, 2004. Lire également Pascal Blanchard et Isabelle Veyrat-Masson (dir.), *Les Guerres de mémoires. La France et son histoire*, La Découverte, Paris, 2010 (2008).

terre natale de 1830 à 1962. D'importantes troupes de l'armée française (Harkis, appelés, engagés) s'y sont battues. Des années 1920 aux années 1970, une importante immigration provenait d'Algérie. Et, pour couronner le tout, le conflit fit des centaines de milliers de morts [107]. On ne mesure toujours pas à quel point la perte de l'Algérie française, survenant après la défaite de Diên Biên Phu, constitua un véritable traumatisme pour la France, presque de même ampleur que la défaite de 1870 [108]. Cette fois, cependant, il s'agissait d'une défaite aussi bien militaire que politique et morale, qui, entre autres, révéla au grand jour la généralisation de la pratique de la torture par l'armée française. C'est notamment au sujet de cette guerre longtemps restée sans nom et entourée de pratiques sales – connue encore récemment en France sous l'euphémisme d'« événements d'Algérie » – qu'il y a eu un processus d'occultation et d'oubli organisé.

Mais, depuis 2002, se multiplient témoignages, livres, sites Internet, articles de presse, films (*La Trahison* de Philippe Faucon en 2005 ; *Mon colonel* de Laurent Herbiet et *Indigènes* de Rachid Bouchareb en 2006 ; *L'Ennemi intime* de Florian Emilio Siri en 2007), documentaires et fictions télévisuels (*Nuit noire, 17 octobre 1961* d'Alain Tasma, 2005 ; *La Bataille d'Alger* d'Yves Boisset en 2006) [109]. C'est en très grande partie la perte de l'Algérie qui est à l'origine de la fameuse loi du 23 février 2005, avec son article 4 évoquant les « bienfaits d'une colonisation positive », lancée peut-être par une « strate de parlementaires de second rang [110] », mais adoptée par l'Assemblée nationale de France. Cet article sera certes abrogé par Jacques Chirac en 2006,

107 Selon le démographe Kamel Kateb, le bilan du conflit serait de 400 000 morts, combattants des deux camps et victimes civiles additionnés.

108 Todd SHEPARD, *The Invention of Decolonization. The Algerian War and the Remaking of France*, Cornell University Press, Ithaca, 2006.

109 Benjamin STORA, « Guerre d'Algérie : 1999-2003, les accélérations de la mémoire », *Hommes et Migrations*, n° 1244, juillet-aout 2003.

110 Jean-François BAYART, « Les études postcoloniales, une invention politique de la tradition ? », *Sociétés politiques comparées*, n° 14, avril 2009, disponible sur <http://www.fasopo.org>.

mais la controverse n'est pas éteinte. Elle touche aussi bien la commémoration de cette guerre que la question des musées, mémoriaux, murs et stèles dans le Midi de la France (Marseille, Perpignan et Montpellier) et de la comptabilité des morts français. De l'autre côté de la Méditerranée, en Algérie même, les appels à comptabiliser avec précision le nombre d'Algériens tués depuis 1830 par la France, ainsi que le nombre de villages brûlés, de tribus décimées et de richesses volées se font également entendre. Il faudrait y ajouter le contentieux concernant la restitution du plan des 11 millions de mines posées pendant la guerre par l'armée française aux frontières tunisienne et marocaine dans le but d'empêcher les militants de l'ALN d'entrer en Tunisie et au Maroc. D'après l'Algérie, ces mines ont provoqué maints ravages, dont 40 000 morts et blessés depuis la fin de la colonisation. S'ajoutent à tout cela le legs calamiteux des essais nucléaires dans le Sud algérien dans les années 1960 et la question du suivi médical pour les victimes de radiations atomiques au Sahara [111].

Les ressortissants des anciennes possessions impériales et leurs descendants ne sont pas les seules victimes des traumatismes coloniaux dans la France contemporaine. Tel est également le cas des ex-colons français d'Algérie et de leurs descendants. On doit comprendre ces maladies de la mémoire en relation avec la crise de la démocratie française et avec un esprit du temps qui accorde une importance centrale à la formation et à l'expression des identités meurtries et blessées [112]. Pour être prises en compte politiquement, les luttes pour la reconnaissance doivent de plus en plus s'articuler autour d'un signifiant exceptionnel – ma souffrance et mes blessures. Archétypale et incomparable, cette souffrance doit répondre nécessairement d'un nom supposé valoir plus que tout autre nom. Dans la

111 Lire l'article de Benjamin Stora, « Entre la France et l'Algérie, le traumatisme (post)colonial des années 2000 », *in* Nicolas Bancel, Florence Bernault, Pascal Blanchard, Ahmed Boubeker, Achille Mbembe et Françoise Vergès, *Ruptures postcoloniales*, *op. cit.*

112 Wendy Brown, *States of Injury. Power and Freedom in Late Modernity*, Princeton University Press, Princeton, 1995.

mesure où les maladies de la mémoire (le chiasme dans le présent) ont souvent tendance à ouvrir la voie à des oppositions absolues entre les victimes des mêmes bourreaux, la querelle porte toujours sur le point de savoir quelle souffrance humaine doit être sanctifiée et quelle autre n'est, au fond, qu'un incident sans importance sur l'échelle des vies et des morts qui comptent vraiment. La lutte vise par conséquent à refuser toute équivalence entre les différentes vies et morts humaines, car, pense-t-on, certaines vies et certaines morts sont universelles, tandis que d'autres ne le sont point et ne devraient même pas aspirer à le devenir [113].

Dans l'esprit du monde contemporain, nombreux sont en effet ceux qui croient en l'existence d'un Deuil premier, interminable, sans cesse appelé à remonter sur la scène du symptôme, mais jamais à même de suturer la fente. Dans le droit fil de l'esprit du monothéisme, ce Deuil premier ne saurait être mesuré à aucun autre deuil. En regard de ce Deuil premier, tout autre deuil ne serait qu'une affaire de païens. Seul ce Deuil premier serait qualifié pour faire son apparition dans le miroir de l'Histoire. Dépourvu de double, il remplirait la surface du miroir d'un bord à l'autre, à la manière de l'Un. Du coup, tous les autres événements, aussi terrifiants soient-ils, devraient être interdits d'accès au champ de la parole et du langage, puisque ce champ est, de toutes les façons, d'ores et déjà épuisé par l'Événement. Mais, à force de concevoir le Deuil premier de cette manière, on finit par en faire un deuil impossible. Et, à cause de cette impossibilité et de ce caractère interminable, l'on en arrive à ce qui constitue l'un des paradoxes majeurs des maladies contemporaines de la mémoire : mon deuil consiste avant tout à donner la mort, non pas à mon bourreau, mais de préférence à un *tiers*. Ce que démontre notre aversion pour la souffrance d'autrui, c'est la pulsion de mort qui travaille toute conscience victimaire, notamment lorsque celle-ci ne se conçoit qu'en rapport de compétition avec d'autres consciences du même nom. Il me faut

113 Judith Butler, *Precarious Life. The Powers of Mourning and Violence*, Verso, New York, 2004.

donc faire taire l'Autre ou, à défaut, l'obliger à tomber dans le délire, de façon à ce que sa souffrance historique soit renvoyée à un état d'avant le langage – à un état antérieur à toute nomination. Ce que l'on appelle en France la « guerre des mémoires » s'inscrit donc dans le cadre des luttes pour la transcendance dans le contexte des idéologies victimaires ayant marqué la fin du XXe siècle et le début du XXIe. Ces luttes participent fondamentalement de projets *nécropolitiques*. En effet, dans la mesure où l'on ne fonde jamais le transcendant sur sa propre mort, il faut bien que ce soit sur la mise à mort sacrificielle de quelqu'un d'autre que s'institue le sacré.

Pour le reste, loin d'être à la repentance, l'ère est plutôt à la *bonne conscience*. À travers la colonisation, les puissances européennes cherchaient à créer le monde à leur image. « Rude et laborieuse race de mécaniciens, d'agriculteurs, de constructeurs de ponts [114] » et de statues, les colons ne purent finalement accomplir que de grossiers travaux. Mais ils étaient armés d'une poignée de certitudes que la décolonisation n'a guère effacées et dont on peut constater la résurgence et les mutations dans les conditions contemporaines [115]. La première était la foi absolue en la force. Les plus forts ordonnaient, agençaient, disposaient et donnaient forme au reste du troupeau humain. La deuxième, toute nietzschéenne, était que la vie même était avant tout volonté de puissance et instinct de conservation. La troisième était la conviction selon laquelle les indigènes représentaient des formes morbides et dégénérées de l'homme, corps obscurs en attente de secours et qui réclamaient de l'aide. Quant à la passion de commander, elle se nourrissait du sentiment de supériorité à l'égard de ceux qui devaient obéir. S'y ajoutait l'intime certitude que la colonisation était un acte de charité et de

114 Friedrich NIETZSCHE, *Par-delà le bien et le mal*, Gallimard, Paris, 1971, p. 33.

115 Lire Derek GREGORY, *The Colonial Present. Afghanistan, Palestine, Iraq*, Blackwell, Londres, 2005 ; Eyal WEIZMAN, *Hollow Land. Israel's Architecture of Occupation*, Verso, Londres, 2008 ; et Adi OPHIR, Michal GIVONI et Sari HANEFI (dir.), *The Power of Inclusive Exclusion*, Zone Books, New York, 2009.

bienfaisance, pour lequel les colonisés devaient témoigner de sentiments de gratitude, d'attachement et de soumission.

C'est dans ce triple complexe que se situent les fondements de la bonne conscience européenne. Celle-ci a toujours été un mélange de laisser-faire, d'indifférence, de volonté de ne pas savoir et de promptitude à se décharger de ses responsabilités. Elle a toujours consisté à vouloir n'être responsable de rien, coupable de rien. Ce refus obstiné de tout sentiment de culpabilité repose sur la conviction que les instincts de haine, d'envie, de cupidité, de domination, « appartiennent essentiellement, et foncièrement, à l'économie de la vie [116] ». Davantage encore, il ne saurait y avoir de morale valable *pour tous*, les forts comme les faibles. L'homme supérieur ne saurait être condamné sur la base de la morale du faible. Et, puisqu'il existe une hiérarchie entre les hommes, il devrait en exister entre les morales. D'où le cynisme avec lequel les questions relatives à la mémoire de la colonisation sont traitées. Aux yeux de beaucoup, le rappel de ce passé ne sert qu'à débiliter la virilité européenne et à alanguir sa volonté. D'où également le refus de voir la « bête à cornes » dont Nietzsche disait qu'elle a toujours exercé le plus grand attrait sur l'Europe. Un demi-siècle plus tard, elle n'a guère cessé de la tenter.

---

116 Friedrich NIETZSCHE, *Par-delà le bien et le mal*, *op. cit.*, p. 41.

5

Afrique : la case sans clés

Mue par de puissantes forces démographiques et migratoires, l'Afrique est aux prises avec ce qu'il convient d'appeler sa « grande transformation » – une mutation au regard de laquelle l'épisode colonial apparaîtra, avec le recul de l'histoire, comme une parenthèse. Une formidable réorganisation des espaces, de la société et de la culture est en cours. Elle procède par maints détours et maintes oscillations. Partout, elle se traduit par une accentuation des formes de mobilité, une radicalisation des enjeux d'appartenance et d'exclusion, le déplacement relatif des critères de la domination, la formation d'identités en creux et une substantielle recomposition symbolique de la réalité.

Dans ce chapitre, l'on examinera d'abord la façon dont les frontières de l'Afrique n'ont cessé de s'étirer et de se contracter au cours du dernier siècle. Le caractère structurel de cette instabilité a largement contribué à modifier le corps territorial du continent. Des formes inédites de territorialités et des figures inattendues de la localité sont apparues. Leurs bornes ne recoupent nécessairement ni les limites officielles ni les normes ou le langage des États. L'on s'appesantira ensuite sur trois événements majeurs qui, au cours du dernier quart du XXe siècle, ont profondément affecté les conditions matérielles de production de la vie et de la culture en Afrique subsaharienne.

Ces événements sont les suivants : le durcissement de la contrainte monétaire et ses effets de revivification des imaginaires du lointain et des pratiques historiques de la longue distance ; la concomitance de la démocratisation, de l'informalisation de l'économie et des structures étatiques ; la diffraction de la société et l'état de guerre. Survenus presque en même temps et dans la foulée de la décolonisation, ces trois événements se sont parfois relayés. Parfois aussi, leurs effets se sont annulés réciproquement ou, au contraire, ils ont servi d'aiguillon les uns aux autres jusqu'au point de provoquer un enroulement de l'expérience sociale et culturelle. Dans leur simultanéité, ces événements constituent le cadre d'émergence d'imaginaires du politique qui accordent une place prépondérante aux luttes pour ou contre le pouvoir, affrontements belliqueux ayant pour finalité la triple prise sur les ressources, sur les corps et en définitive sur la vie.

Anciennes et nouvelles cartographies

Historiquement, la mise en place des frontières africaines précède la Conférence de Berlin (1884-1885), dont l'objectif était d'assurer une répartition de la souveraineté entre les différentes puissances européennes engagées dans la partition du continent. Leur protogenèse remonte à l'époque de l'économie des comptoirs, lorsque les Européens implantèrent des factoreries sur les côtes et se mirent à traiter avec les autochtones. Sur la façade atlantique, la mise en place de cette économie, puis les siècles de commerce des esclaves expliquent en partie certaines des caractéristiques physiques des États africains, à commencer par les divisions entre le littoral et l'hinterland qui marquent si profondément la structure géographique des différents pays, ou encore l'enclavement de vastes entités situées loin des océans. Les frontières se cristalliseront petit à petit sous la période de l'« empire informel » (de l'abolition de la traite des esclaves jusqu'à la soumission des premiers mouvements de résistance), grâce à l'action combinée des négociants et des missionnaires. La naissance des frontières prendra un tour militaire avec l'aménagement des fortins, la pénétration de l'hinterland et la soumission des révoltes locales.

Loin d'être le simple produit de la colonisation, les frontières actuelles sont donc l'expression des réalités commerciales, religieuses et militaires de ces périodes, les rivalités, les rapports de forces et les alliances qui prévalaient entre les différentes puissances impériales, puis entre elles et les Africains au long des siècles qui précédèrent la colonisation proprement dite. Leur constitution relève, de ce point de vue, d'un processus social et culturel de durée relativement longue. Avant la conquête coloniale, elles se présentaient comme des espaces de rencontre, de négociations et d'opportunités entre Européens et habitants des lieux. Au moment de la conquête, leur principale fonction était de marquer, dans l'espace, les limites qui séparaient désormais les possessions coloniales entre elles, compte tenu non des ambitions, mais de l'occupation réelle et effective du terrain. Plus tard, le contrôle physique des territoires conquis et assujettis ouvrira la voie à l'institution des dispositifs de discipline et de commandement, à l'exemple des chefferies là où elles n'existaient pas, ou des postes et circonscriptions administratifs. Avec la démarcation des circonscriptions, la levée de l'impôt, les travaux forcés et autres corvées, la diffusion des cultures de rente, la scolarisation et l'urbanisation, fonctionnalité administrative, fonctionnalité économique et fonctionnalité politique achèveront d'être combinées, pouvoir administratif, pouvoir du marché et pouvoir social tissant un réseau sur lequel l'État colonial tentera d'asseoir sinon sa légitimité, du moins son contrôle.

Ce qui fut cependant décisif, ce sont les frontières internes que l'entreprise coloniale délimita à l'intérieur de chaque pays. Encore faut-il préciser qu'il y eut plusieurs formes de structuration coloniale des espaces économiques, politiques et administratifs. Ces formes étaient elles-mêmes tributaires des mythologies spatiales spécifiques à chaque puissance occupante. Ce fut notamment le cas dans les colonies de peuplement, où la race devint un facteur structurant de l'espace. Dans le cas de l'Afrique du Sud par exemple, les déplacements massifs de population tout au long des XIXe et XXe siècles aboutirent progressivement à la mise en place, à l'intérieur d'un même pays, de quatorze entités territoriales aux statuts distincts et inégaux. L'appartenance à une race ou à une ethnie servant de condition d'accès au sol et aux ressources, trois types de territoires virent le jour : d'un côté, les provinces blanches où seuls les Européens jouissaient de droits permanents (l'État libre d'Orange, la province du Cap, le Transvaal, le Natal) ; de l'autre, les bantoustans dits « indépendants » constitués de groupes ethniques théoriquement homogènes (Bophuthatswana, Venda, Transkei, Ciskei) ; et enfin des bantoustans « autonomes » (Kwa Ndebele, Ka Ngwane, Kwa Zulu, Qwaqwa, Lebowa et Gazankulu). Le même type de découpage était en vigueur dans le domaine de l'aménagement urbain. En délimitant des espaces urbains spécifiquement réservés aux non-Blancs, le système de l'apartheid privait ces derniers de tout droit dans les zones blanches. Cette excision avait pour résultat de faire peser sur les populations noires elles-mêmes le poids financier de leur propre reproduction et de circonscrire le phénomène de la pauvreté à des enclaves territoriales racialement connotées.

L'empreinte de l'apartheid était également visible dans le paysage et l'organisation de l'espace rural. Différenciations des régimes fonciers (propriétés individuelles dans les zones commerciales et blanches et régimes mixtes dans les zones communales), appropriation raciale et distribution ethnique des ressources naturelles les plus favorables à l'agriculture, flux migratoires résultant en une multilocalisation des familles noires constituaient les marques les plus caractéristiques de l'organisation des espaces ruraux. Dans des pays comme le Kenya ou le Zimbabwe, le même processus de dépossession des terres africaines au profit des Blancs eut lieu. Des réserves furent mises en place, tandis que partout prévalait une législation visant à étendre le mode de tenure individuelle et à limiter les formes de métayage d'exploitants noirs sur propriétés blanches. C'est ainsi que furent créés les réservoirs de main-d'œuvre.

Cette structuration coloniale des espaces économiques n'a pas été totalement abolie par les régimes postcoloniaux. Ces derniers l'ont souvent prolongée. Parfois, ils ont radicalisé la logique de création des frontières internes qui lui était inhérente. Tel a été notamment le cas dans les zones rurales. Certes, les modalités de la pénétration étatique ont varié d'une région à l'autre, compte tenu du poids des élites locales, voire, dans certains cas, des confréries religieuses. Mais aussitôt l'indépendance acquise, l'Afrique officieuse est entrée dans un vaste mouvement de remodelage des entités territoriales internes alors même qu'officiellement, l'on consacrait le principe de l'intangibilité des frontières entre États. Presque partout la redélimitation des frontières internes a été accomplie sous le couvert de la création de nouvelles circonscriptions administratives, de provinces et de municipalités. Ces découpages administratifs avaient des fins à la fois politiques et économiques. Mais ils contribuaient également à la cristallisation des identités ethniques. En effet, alors que, sous la colonisation proprement dite, l'affectation de l'espace précédait parfois l'organisation des États ou allait de pair avec celle-ci, l'on observe, depuis le début des années 1980, l'inverse.

D'une part, une reclassification des localités par grandes et petites masses a cours. Ces grandes et petites masses sont découpées sur la base de cultures et de langues supposées communes. À ces entités associant parenté, ethnicité et proximités religieuses ou culturelles, l'État confère le statut d'État fédéré (cas du Nigéria), de province ou de district administratif. D'autre part, ce travail bureaucratique est précédé (ou s'accompagne) d'un autre, d'invention de parentés imaginaires. Il est puissamment relayé par la prolifération récente d'idéologies promouvant les valeurs de l'autochtonie. Partout, la distinction entre autochtones et allogènes a été accentuée, le principe ethnoracial servant de plus en plus de base à la citoyenneté et de condition d'accès au sol, aux ressources et postes de responsabilité élective. À la faveur du multipartisme, les luttes pour l'autochtonie ont pris un tour plus conflictuel, dans la mesure où elles vont de pair avec la mise en place de nouvelles circonscriptions électorales.

L'un des principaux héritages de la colonisation a été la mise en branle d'un processus de développement inégal selon les régions et les pays. Ce développement inégal a contribué à une distribution de l'espace autour de sites parfois nettement différenciés. À l'échelle du continent, une première différenciation oppose ainsi les régions de forte concentration démographique à d'autres, presque vides. Des années 1930 à la fin des années 1970, deux facteurs principaux ont contribué à la consolidation des grands centres de gravité démographique : le développement des cultures de rente et celui des grands axes de communication (chemins de fer notamment). L'affaissement de la production de certaines cultures de rente et la transition à d'autres formes d'exploitation des ressources et du commerce ont eu pour conséquence le repli accéléré – et parfois de portée régionale – des populations vers les côtes ou vers les grandes concentrations urbaines. Ainsi, des villes comme Lagos, Douala, Dakar ou Abidjan sont-elles devenues des réceptacles majeurs de charges humaines. Elles constituent désormais de vastes métropoles d'où émergent des figures inédites d'une nouvelle civilisation urbaine africaine.

Cette nouvelle urbanité, créole et à bien des égards cosmopolite, se caractérise par le mélange et la mixité des formes tant sur le plan du vêtement, de la musique ou des langues que du point de vue des pratiques de la consommation. Des dispositifs qui règlent la vie urbaine au quotidien, l'un des plus importants est sans doute la multiplicité et l'hétérogénéité des régimes religieux. La prolifération des églises et des mosquées aidant, une véritable sphère territoriale et symbolique souvent transnationale s'est constituée autour des lieux de culte. Elle se distingue nettement de l'administration territoriale de l'État, non seulement par les services qu'offrent les institutions religieuses, mais aussi par l'éthique de vie qu'elles promeuvent. À côté des fondations pieuses chargées de l'entretien des hôpitaux et des écoles, émerge un individualisme religieux au fondement duquel se trouve l'idée de la souveraineté de Dieu. Cette souveraineté se traduit par des actes miraculeux et s'exerce sur toutes les sphères de la vie. Elle s'exprime sous la forme de la grâce et du salut. Grâce et salut s'obtiennent en récompense d'une transformation radicale de la personne et de la nature de ses liens avec le monde profane et celui de la tradition. Cette « nouvelle naissance » implique le rejet des coutumes associées au principe démoniaque et l'intériorisation de la grâce s'effectue à travers la rigueur des mœurs, le goût de la discipline et du travail et le soin apporté à la vie sexuelle et familiale.

Dans les pays musulmans, une territorialité en réseaux est à la base du pouvoir de juridiction que les marabouts exercent sur leurs fidèles. Essaimés dans le cadre national et, souvent, international, les réseaux sont reliés à des villes saintes et à des figures prophétiques auxquelles est prêtée l'allégeance des disciples. Le cas de Touba, la ville des Mourides au Sénégal, est à cet égard emblématique. La mosquée est devenue, dans les années 1980, l'un des symboles marquants de la tentative de reconquête de la société et de la ville par le religieux. Elle a servi tantôt de refuge à ceux qui s'estimaient persécutés, tantôt de repli à ceux qui ne pouvaient plus avancer. Ultime retraite pour les désespérés, elle est devenue le premier référent pour tous ceux dont les certitudes étaient ébranlées par les mutations en cours. Dans certaines parties du continent, elle a parfois servi de foyer d'une culture de la contestation, de nouvelles figures de l'imam venant donner corps à de nouvelles pratiques du culte et de la prédication et à une spiritualité de nature proprement politique.

Dans les pays à dominante chrétienne, la prolifération des églises a donné lieu à une logique territoriale de type capillaire. L'éclatement du dogme aidant, l'on a assisté à une relative démocratisation des charismes et à une redistribution de l'autorité sacerdotale. L'exercice du prêche, l'administration des sacrements, la liturgie et divers rituels consacrés soit à la guérison, soit à la lutte contre les démons ou encore à la quête des richesses ne sont plus l'apanage d'une classe de prêtres totalement distincte des laïcs. Les guerres, la crise économique et les aléas de la vie quotidienne ont également ouvert la voie à des réinterprétations parfois originales des récits de la Passion et du Calvaire, ainsi que des figures du Jugement dernier, de la résurrection et de la rédemption. Parfois cette dimension eschatologique a trouvé, dans certains mouvements armés, un exutoire tout fait. Réislamisation et rechristianisation sont allées de pair, l'un et l'autre processus se faisant fort de recombiner des éléments disparates, voire contradictoires, des paganismes africains, du piétisme ambiant, voire des sociétés secrètes et des pratiques de la géomancie.

Le lointain et la longue distance

Prenons le durcissement de la contrainte monétaire et ses effets de revivification des imaginaires du lointain et des pratiques de la longue distance. Ce durcissement est en partie lié au glissement des modalités de l'insertion de l'Afrique dans l'économie internationale à peine une dizaine d'années après les indépendances. Commencé au début des années 1970, ce glissement s'est étalé sur près d'un quart de siècle. Il est loin d'être parvenu à son terme. Même s'ils n'ont pas joué à eux tout seuls le rôle que leurs critiques leur accordent généralement, les programmes d'ajustement structurel des années 1980 et 1990 en ont constitué un des tournants les plus marquants. Ces programmes n'ont guère permis de modifier en faveur des pays africains la structure de la spécialisation internationale de leurs économies. Mais ils ont largement contribué à la mise en place de nouvelles configurations de l'économique que ne suffisent plus à décrire et à expliquer ni les vieux schémas structuralistes « centre-périphérie », ni les théories de la dépendance, encore moins celles de la « marginalisation » [1].

1 Lire, de ce point de vue, les analyses de James Ferguson, *Global Shadows*, University of California Press, Berkeley, 2001.

En effet, entre les années 1980 et 2000, un capitalisme atomisé, sans effet d'agglomération ni pôles gigantesques de croissance, s'est développé sur les décombres d'une économie rentière autrefois dominée, d'un côté, par des sociétés d'État contrôlées par les clientèles au pouvoir, de l'autre, par des monopoles datant pour la plupart de l'ère coloniale et opérant sur des marchés captifs. La dichotomie économie urbaine-économie rurale, ou encore économie formelle-économie informelle caractéristique de l'immédiat après-colonisation a volé en éclats. S'y est substitué un patchwork, une mosaïque de sphères, bref une économie diffractée, composée de plusieurs noyaux régionaux plus ou moins enchevêtrés, parfois parallèles, et entretenant avec les filières internationales des rapports changeants et extrêmement volatiles. De cette fragmentation extrême émergent, souvent à l'intérieur d'un même pays, une multiplicité de territoires économiques, parfois emboîtés les uns dans les autres et souvent disjoints.

Notons que cette nouvelle géographie n'est pas sans rappeler celle qui prévalait au cours du XIXe siècle, à la veille de la conquête coloniale et de la partition. Chaque espace économique, à l'époque, faisait partie d'un vaste ensemble régional et multinational plus ou moins cohérent, au sein duquel le pouvoir et le commerce allaient souvent de pair. De tels ensembles régionaux et multiethniques se caractérisaient non par des frontières stables et précises ou encore par des figures nettes de la souveraineté, mais par une gamme complexe de couloirs verticaux, d'axes latéraux, de réseaux souvent imbriqués les uns dans les autres selon le *principe de l'entremêlement et de la multiplicité*. Toute économie, à l'époque, était sous-tendue par une double dynamique d'ordre spatial et d'ordre démographique. Prenons l'exemple du Bassin tchadien. Avant la colonisation, celui-ci était arrimé aux trois pôles de pouvoir et d'influence que sont la Cyrénaïque (à l'extrême périphérie de l'Empire ottoman), le Soudan égyptien, le califat de Sokoto et les cités haoussa (Sokoto, Katsina, Kano). À l'intérieur de ce triangle dont la base reposait sur l'Équateur, dont les flancs orientaux et occidentaux renvoyaient vers le Sahara et le Nil et dont la pointe avancée était la Méditerranée, des routes partaient du Kanem et du Wadai, passaient par Murzuq d'un côté et par Koufra de l'autre, et débouchaient directement sur Tripoli et Benghazi après avoir traversé de nombreuses oasis. Cet axe Nord-Sud était complété par un énorme couloir reliant la région au sultanat du Darfour et se connectant sur le Kordofan et Bahr el-Ghazal.

À cet ordonnancement à double dimension (verticale et latérale) s'ajoutait une deuxième dynamique de nature proprement institutionnelle. Jusqu'au début du XIXe siècle, les deux institutions dominantes par lesquelles la socialisation des élites s'effectuait, tout aussi bien que la mobilisation des ressources et des idées, étaient la *zawiya*, d'un côté, et la *zariba*, de l'autre. Ces deux institutions fort originales avaient pour fonction, entre autres, de réguler le commerce caravanier transnational, de cimenter les alliances commerciales, politiques et religieuses, de négocier la proximité avec les voisins (cas des Bideyat et des Toubous, par exemple) et les conflits entre diverses factions et, au besoin, de conduire la guerre à travers une série d'implantations fortifiées – il y avait donc nomadisme et citadellisation. La troisième dynamique était celle combinant guerre, mobilité et commerce. Car, ici, la guerre et le commerce allaient de pair avec la pratique de l'islam. Il n'y avait pas de commerce sans la capacité de créer des alliances transversales, d'étendre et d'investir des points nodaux dans un espace sans cesse mouvant. De même, la guerre elle-même était-elle toujours une guerre de mouvement – jamais locale, toujours transnationale. Les institutions chargées de réguler la guerre et le commerce étaient, par ailleurs, gérées par la confrérie des Sanussi. Les caravanes couvraient d'énormes distances et contribuaient aux différents cycles commerciaux (cycle des graines et des dattes, cycle du bétail, cycle de l'ivoire et des esclaves et, aujourd'hui, cycle du pétrole et ainsi de suite). Si la plupart des établissements commerciaux de Tripoli, puis de Benghazi étaient aux mains de commerçants juifs italiens et de Maltais, les intermédiaires, eux, étaient des Arabes mejabra et zuwaya.

Ici, le drame de la colonisation ne consista pas dans le découpage arbitraire d'entités autrefois réunies – la balkanisation que n'a cessé d'invoquer la vulgate afronationaliste. Il fut, au contraire, de vouloir tailler de pseudo-États à partir de ce qui, fondamentalement, était une *fédération de réseaux*, un *espace multinational*, constitué, non de « peuples » ou de « nations » en tant que telles, mais de *réseaux*. Il fut de vouloir fixer des frontières rigides à ce qui était, structurellement, un *espace de circulation* et de marchandage, flexible, à géométrie variable.

Historiquement, les véritables ressorts du pouvoir dans cette région se sont toujours structurés à la faveur d'un double cycle : celui du commerce et celui de la prédation. Commerce et prédation ont toujours été sous-tendus par la possibilité de la guerre, de préférence sous la forme de raids. Les luttes de pouvoir et les conflits autour de la captation, du contrôle et de la répartition des ressources – tout cela s'est toujours déroulé le long de lignes par définition translocales. Peu importe que ces lignes renvoient aux confréries, aux clans ou aux lignages. Leur formation a toujours obéi à ce que l'on pourrait appeler la *logique des sables mouvants*. D'ailleurs, faute de transformer ces logiques, la colonisation avait tenté de les utiliser à son profit, avec les résultats catastrophiques que l'on connaît. Que le pouvoir se structure et se désorganise à la faveur des cycles prédatoires n'est pas nouveau. Ce fut le cas avec l'économie du désert, dominée par le commerce des fruits et des graines, le contrôle des oasis, la technique des raids et la constitution des entrepôts. D'ailleurs, le système de circulation, les frontières mouvantes qui se déplacent constamment en fonction des opportunités d'exploitation, tout cela n'est pas non plus nouveau.

Avant la colonisation, guerriers, marchands et marabouts pouvaient, de Koufra, traverser allégrement le massif du Tibesti et occuper la capitale du Wadai, Abéché. Sur l'axe Darfour-Kordofan-Bahr el-Ghazal sévissaient alors les Nubiens arabisés de la région de Dongola, ainsi que les *jallaba*. Ce sont ces derniers qui, profitant des expéditions turco-égyptiennes des années 1840, ouvrirent la frontière économique du sud du Darfour, des montagnes de Nouba, du Nil Bleu jusqu'aux marches de l'Éthiopie. Plus important encore, ils déroulèrent leurs tentacules vers l'Équateur, forcèrent leur présence sur les grandes plaines qui s'étendent du Nil, en direction de l'ouest et du sud, vers le Congo et l'actuelle République centrafricaine (RCA), où ils excelleront dans le commerce des esclaves et de l'ivoire. Ici, ils établiront des fortifications (*zariba*) au milieu de peuples nilotiques tels que les Dinka, les Nuer, les Azande (actuel Soudan), les Banda (actuelle RCA), les Bongo et Sara (actuelle République du Tchad). On retrouve ces *jallaba* plus à l'est, au Darfour, dans le Kanem et le Bornou.

Aujourd'hui, la nouvelle frontière – du moins dans cette région – est le pétrole. Ailleurs, ce sont d'autres ressources : bois, diamants, or, cobalt. L'exploitation de ces ressources a donné lieu à de nouveaux cycles de l'extraction et de la prédation. Une grande partie de la ponction se fait par le biais soit de la guerre soit d'interminables conflits de basse intensité. C'est l'extrême fluidité et volatilité de cette nouvelle frontière de la ponction, de l'extraction et de la prédation qui confère aux conflits africains leurs significations internationales. C'est dans ce contexte que les enclaves minières, pétrolières ou halieutiques ont pris une importance décisive. Qu'elles soient maritimes ou terrestres, les économies des enclaves sont de nature extractive. Elles sont soit déconnectées du reste du territoire national, soit n'y sont reliées que par des réseaux ténus. C'est notamment le cas de l'exploitation pétrolière en mer. En revanche, ces économies s'articulent directement aux filières du commerce international. Lorsqu'elles n'alimentent pas les logiques de guerre, les enclaves tendent à être, elles-mêmes, des espaces disputés. Parfois contrôlées par des multinationales auxquelles l'État central sous-traite – ou délègue pratiquement – sa souveraineté, parfois en collusion avec des formations armées dissidentes, les enclaves présentent une économie symbolisant l'osmose entre l'activité d'extraction, l'activité prédatrice et guerrière et l'activité mercantile.

Un autre aspect de la transnationalisation des économies africaines au cours du dernier quart du XXe siècle est l'émergence de zones « franches » ou « grises » ou de corridors, dont l'une des caractéristiques est d'abriter l'exploitation intensive de territoires riches et de favoriser la circulation et l'écoulement de ressources produites dans des contextes de militarisation larvée. Ces zones « grises » ou « franches » opèrent à la manière des capitations ou des concessions. Elles sont constituées soit par des territoires en déshérence, soit par des parcs et réserves naturels, véritables extraterritoires administrés sous divers régimes indirects, qu'exploitent des compagnies privées disposant souvent de la force militaire. De toutes les conséquences ayant résulté de ce processus d'atomisation de l'économie de marché, deux en particulier ont joué un rôle de premier plan dans la formation des imaginaires du politique en tant que rapport belliqueux, jeu de hasard et affrontement à la mort. D'une part, deux formes de la violence dorénavant se combinent et se relaient. La première est la violence du marché. Elle est mise en branle par le biais des luttes pour le contrôle et la privatisation des nouvelles frontières de l'extraction, de la prédation et de la ponction. La seconde est la violence sociale rendue incontrôlable du fait de la perte de son monopole par la puissance publique. Un exemple de la violence du marché est le durcissement de la contrainte monétaire et l'assèchement généralisé des liquidités, puis leur concentration progressive le long de quelques filières, dont les conditions d'accès sont devenues toujours plus draconiennes. Cela a provoqué la brutale contraction du nombre d'individus capables de passer des dettes à d'autres. La nature de la dette elle-même tend à changer, la « dette de protection » (qui inclut le devoir de nourrir) devenant le signifiant ultime des rapports de parenté (que ceux-ci soient réels ou fictifs) ou des rapports sociaux tout court. Plus qu'auparavant, l'argent est devenu une force de séparation des individus et l'objet d'intenses conflits. Est apparue une nouvelle économie des personnes fondée sur la marchandisation des relations qui, jusqu'alors, échappaient, du moins en partie, à la marchandise.

Le lien par les choses et par les biens s'est solidifié en même temps que l'idée selon laquelle tout peut être vendu et acheté.

Face aux contraintes résultant d'une réduction drastique de la circulation fiduciaire, un fait central du dernier quart du XXe siècle est l'émergence de pratiques consistant à aller désormais gagner de l'argent au loin. Les nouvelles dynamiques d'acquisition du gain, occasionnées par la rareté de l'argent, ont conduit à une revivification sans précédent des imaginaires du lointain et de la longue distance. Cette revivification s'est traduite, d'un côté, par un accroissement inédit des capacités de mobilité extensive des agents privés, de l'autre, par des tentatives violentes d'immobilisation et de fixation spatiale de catégories entières des populations, voire l'organisation de la mort de masse. La gestion de la mobilité des personnes, voire des groupes, est parfois assurée par des juridictions ou des formations armées hors l'État. Cette gestion est elle-même indissociable de la maîtrise des corps que l'on soumet au travail dans des exploitations alliant mercantilisme et militarisme, que l'on ponctionne pour servir de main-d'œuvre au sein des nombreux marchés militaires, que l'on pousse à l'exode massif, ou que l'on immobilise dans des espaces d'exception à l'instar des camps et autres « zones de sécurité » ; que l'on met en incapacité physique par le biais de mutilations diverses ; ou que l'on détruit en masse par le biais des massacres. Aux techniques de police et de discipline utilisées sous la période autoritaire pour assurer le contrôle des individus ; au choix entre obéissance et désobéissance qui caractérisait le modèle du commandement colonial et du potentat postcolonial se substitue, dans des conditions extrêmes, une alternative plus tragique : le choix entre la déchéance, la survie et la mort lente ou différée.

Désormais ce qui est en jeu dans l'exercice d'un pouvoir plus morcelé et plus capillaire que jamais, c'est en grande partie la possibilité de production et de reproduction de la vie tout court. Cette nouvelle forme de pouvoir fondée sur la multiplication des situations extrêmes ou de vulnérabilité ne s'attaque aux corps et à la vie que pour mieux contrôler le flux des ressources flottantes. Mais la vie étant devenue, plus que par le passé, une colonie des pouvoirs immédiats, ses termes ne sont pas seulement économiques. Il importe par conséquent de s'arrêter un instant sur la signification de ce travail de destruction dont une partie importante consiste en la dépense d'innombrables vies humaines. Georges Bataille avait observé en son temps que cette forme de la dépense remet en question le principe classique de l'utilité. S'appuyant en particulier sur les sacrifices et les guerres aztèques, il s'était penché sur ce qu'il appelait le « prix de la vie » dans son rapport avec la « consumation ». Il établissait, par là même, l'existence d'une formation du pouvoir où le souci de sacrifier et d'immoler le plus grand nombre constitue, en soi, une forme de « production ». Là, les sacrifices humains s'expliquaient par la croyance que le soleil devait manger le cœur et le sang du plus grand nombre de gens, et notamment des prisonniers, pour continuer de briller. Tel étant le cas, la guerre relevait de la nécessité pour assurer la reproduction du cycle solaire. Elle n'était pas d'abord liée à une quelconque volonté de conquête. Sa signification centrale était de rendre possible l'acte de consumation. Par cet acte, le risque de voir le soleil s'assombrir – et donc la vie s'éteindre – était écarté. Les sacrifices humains permettaient, quant à eux, de restituer au monde sacré ce que l'usage servile avait dégradé et rendu profane. Cette forme de destruction – ou encore de consumation violente et sans profit – constituait, d'après Bataille, le meilleur moyen de nier le rapport utilitaire entre l'homme et la chose.

Dans le cas qui nous préoccupe ici, les massacres et la destruction des vies humaines participent, à bien des égards, d'un principe de négation plus ou moins similaire. Il n'est cependant pas certain que de tels gaspillages sanglants contribuent à la production de choses sacrées – fonction que Bataille assigne au sacrifice en général. Par contre, à l'origine de ces gaspillages se trouve l'idée d'un ennemi, corps étranger qu'il faut expulser ou éradiquer. Dans la mesure où le rapport à l'ennemi, antiparent par excellence, s'énonce sur le mode de la lutte entre espèces différentes, il est possible d'affirmer qu'une telle logique de l'inimitié est une forme de « politique totale ». Ici, le complexe de guerre (qui inclut la ponction, l'extraction et la prédation) renferme l'ensemble des activités que Bataille décrit comme participant de la « dépense ». Il s'agit de toutes ces formes dites « improductives » qui, de ce fait, ne servent pas toujours la production ni à court ni à long terme : le luxe, le deuil, le culte, les spectacles, les activités sexuelles perverses, la douleur et la cruauté, les supplices partiels, les danses orgiaques, les scènes lubriques, les plaisirs fulgurants, la satisfaction violente du coït, bref le transport d'exaltation qui favorise l'excrétion. En tant que corps étranger ou comme « poison », l'ennemi est donc soumis à la pulsion excrémentielle : il doit être expulsé, à la manière d'une chose abjecte avec laquelle il est besoin de rompre brutalement. Dans ces conditions, la violence est susceptible de prendre les allures de la défécation. Mais la logique de la défécation n'exclut pas d'autres dynamiques. Tel est le cas de cette autre forme de violence qui vise à ingurgiter et à incorporer l'ennemi tué ou des parties de son corps. Cette logique de la manducation a pour finalité la captation de la condition virile de la victime et de sa puissance germinative. Aussi bien la logique de la défécation que celle de la manducation exigent la violation des prohibitions et des tabous – une manière de profanation.

Parce qu'elles reposent en très grande partie sur les valeurs de l'itinérance par opposition à celles de la sédentarité, les nouvelles dynamiques d'acquisition du gain ont contribué à une modification profonde des figures de l'appartenance. La violence sociale tend à se cristalliser autour des questions désormais cruciales que sont la constitution des identités, les modalités de la citoyenneté, la gestion de la mobilité des personnes, la circulation et la captation des ressources flottantes. Dans ces nouvelles formes de la lutte sociale et politique, trois thématiques sont privilégiées : celle de la communauté d'origine (terroir et autochtonie), celle de la race et celle de la religion. Au moins deux conceptions de la citoyenneté en sont venues parfois à s'opposer, et parfois à se compléter. D'une part, prévaut l'idée officielle selon laquelle est citoyen d'un pays celui à qui l'État reconnaît cet attribut. De l'autre, domine la conception selon laquelle le principe de citoyenneté découle principalement des liens de sang (réels ou supposés), de la naissance et de la généalogie. Les liens de sang permettent en effet de fonder la distinction entre les « autochtones » et les « allogènes », les « antifs » (originaires) et les « étrangers ». Cette production identitaire a permis le rétablissement des anciens royaumes et chefferies, la naissance de nouveaux groupes ethniques soit par séparation d'avec les anciens soit par amalgamation. Elle a également donné lieu à de violents conflits, qui se sont soldés par de nombreux déplacements de populations. Elle a enfin alimenté les irrédentismes, notamment dans les pays où les minorités avaient le sentiment d'être exclues des bénéfices matériels du pouvoir.

Deux *polis* et deux types d'espaces civiques aux formes d'entrelacement complexes sont ainsi apparus : d'un côté, la cité *intra-muros* (lieu des origines et de la coutume, dont, au besoin, on porte avec soi les signes au fur et à mesure des déplacements au loin) et, de l'autre, la cité *extra-muros* (celle qui est rendue possible par la dispersion et la plongée dans le monde). Du fait que chaque *polis* dispose dorénavant de son double ou encore de son « ailleurs » découle le rôle emblématique désormais joué par les migrants et les diasporas. Pour le reste, le double procès de transnationalisation des sociétés africaines et de repli sur les origines, ajouté à la mercantilisation accrue du travail consécutive à l'accroissement des capacités de mobilité extensive ont eu pour effet de raviver les conflits autour du rapport entre communauté, appartenance et propriété. La dispersion et l'éparpillement imposés par les nécessités d'acquisition des gains au loin n'ont certes pas aboli les caractérisations anciennes de la communauté. Dans bien des cas, celle-ci est demeurée ce territoire d'origine, concret et géographiquement situé, que l'on s'approprie, que l'on défend et que l'on cherche à protéger contre les intrus et ceux qui n'en font pas partie. C'est aussi cette fiction au nom de laquelle on est prêt à tuer et à se faire tuer au besoin. De considérables inflexions sont néanmoins apparues dans la relation entre ce qui appartient à plus d'un, à plusieurs ou à tous (et qui est copartageable en raison de la dette de don découlant de l'appartenance à la même communauté d'origine) et ce qui, étant strictement privé, est réservé à une jouissance strictement individuelle.

Du fait que la maîtrise des conséquences de la transnationalisation implique non seulement le contrôle et la domination des distances, mais aussi l'art de multiplier les appartenances, une chaîne d'intermédiaires, tisseurs de connexions avec le monde externe, courtiers et spécialistes du négoce des objets, des récits et des identités ont vu leurs statuts survalorisés. La survalorisation de ces statuts a bénéficié de l'écart grandissant entre les frontières officielles et les frontières réelles. Il s'est ensuivi, non seulement une plus grande vélocité des migrations, mais aussi la constitution de filières et de réseaux qui, dépassant les cadres territoriaux des États postcoloniaux, se sont spécialisés dans la mobilisation des ressources à longue distance. Sur un autre registre, la possession monétaire (ou son impossibilité) a profondément déplacé les cadres de formation de l'individualité et des régimes de subjectivité. D'une part, là où domine la rareté, l'intensité des besoins et l'impossibilité de les satisfaire ont été telles qu'une rupture s'est opérée dans la manière dont les sujets sociaux font l'expérience du désir, de l'envie et de la satiété. Domine désormais la perception selon laquelle aussi bien l'argent, le pouvoir que la vie sont gouvernés par la loi du hasard. D'immenses fortunes sont bâties du jour au lendemain sans que les facteurs qui y ont contribué soient, le moins du monde, apparents. D'autres fortunes se volatilisent au même rythme, sans cause visible. Rien n'étant certain et tout étant possible, l'on prend des risques avec l'argent comme on les prend avec le corps, le pouvoir et la vie. Aussi bien le temps que la vie, voire la mort, se ramènent à un immense jeu de hasard. En revanche, parmi les catégories sociales capables d'amasser facilement des fortunes, ce sont les rapports entre le désir et ses objets qui ont changé, la préoccupation sensualiste et hédoniste de la consommation, la possession idolâtre et la jouissance ostentatoire des biens matériels devenant le lieu même de mise en scène de nouveaux styles de vie.

Dans les deux cas cependant, les contenus culturels du processus de différenciation ont été les mêmes, à savoir, d'un côté, une conscience aiguë de la volatilité ainsi que de la frivolité de l'argent et de la fortune, de l'autre, une conception instantanéiste du temps et de la valeur – le temps court de la vie. Même lorsque les stratégies poursuivies par les acteurs individuels ont varié d'une situation à l'autre, la conception du temps et de la valeur comme contenus dans, et s'épuisant dans, l'instant, et celle de l'argent comme volatile et frivole ont largement contribué à la transformation des imaginaires tant de la richesse que du dénuement et du pouvoir. Autant le pouvoir que la fortune, la jouissance, la misère que la mort elle-même ont d'abord été éprouvées selon des critères matérialistes. D'où l'émergence de subjectivités au centre desquelles se trouve le besoin de tangibilité, de palpabilité et de tactilité. Au demeurant, l'on retrouve ces caractéristiques dans les formes d'expression tant de la violence que de la jouissance, ou encore dans l'usage général des plaisirs.

Informalisation de l'économie et diffraction du politique

Examinons à présent les effets de la concomitance de la démocratisation et de l'informalisation de l'économie et des structures étatiques. Tout au long du dernier quart du XXe siècle, informalisation de l'économie et dispersion du pouvoir d'État sont allées de pair. Très souvent, elles se sont renforcées l'une l'autre. Dès les années 1980, les mécanismes culturels et institutionnels qui rendaient possible l'assujettissement et grâce auxquels opérait la subordination avaient atteint leurs limites. Par-devers le masque de l'ordre et le théâtre d'État, un processus souterrain de dispersion graduelle du pouvoir était en cours. Certes, là où l'État s'était consolidé au cours des décennies précédentes, l'administration disposait encore d'une bonne partie de ses ressources coercitives. Les conditions matérielles d'exercice du pouvoir et de la souveraineté s'étaient cependant détériorées au fur et à mesure de l'aggravation des contraintes liées au remboursement de la dette et à l'application des politiques d'ajustement structurel. La crise des économies ne se relâchant point, l'effilochement s'était poursuivi tout au long des années 1990, l'effritement des structures étatiques prenant des formes parfois inattendues. Au cœur du processus d'informalisation des structures étatiques se trouve la menace d'insolvabilité générale qui, au cours du dernier quart du siècle, a caractérisé la vie économique et matérielle dans son ensemble. Touchant aussi bien l'État que la société, l'assèchement des liquidités a contribué à modifier substantiellement les systèmes d'échange et d'équilibre qui étaient au fondement de la socialisation étatique sous la période autoritaire. Au fur et à mesure qu'au niveau de l'État la pratique des impayés budgétaires devenait la règle, la chaîne des impayés s'étendait au niveau de la société.

Les acteurs sociaux ont alors réagi soit en intensifiant les pratiques de contournement et de détournement, soit en ayant recours à diverses formes de désobéissance fiscale, soit en amplifiant les pratiques de falsification et de défection. Parallèlement, la distribution des actifs de l'État *via* le processus de privatisation a entraîné la cession d'une grande partie du patrimoine public à des opérateurs privés, dont certains étaient déjà détenteurs du pouvoir politique. La simultanéité de ces deux processus (d'un côté, l'insolvabilité générale et, de l'autre, la modification des régimes d'appropriation de ce qui, jusqu'alors, faisait l'objet d'une copossession, fût-elle fictive) a accentué la crise de la propriété. Au total, les processus survolés ci-dessus ont déplacé les paramètres de la lutte pour la subsistance. La distinction entre les luttes pour la subsistance proprement dite et les luttes pour la survie tout court s'est dissipée. Dans l'un et l'autre cas, la vie au quotidien s'est de plus en plus définie à partir du paradigme de la menace, du danger et de l'incertitude. Petit à petit a pris forme un monde social où la méfiance à l'égard de tous et le soupçon vont de pair avec le besoin de protection contre des ennemis de plus en plus invisibles. Cette sensibilité sociale a été renforcée, en bien des endroits, par la prédication des nouvelles Églises pentecôtistes dont le noyau du message consiste en la lutte généralisée contre les démons. Peu à peu, l'idée de la séparation d'avec autrui, source de tracas, a pris de l'ampleur. La production de la vie s'effectuant désormais dans un contexte général d'insécurité – et, dans des cas extrêmes, à proximité de la mort –, les luttes sociales en sont venues à s'apparenter de plus en plus à l'activité guerrière proprement dite. En retour, la guerre en tant que signifiant majeur de la conduite de la vie journalière est devenue, par extension, la métaphore centrale de la lutte politique, la lutte pour le pouvoir s'exerçant de prime abord comme pouvoir de donner la mort ; et la résistance au pouvoir ayant désormais elle-même pour objet et pour point d'ancrage le vivant dans sa généralité.

La dispersion du pouvoir d'État prendra des formes paradoxales. D'une part, l'affaiblissement des capacités administratives de l'État ira de pair avec la privatisation de certaines de ses fonctions régaliennes. D'autre part, la prime accordée à la dérégulation se traduira sur le terrain par un mouvement de désinstitutionnalisation, lui-même propice à la généralisation des pratiques informelles. On retrouvera cette informalité non seulement dans les domaines de l'économique, mais au cœur même de l'État et de l'administration et dans bien des secteurs de la vie sociale et culturelle ayant quelque rapport avec la lutte pour la survie. Or la généralisation des pratiques informelles entraînera non seulement une prolifération des instances de production des normes, mais aussi une démultiplication sans précédent des possibilités de contournement des règles et des lois, au moment même où les capacités de sanction détenues par les pouvoirs publics et autres autorités seront les plus affaiblies. Dès lors, les conduites visant à infléchir les normes aux fins d'accroître les rentes et de tirer le bénéfice maximum de la défaillance des institutions formelles prévaudront chez les agents publics aussi bien que privés.

Multiplicité des identités, des allégeances, des autorités et des juridictions, accentuation de la mobilité et de la différenciation, vélocité dans la circulation des idées, la réappropriation des signes et le travestissement des symboles, volatilité du temps lui-même et de la durée, capacités accrues d'échangeabilité des objets et de conversion des choses en leur contraire, fonctionnalité accrue des pratiques de l'improvisation : tout sera utilisé pour atteindre toutes sortes de fins et tout deviendra objet de négociation et de marchandage. Au fractionnement de la puissance publique répondront, comme en écho, la constitution, la multiplication puis la dissémination de nœuds de conflits au sein de la société. De nouvelles arènes du pouvoir émergeront au fur et à mesure que les impératifs de survie accentueront le processus d'autonomisation des sphères de la vie sociale et individuelle. Plus qu'auparavant, les pratiques de l'informalisation ne se limiteront plus aux seuls aspects économiques et aux stratégies de survie matérielle. Elles deviendront, petit à petit, les formes privilégiées de l'imagination culturelle et politique.

Les conséquences de ce nouvel état culturel sur la vie psychique et sur la constitution des mouvements sociaux et la formation des alliances et des coalitions seront considérables. D'un côté, le temps court marqué par l'improvisation, les arrangements ponctuels et informels, les impératifs de conquête immédiate du pouvoir ou la nécessité de le conserver à tout prix seront privilégiés au détriment des projets à long terme. Il en résultera une instabilité culturelle de nature structurelle. Les alliances se noueront et se dénoueront constamment. Le caractère provisoire et constamment renégociable des contrats et des accords accentuera la réversibilité fondamentale des processus. Sur un autre plan, l'opposition ne sera que faiblement institutionnalisée. Elle agira au gré des circonstances, zigzaguant entre principes, compromis et compromissions, au milieu de retournements brusques de situations, de la fluidité et du caractère ouvert des choses. L'enchevêtrement des logiques segmentaires et des logiques hiérarchiques, des dynamiques profanes et de celles de l'invisible, la divergence des intérêts, la multiplicité des allégeances et des relations d'autorité empêcheront toute coalescence et toute cristallisation durable des mouvements sociaux. D'où une interminable parcellisation des conflits, le vide de légitimation, et le caractère cloisonné, fragmentaire et scissipare des luttes organisées. Les facteurs structurants examinés plus haut n'ont pas seulement pesé sur les résultats de la démocratisation en Afrique : ils ont également servi de cadre à la transformation des imaginaires du politique et des modèles du pouvoir.

Sous la période autoritaire, de nombreux régimes politiques avaient cultivé la notion selon laquelle, dans les sociétés marquées par les différences culturelles et la diversité ethnique, le fondement de la communauté politique devait reposer avant tout sur la menace directe ou indirecte à l'intégrité physique des sujets. D'où la nécessité pour ceux-ci de se protéger en permanence contre elle, non en en contestant les fondements, mais en mesurant à chaque pas le risque qu'une telle contestation entraînerait pour leur survie. Se protéger contre le pouvoir consistait donc, pour le sujet, à calculer en permanence le risque auquel ses propres paroles et actions pouvaient l'exposer. L'angle à partir duquel le sujet regardait la vie était par conséquent le désir d'éviter à tout prix la mort. Et c'est ce désir que l'État instrumentalisait, non pour libérer le sujet de l'angoisse qui en était le corollaire, mais pour aggraver l'incertitude. L'instabilité, de ce point de vue, devenait une ressource aux mains du pouvoir. Ce fut le cas lors des expériences de démocratisation.

Les élites au pouvoir depuis les indépendances ont résisté avec succès à la pression des forces de l'opposition et ont pu, unilatéralement, imposer des limites à l'ouverture politique. En en déterminant seules les contours, la nature et le contenu, elles ont édicté seules les règles du jeu. Ces règles sacrifient aux aspects procéduraux les plus élémentaires de la concurrence. Mais elles permettent néanmoins de maintenir le contrôle sur les principaux leviers de l'État et de l'économie et garantissent leur continuité au pouvoir. Des désaccords fondamentaux entre le pouvoir et ceux qui s'y opposent persistent dans ces pays en même temps qu'y perdurent des situations de conflit dont les périodes de latence alternent avec des périodes de manifestation violente et aiguë. Dans la plupart des cas, l'imposition unilatérale des règles du jeu politique a connu deux phases. Au cours de la première phase, il s'est agi de contenir la poussée protestataire, au besoin par une répression tantôt sournoise, tantot expéditive, brutale et sans retenue (emprisonnements, fusillades, licenciement des opposants, instauration de mesures d'urgence, censure de la presse, formes diverses de coercition économique). Afin de faciliter la répression, les régimes au pouvoir ont cherché à dépolitiser la protestation sociale, à donner des contours ethniques à la confrontation et à attribuer aux mouvements de rue le caractère de simples émeutes. Au cours de cette phase répressive, ces régimes ont étendu le rôle de l'armée aux tâches de maintien de l'ordre et au contrôle des mouvements des personnes. Dans certains cas, des régions entières ont été placées sous une double administration militaro-civile.

Là où les régimes établis se sont sentis le plus menacés, ils ont poussé jusqu'au bout la logique de la radicalisation en suscitant ou en appuyant l'émergence de gangs ou de milices contrôlées soit par des affidés opérant dans l'ombre, soit par des responsables militaires ou politiques détenant des positions de pouvoir au sein de structures formelles. Dans certains cas, l'existence des milices s'est limitée à la période de conflit. Dans d'autres, les milices ont progressivement gagné en autonomie et se sont transformées en véritables formations armées, au sein de structures de commandement distinctes de celles des armées régulières. Dans d'autres encore, les structures militaires formelles ont servi de couverture pour des activités hors la loi, la multiplication des trafics allant de pair avec le pillage des ressources naturelles, la confiscation des propriétés et la répression proprement dite.

Trois conséquences ont résulté du fractionnement du monopole de la force et de la distribution inégale des moyens de la violence au sein de la société. D'un côté, la dynamique de désinstitutionnalisation et d'informalisation s'est accélérée. De l'autre, une nouvelle division sociale séparant ceux qui sont protégés (parce qu'ils sont armés ou parce qu'ils bénéficient de la protection de ceux qui sont armés) de ceux qui ne le sont pas (et qui sont exposés) s'est fait jour. Enfin, plus que par le passé, les luttes politiques ont eu tendance à se régler par la force, la circulation des armes au sein de la société devenant l'un des principaux facteurs de division et un élément central dans les dynamiques de l'insécurité, de la protection de la vie et d'accès à la propriété.

Puis, il a fallu diviser l'opposition en envenimant les tensions ethniques et en jouant des rivalités en son sein. Parfois, dans les régions massivement acquises à l'opposition, l'on a attisé les conflits locaux entre autochtones et allogènes, entre sédentaires et nomades, pêcheurs et agriculteurs, afin de mieux justifier la répression tout en armant les milices. L'on a ensuite tablé sur la durée pour assurer le pourrissement de la situation, affaiblir la protestation, assécher ses ressources internes et pour réunir les conditions d'épuisement des masses. La dynamique d'exacerbation des conflits ethniques et des différences religieuses et culturelles a également permis de diviser l'intelligentsia en la cantonnant à la défense des intérêts de ses régions et communautés d'origine. Une fois cette émasculation accomplie – ou au fur et à mesure de son évolution –, il a fallu lâcher du lest, notamment par la mise en place de réformes accessoires qui laissaient intacte la structure de la domination, ou par l'établissement de « gouvernements d'union nationale ». De manière générale, cette phase de violence est allée de pair avec, ou a été suivie par, un vaste mouvement de privatisation de l'économie. Au total, ces régimes sont parvenus à faire basculer les ressorts économiques de leur domination : celle-ci repose désormais sur d'autres bases matérielles.

Aucune alternance pacifique n'a donc eu lieu dans ces pays. Des segments de l'opposition ont rejoint le pouvoir. Les formes de la violence et les modalités de sa gestion ont pris des contours inédits. D'un côté, la criminalité urbaine et le brigandage rural se sont accentués. De nouvelles formes de fragmentation territoriale sont apparues, des zones entières, rurales ou urbaines, échappant *de facto* au contrôle de la puissance publique. Les conflits fonciers se sont envenimés. De l'autre, les formes d'appropriation violente des ressources flottantes ont gagné en complexité et des liens sont apparus entre les forces armées, la police, parfois la justice, et les milieux de la prédation. Des points de fixation des conflits permettent d'occuper en permanence une partie des militaires soit à des tâches de répression interne, soit dans des guerres de basse intensité aux frontières. Ces guerres sont alors combinées à l'extraction de ressources locales. Guerres et trafics allant de pair, la plupart y trouvent leur intérêt. Lorsque les changements à la tête de l'État n'étaient pas la conséquence de coups de force, ils étaient le résultat de rébellions soutenues de l'extérieur. Que ce soit sous une forme naturelle (maladie) ou criminelle (meurtre, assassinat), la mort de l'autocrate, sa disparition ou sa fuite – bref son éviction du pouvoir souvent par la violence – demeurent le point névralgique de l'imaginaire politique dans les configurations culturelles examinées ci-dessus. Ce désir de meurtre est profondément lié au postulat de la durée sous-jacent à l'expérience du pouvoir. Dans la mesure où le pouvoir se décline comme une durée sans fin, le postulat de la non-mortalité ne peut être démenti que par le facteur ultime qu'est l'assassinat. La possibilité de renversement du pouvoir par la voie électorale n'existant presque pas, seul l'assassinat peut contredire le principe de continuation indéfinie au pouvoir.

Militarisme et lumpen-*radicalisme*

Vient enfin une autre configuration culturelle : celle qui, dans la définition du politique, accorde une large place à la possibilité que n'importe qui puisse être tué par n'importe qui d'autre. Cette configuration présente trois caractéristiques propres. Premièrement, elle repose sur une pyramide de la destruction de la vie là où la précédente insiste sur les conditions de sa conservation. Deuxièmement, en établissant un rapport de quasi-égalité entre la capacité de tuer et la possibilité d'être tué – égalité relative que seule parviennent à suspendre la possession ou la non-possession des armes –, cette configuration autorise le politique à se traduire fondamentalement en épreuve de mort. Troisièmement, en élevant la violence à des formes tantôt parodiques, tantôt capillaires, tantôt paroxystiques, elle accentue le caractère fonctionnel de la terreur et de la panique, et rend possibles la destruction de tout lien social ou, en tout cas, la transformation de tout lien social en lien d'inimitié. C'est ce lien d'inimitié qui permet de normaliser l'idée selon laquelle le pouvoir ne peut s'acquérir et s'exercer qu'au prix de la vie d'autrui. Trois processus ont joué à cet égard un rôle déterminant. Le premier correspond aux formes de la différenciation à l'intérieur des institutions militaires au cours du dernier quart du XXe siècle. Le deuxième a trait à la modification de la loi de répartition des armes au sein de la société au cours de la période considérée. Le dernier se rapporte à l'émergence du militarisme en tant que culture et de la masculinité en tant qu'éthique reposant sur l'expression publique et violente des avoirs virils.

S'agissant du premier processus, il importe de remarquer que l'institution militaire a subi d'importantes transformations au cours des vingt-cinq dernières années du XXe siècle africain. Ces années ont coincidé avec la fin des principales luttes armées anticoloniales et l'apparition, puis l'extension d'une nouvelle génération de guerres présentant trois caractéristiques. D'un côté, elles ont pour cibles principales non pas tant les formations armées adverses que les populations civiles. De l'autre, elles ont pour enjeu privilégié le contrôle de ressources dont les modalités d'extraction et les formes de commercialisation alimentent en retour les conflits meurtriers et les pratiques de prédation. Enfin, afin de les légitimer, les acteurs de ces guerres ne recourent plus à la rhétorique anti-impérialiste ou à un quelconque projet d'émancipation ou de transformation sociale révolutionnaire, comme ce fut le cas dans les années 1960 et

1970. Ils font appel à des catégories morales dont la spécificité est de conjuguer les imaginaires utilitaristes modernes et des résidus des conceptions autochtones de la vie – sorcellerie, richesse et dévoration, maladie et folie.

Ce nouveau cycle de la guerre est survenu en même temps que les armées faisaient l'expérience d'une aggravation des différenciations internes. À la faveur de la crise économique, les conditions de vie dans les casernes se sont détériorées. Dans plusieurs pays, la paupérisation accélérée des hommes de troupe a été à l'origine de violences et de désordres publics dont l'une des causes était le non-paiement des salaires. Petit à petit, les sorties de caserne se sont multipliées, notamment à l'occasion de diverses opérations dites de maintien de l'ordre et des pillages organisés. Ensuite, les pratiques de racket se sont généralisées, la soldatesque n'hésitant pas à établir des barrages le long des routes, à ponctionner l'habitant, voire à organiser de véritables raids contre la population civile dans le but d'accaparer des propriétés. La fin du confinement systématique de la force armée à l'intérieur d'espaces géographiques circonscrits aidant, et ses débordements intermittents, voire réguliers dans diverses sphères de la vie quotidienne se multipliant, les technologies du contrôle politique sont devenues de plus en plus tactiles, voire anatomiques. Pendant ce temps, aux échelons les plus gradés de l'armée, colonels et généraux ont pu constituer leurs propres réseaux lorsqu'ils ne se sont pas purement et simplement réinvestis dans la contrebande, la douane, la revente des armes et le trafic de l'ivoire, des pierres précieuses ou même des déchets toxiques. Parallèlement s'opérait un cloisonnement relativement rigide entre les différents corps armés et les différentes instances en charge de la sécurité (brigade présidentielle, forces spécialisées, police, gendarmerie, renseignement), lorsque la compétition entre ces différentes instances n'aboutissait pas à une dispersion générale, la logique de la répression accentuant en retour la logique de l'informalisation.

Le deuxième processus ayant joué un rôle direct dans la genéralisation du rapport belliqueux a trait à la loi de répartition des armes au sein des sociétés considérées. Par loi de répartition des armes, il faut entendre simplement la qualité du rapport de pouvoir qui s'établit là où les différends politiques et d'autres formes de disputes et toutes sortes d'accaparements peuvent être réglés par le recours, par l'une des parties, à la force des armes. Cette capacité de capture et de redéploiement des ressources coercitives a favorisé l'essor de formes inédites de la lutte sociale. La guerre, par exemple, n'oppose plus nécessairement des armées à d'autres ou des États souverains à d'autres : elle oppose de plus en plus des formations armées privées agissant derière le masque de l'État à des États sans véritables armées. Là où elles ont débouché sur la victoire militaire de l'une des parties en conflit, les guerres contemporaines n'ont pas nécessairement été suivies par la libéralisation des régimes ainsi mis en place par la force.

Ont plutôt vu le jour des formations sociales et politiques combinant les caractéristiques de principautés militaires, de tyrannies ethniques formées à partir d'un noyau armé et d'un faisceau de cliques exerçant un contrôle quasi absolu sur le commerce de longue distance et l'extraction des ressources naturelles et de la faune. Dans les cas où les dissidences armées n'ont pas conquis la totalité du pouvoir d'État, elles ont provoqué des scissions territoriales et sont parvenues à exercer une mainmise sur des poches qu'elles administrent selon le modèle des capitations, notamment là où l'on trouve des gisements miniers. La fragmentation des territoires s'opère alors selon des formes variées : émergence de fiefs régionaux contrôlés par des forces distinctes et recelant des ressources commercialisables et adossés à des États voisins ; zones de guerre aux frontières de plusieurs États voisins ; provinces plus ou moins dissidentes à l'intérieur du périmètre national ; ceintures de sécurité autour des capitales et régions adjacentes ; camps d'enfermement de populations civiles jugées proches des rebelles. Le dernier processus, en rapport direct avec l'amplification du rapport belliqueux, est l'émergence d'une culture du militarisme, dont on a déjà indiqué qu'elle repose sur une éthique de la masculinité qui accorde une large place à l'expression violente des avoirs virils.

Toutes ces évolutions indiquent que, loin d'être linéaires, les trajectoires de la lutte sociale en Afrique sont variées. Les itinéraires suivis d'un pays à l'autre présentent certes des différences significatives, mais ils témoignent également de profondes convergences. Mieux, dans chaque pays se retrouve de plus en plus une concaténation de configurations. Les formes de l'imaginaire politique sont, elles aussi, variées. Pour le reste, les conditions matérielles de production de la vie se sont profondément transformées. Ces transformations ont été accompagnées par des changements décisifs des paradigmes du pouvoir. Sont également apparus une gamme de dispositifs qui ont modifié les rapports que les Africains avaient coutume d'établir entre la vie, le pouvoir et la mort.

6

Circulation des mondes : l'expérience africaine

L'Afrique postcoloniale est un emboîtement de formes, de signes et de langages. Ces formes, signes et langages sont l'expression du travail d'un monde qui cherche à exister par soi. Dans le chapitre précédent, l'on a tenté d'esquisser les lignes générales de ce labeur, d'en mesurer la vitesse et de suggérer les types de rapports qui, dans le contexte des transformations survenues au cours du dernier quart du XXe siècle, tendent désormais à s'établir entre la violence et la volonté de vie, dont on avait dit auparavant qu'elle constituait le principal ressort philosophique du projet d'une communauté décolonisée. L'on n'a pas suffisamment répété que ces transformations se déroulent le long de plusieurs lignes, tantôt obliques, tantôt parallèles, tantôt courbes. Lignes frénétiques, à la vérité, qui se brisent sans cesse, changent continuellement de direction, ouvrant la voie à un mouvement tourbillonnaire – l'accident plutôt que l'événement, les spasmes, l'étirement par le bas, le mouvement sur place et, dans tous les cas, la complication et l'équivocité. Il s'agit maintenant de décrire non plus le mouvement de contraction, mais d'autres changements de structure opérant selon d'autres logiques : celles de la dilatation, des points de fuite, des échappées. C'est cette production des intervalles et d'autres formes de montage de la vie qu'examine ce chapitre.

Profondes recompositions sociales

Au centre de ces transformations se trouve la redéfinition des termes de la souveraineté des États africains. Ce premier facteur de mutation est en partie le résultat de la multilatéralisation dont les institutions financières internationales ont été les vecteurs les plus visibles au cours des vingt dernières années et, de façon plus caricaturale encore, de l'action des innombrables intervenants dont le statut déborde de loin les distinctions classiques entre le public et le privé (organismes non gouvernementaux, acteurs privés...). Au même moment, un labyrinthe de réseaux institutionnels a émergé sur le plan local. Tous se réclament de la « société civile », mais certains sont en réalité crypto-étatiques. La plupart sont le résultat d'une imbrication entre des réseaux hors l'État et d'autres qui en constituent le prolongement informel. D'autres encore sont soit des paravents des partis politiques ou des élites urbaines, soit des satellites locaux des organisations internationales. L'hétérogénéité des logiques mises en branle par ces différents acteurs explique, en très grande partie, le caractère fragmenté des nouvelles formes de montage de la vie qui désormais prévalent, du moins en milieu urbain. Le vieux monde s'écroule sans que ses coutumes deviennent automatiquement périmées.

Les formes de la stratification sociale se sont, elles aussi, diversifiées. Vers le bas, la précarité et l'exclusion touchent des couches de plus en plus larges de la population. Dans les villes notamment, la pauvreté de masse est devenue un facteur structurel dans les dynamiques de la reproduction. Vers le haut, une couche de plus en plus réduite de propriétaires se recompose grâce au contrôle qu'elle exerce sur les ressources à longue distance et grâce à sa capacité de mobiliser les socialités locales et internationales. Entre les deux, une couche moyenne tente de survivre, voire de constituer quelque héritage, en combinant les ressources tant de l'économie formelle que des marchés parallèles. Leur vulnérabilité économique vis-à-vis de l'extérieur s'accentuant, les acteurs privés et les acteurs étatiques africains ont été obligés de rechercher ailleurs de nouvelles sources de rentes, alors même que les rivalités pour le contrôle des appareils s'étaient intensifiées. La transnationalisation des économies dans le contexte de la mondialisation a toutefois ouvert un large espace d'autonomie aux entrepreneurs privés, qui n'hésitent pas à l'occuper. L'une des formes d'exercice de cette relative autonomie passe, paradoxalement, par la capacité d'entreprendre des guerres.

Deuxième facteur à l'origine des recompositions sociales du dernier quart du XXe siècle, la guerre est, partout, la conséquence d'un enchevêtrement de plusieurs processus. Certains sont d'ordre politique. De nombreuses guerres sont en effet le résultat de désaccords de type constitutionnel, dans la mesure où ils portent, en dernière instance, sur les raisons d'être de la communauté politique et la moralité de ses systèmes de répartition des charges, des pouvoirs, des biens et des privilèges. Ces désaccords ont trait aux conditions d'exercice de la citoyenneté, dans un contexte de raréfaction des avantages distribués par l'État et d'élargissement des possibilités de les réclamer ouvertement (démocratisation), voire de les accaparer par la force. Ils se cristallisent désormais autour du tryptique identité, propriété et citoyenneté. Ils ont pour enjeu la refondation de l'État-nation.

Au demeurant, les arguments qui, au lendemain des indépendances, servaient à légitimer le projet de l'État-nation font l'objet de contestations parfois sanglantes. Les régimes autoritaires postcoloniaux avaient, en effet, érigé la double construction de l'État et de la nation en impératif catégorique. Parallèlement, ils avaient développé une conception de la nation reposant sur l'affirmation de droits collectifs que les dirigeants opposaient volontiers aux droits individuels [1]. Le développement, en tant que métaphore centrale du pouvoir et utopie de la transformation sociale, représentait le lieu de

1 Lire par exemple Julius NYERERE, *Freedom and Socialism*, 1968 ; et *Essays on Socialism*, 1977.

réalisation de ces droits ainsi que du bonheur collectif [2]. Le développement passait par la mise en place d'un ensemble de dispositifs institutionnels (partis et syndicats uniques, armée nationale) et le recours à une gamme de pratiques supposées tirer leur inspiration des traditions autochtones du communautarisme.

Qu'il se voulût d'inspiration socialiste (à l'exemple de l'*ujama* en Tanzanie) ou capitaliste (Côte-d'Ivoire, Cameroun ou Kenya), qu'il se prévalût du gouvernement civil ou des régimes militaires, le communautarisme postcolonial mettait l'accent – ne serait-ce que verbalement – sur la recherche du consensus, l'équilibre régional et ethnique, l'assimilation réciproque des différents segments de l'élite, la constitution d'un monde commun par le biais du contrôle social et, au besoin, de la coercition. Ces tactiques et dispositifs avaient pour but de prévenir les dissensions et la constitution de factions sur des bases ethniques. Or, en mettant en avant les notions de droits individuels et en réactivant les débats sur la légitimité de la propriété et de l'inégalité, le multipartisme et le modèle de l'économie de marché ont ruiné cette construction idéologique. Par contre, ils n'ont pas conduit à un passage automatique au modèle de la démocratie libérale, et encore moins à une réappropriation et à des traductions locales de ses principaux noyaux philosophiques (reconnaissance politique de l'individu comme citoyen rationnel, capable de procéder par lui-même à des choix indépendants ; affirmation de la liberté individuelle et des droits s'y rattachant). L'une des équivoques de la démocratisation dans les circonstances particulières du capitalisme atomisé dont le continent fait l'expérience est donc la relance, sur une échelle inédite, des disputes sur la moralité de l'exclusion.

À la faveur de ces disputes ont émergé de nouveaux imaginaires de l'État et de la nation. Deux, en particulier, méritent attention. Le premier tente de résoudre l'apparente contradiction entre citoyenneté et identité en préconisant une

2 Julius Nyerere, *Freedom and Development*, 1974.

philosophie de refondation de l'État et de la nation dont le principe de base est la reconnaissance constitutionnelle des identités, des cultures et des traditions distinctes. Cette tradition de pensée nie l'existence d'individus en Afrique. À ses yeux, seules existent les communautés. Il n'y aurait d'individualité que de groupe. Le groupe serait la manifestation par excellence de l'individualité de chacun de ses membres. Dans ce contexte, refonder l'État et la nation consisterait en un art, subtil, d'organiser l'accès – au besoin, sur un mode rotatif – de chaque groupe ou communauté aux avantages et privilèges qui découlent du contrôle de l'appareil étatique. L'accès à ces avantages se ferait grâce à l'affirmation différentielle des identités, cultures et traditions de chaque groupe, et non pas sur la base de l'égale dignité de tous les êtres humains en tant que citoyens dotés d'une raison pratique.

La légitimité de l'État reposerait, dans ces conditions, sur son aptitude à tenir compte de ces différences pour appliquer un traitement particulier à chacun des groupes et communautés, à la mesure des spoliations dont il s'estimerait victime. Plusieurs versions de ce traitement sont d'ailleurs à l'œuvre ici et là. En Afrique du Sud par exemple, où le régime de l'apartheid a laissé en héritage des structures de redistribution des revenus parmi les plus inégalitaires au monde, des politiques préférentielles ou de discrimination positive ont été mises en place en faveur des groupes historiquement défavorisés. Ces politiques vont cependant de pair avec la reconnaissance des droits individuels prescrits par l'une des constitutions les plus libérales au monde [3]. Par contre, dans des configurations plus perverses, les tentatives de reconstruction de l'État et de la nation sur la base du principe de la différence et de la reconnaissance des identités particulières servent à exclure, à marginaliser, voire à éliminer certaines composantes de la nation [4]. C'est notamment le cas dans des pays où les

3 Anthea Jeffrey, « Spectre of the New Racism », *Frontiers of Freedom*, Fourth Quarter, Johannesbourg, 2000, p. 3-12.

4 René Lemarchand, « Hate Crimes : Race and Retribution in Rwanda », *Transition*, n° 81-82, 1999, p. 114-132.

distinctions entre autochtones et allogènes sont reprises dans la lutte politique. Dans d'autres encore, les groupes qui s'estiment lésés dans leurs droits et marginalisés sur l'échiquier politique national utilisent le discours de la différence pour réclamer des droits collectifs, parmi lesquels un plus grand accès aux ressources tirées de leur sous-sol [5].

L'autre imaginaire de l'État et de la nation en cours de constitution est porté par les phénomènes de transnationalisation. Au moins deux versions du cosmopolitisme ont ainsi émergé au cours du dernier quart du XXe siècle. La première est un cosmopolitisme pratique, de type vernaculaire, qui, tout en reposant sur l'obligation d'appartenance à une entité culturelle ou religieuse distincte, laisse la place à un intense commerce avec le monde [6]. De ce commerce émergent des formations culturelles hybrides et en voie de créolisation accélérée. C'est, en particulier, le cas dans l'Afrique musulmane soudano-sahélienne, où les migrations et le commerce à longue distance vont de pair avec le colportage des identités et une utilisation habile des technologies modernes [7]. C'est aussi le cas des mouvements religieux pentecôtistes dans les pays chrétiens. Pour nombre d'Africains, le rapport à la souveraineté divine sert désormais de principal pourvoyeur de significations. À peu près partout, la vie cultuelle devient le lieu à partir duquel de nouvelles parentèles se forment. Celles-ci ne sont pas nécessairement biologiques. Souvent, elles transcendent les appartenances anciennes, qu'elles soient lignagères ou ethniques [8]. Le développement des nouveaux cultes divins repose sur l'exploitation de quatre formations idéo-symboliques dont l'emprise sur les conceptions contemporaines de soi est manifeste : la notion de charisme (qui

5 John Boye Ejobowah, « Who Owns the Oil ? The Politics of Ethnicity in the Niger Delta of Nigeria », *Africa Today*, n° 37, 1999, p. 29-47.

6 Mamadou Diouf, « The Murid Trade Diaspora and the Making of a Vernacular Cosmopolitism », *CODESRIA Bulletin*, n° 1, 2000.

7 Robert Launay, « Spirit Media : The Electronic Media and Islam among the Dyula of Northern Côte d'Ivoire », *Africa*, 67, 3, 1997, p. 441-453.

8 Ruth Marshall, *Political Spiritualities. The Pentecostal Revolution in Nigeria*, University of Chicago Press, Chicago, 2009.

autorise la pratique de l'oracle, de la prophétie et de la guérison) ; la thématique du miracle et de la richesse (c'est-à-dire la croyance selon laquelle tout est possible) ; la thématique de la guerre contre les démons ; et, enfin, les catégories du sacrifice et de la mort. Pour penser la discorde, voire le trépas, c'est à ces figures du langage que l'on recourt. Elles constituent les cadres mentaux à partir desquels la mémoire du passé récent est réinterprétée, et l'épreuve du présent rendue signifiante [9]. Ces figures servent également à instituer des rapports imaginaires avec le monde des biens matériels [10].

Ce cosmopolitisme des petits migrants a entraîné la prolifération d'espaces de la clandestinité. On le voit à travers l'existence de véritables villes officieuses constituées par l'ensemble des formes dites irrégulières d'accès au sol. On le voit également à travers les pratiques fluides qu'adoptent les migrants illégaux dans les pays d'accueil et la xénophobie qui, par ailleurs, contribue à les confiner davantage dans l'ombre. Dans ces sphères de l'illégalité, les cadres communautaires éclatent, tandis que de nouveaux liens se tissent. Dans des cas extrêmes, des zones hors la loi font leur apparition et introduisent des ruptures significatives dans le tissu urbain. Une économie criminelle fonctionnant à l'interstice de l'institutionnel et de l'informel permet d'asseoir géographiquement des systèmes d'échange avec l'environnement tant local qu'international. Elle oblige les acteurs sociaux à créer des ressources dans des conditions d'instabilité permanente, d'incertitude quasi absolue et sur un horizon temporel extrêmement court.

L'on retrouve, au niveau des élites, une seconde forme de cosmopolitisme qui s'efforce de reconstruire l'identité africaine et l'espace public selon les exigences universelles de la raison. Cette reconstruction s'opère dans deux directions. L'une d'elles consiste en un effort de réenchantement de la tradition et de la

---

9 Achille Mbembe, « À propos des écritures africaines de soi », *Politique africaine*, n° 77, 2000.

10 Jean Comaroff, « The Politics of Conviction. Faith on the Neo-liberal Frontier », *Social Analysis*, vol. 53, n° 1, 2009, p. 17-38.

coutume. L'autre procède par abstraction de la tradition, le souci principal étant l'émergence d'un soi moderne et déterritorialisé. Dans ce versant, insistance est faite sur la thématique du gouvernement civil, ce dernier devant encourager la création d'institutions qui favorisent la participation égalitaire à l'exercice de la souveraineté et de la représentation. Sur le plan philosophique, ce versant fait valoir ce en quoi les Africains sont identiques aux autres humains [11]. La problématique de la propriété et des droits individuels prend le pas sur les individualités raciales, culturelles ou religieuses ou les philosophies de l'irréductibilité [12].

Cette seconde forme de cosmopolitisme est inséparable de la difficile émergence d'une sphère de vie privée. La poussée vers la constitution d'une sphère privée est le résultat de plusieurs facteurs. Le premier est lié aux possibilités de migration dont jouissent les élites. Elles peuvent, de ce fait, se soustraire aux demandes de la famille immédiate et se libérer du contrôle social communautaire. Le second est lié aux nouvelles possibilités de s'enrichir sans empiétement de l'État – possibilités que les idéologies de la privatisation n'ont fait que légitimer. Du coup, la jouissance de droits individuels, notamment dans leur liaison avec la propriété, devient un élément critique des nouvelles imaginations de soi.

Le troisième événement est la tension entre la transnationalisation de la production culturelle africaine et les formes de production de la localité et de l'autochtonie. Au cours du dernier quart du XXe siècle, trois sites en particulier ont servi de réceptacle à cette tension : le mouvement de transfert de pouvoirs de l'État central à de nouvelles collectivités territoriales (décentralisation), la métropolisation du continent autour de grands foyers urbains régionaux et cosmopolites, et l'apparition de nouveaux styles de vie. D'un côté, le mouvement de décentralisation est

11 *Cf.* Achille Mbembe, « À propos des écritures africaines de soi », *loc. cit.*

12 *Cf.* Njabulo S. Ndebele, « Of Lions and Rabbits : Thoughts on Democracy and Reconciliation », *Pretexts : Literary and Cultural Studies,* vol. 8, n° 2, 1999, p. 147-158.

allé de pair avec de profonds redécoupages territoriaux aux enjeux sociaux et politiques multiples. En effet, de tels découpages se sont généralement traduits par des dotations en services et en emplois. Plus important encore, dans le contexte de la transnationalisation des sociétés africaines, la maîtrise des ressources locales s'est révélée être un puissant facteur d'accès aux ressources internationales. Dans plusieurs pays, le redécoupage des territoires a permis aux élites locales de renforcer leurs positions d'intermédiation entre la localité, l'État et les réseaux internationaux. La mobilisation des ressources locales étant indispensable dans la négociation avec l'international, il est clairement apparu que logiques de la localité et logiques de la globalisation, loin de s'opposer, se renforçaient mutuellement.

Par ailleurs, la maîtrise des ressources locales passant essentiellement par le contrôle des fonctions administratives, politiques et financières, de nombreux acteurs sociaux ont cherché à mobiliser les solidarités coutumières pour remporter la compétition ainsi ouverte. C'est l'une des raisons pour lesquelles les processus de décentralisation et de démocratisation ont si nettement contribué à la résurgence des conflits sur l'autochtonie et à l'aggravation des tensions entre les natifs d'une localité, d'une part, et les migrants et allogènes, d'autre part [13]. Partout, les solidarités à base généalogico-territoriales sont réinterprétées, et les rivalités et contentieux internes aux sociétés locales relancés. Production de la localité et production de l'autochtonie constituent les deux faces d'un même mouvement, porté par des acteurs divers : chefs coutumiers, notables, marabouts, élites professionnelles, associations diverses, partis politiques, courtiers, sous-préfets, fonctionnaires, réseaux d'entraide et de solidarité, élites urbaines [14]. Tous ces acteurs participent à la

---

13 Peter GESCHIERE et Francis NYAMNJOH, « Capitalism and Autochthony : The Seesaw of Mobility and Belonging », *Public Culture*, vol. 12, n° 2, 2000, p. 423-452. Voir également Peter GESCHIERE, *The Perils of Belonging : Autochthony, Citizenship and Exclusion in Africa and Europe*, Chicago University Press, Chicago, 2009 et John L. et Jean COMAROFF, *Ethnicity, Inc.*, Chicago University Press, Chicago, 2009.

14 Thomas BIERSCHENK et Jean-Pierre OLIVIER DE SARDAN (dir.), *Les Pouvoirs au village*, Karthala, Paris, 1998.

cristallisation d'arènes locales, par le biais de procédures aussi bien formelles qu'informelles, et au gré de rapports de force ou de connivence toujours changeants et souvent difficiles à démêler.

Ce processus à la fois culturel, politique et économique n'est pas seulement encouragé par des acteurs privés. Il l'est aussi par l'État, les institutions financières internationales et les organisations non gouvernementales engagées dans la lutte pour la protection de l'environnement et des droits des peuples indigènes. Dans plusieurs pays, le transfert de la gestion des ressources renouvelables de l'État aux communautés rurales de base n'a pas seulement donné lieu à la création de nouvelles communes et régions – dont la plupart sont établies selon des découpages lignagers et ethniques –, il a aussi donné lieu à la promulgation de nouvelles législations et, parfois, à la reconnaissance, *de facto*, des droits dits coutumiers. Le foncier est l'un des domaines où une certaine reconnaissance du droit coutumier a eu lieu. Tel a été notamment le cas lorsqu'il s'est agi de délimiter les réserves et parcs naturels, ou de définir les conditions d'exploitation des concessions forestières ou des aires protégées [15]. La confiscation des terres dites coutumières et l'attribution de ces domaines à des individus supposés les mettre en valeur ne constituent plus les uniques leviers d'intervention. L'État ne cherche plus nécessairement à contrecarrer le poids de la coutume et à saper les autorités qui étaient chargées de la garantir [16]. Il en résulte un enchevêtrement et d'inextricables imbrications entre lois de l'État et coutumes locales [17]. Ce pluralisme juridique et normatif régit le comportement et les stratégies des acteurs privés et des communautés en lutte pour l'appropriation des terres.

---

15 Jocelyn Alexander et JoAnn McGregor, « Wildlife and Politics : CAMPFIRE in Zimbabwe », *Development and Change*, vol. 31, juin 2000, p. 605-627.

16 François Ekoko, « Balancing Politics, Economics and Conservation : The Case of the Cameroon Forestry Law Reform », *Development and Change*, vol. 31, juin 2000, p. 131-154.

17 *Cf.* Émile Le Bris, Étienne Le Roy et Paul Mathieu (dir.), *L'Appropriation de la terre en Afrique noire*, Karthala, Paris, 1991 et Étienne Leroy (dir.), *La Sécurisation foncière en Afrique. Pour une gestion viable des ressources renouvelables*, Karthala, Paris, 1996.

Mais, les nouveaux dispositifs de régulation ne suffisant pas à produire des consensus sociaux, les litiges au sein des populations se sont multipliés. Dans les cas des anciennes colonies de peuplement où la marchandisation des terres s'était réalisée aux dépens des autochtones, les luttes foncières ont pris un tour plus radical (cas du Zimbabwé). C'est aussi le cas dans les régions où les conséquences de la marchandisation de la terre et des ressources n'ont pas été maîtrisées, et où les conflits se nourrissent des rapports de force inégaux entre les entreprises multinationales et les communautés locales qui s'estiment lésées [18]. Ailleurs, c'est la persistance de règles coutumières d'héritage et le poids du contrôle lignager qui se trouvent à l'origine de l'aggravation des tensions entre les autochtones et les allogènes.

Luttes sexuelles et nouveaux styles de vie

Dans le contexte de fluctuation économique forte et de volatilité intense caractéristique du dernier quart du XXe siècle, la fragmentation sociale a touché, en particulier, les structures familiales. Tel est notamment le cas dans les grandes métropoles [19]. Les principales mutations sociales dans ce domaine sont liées aux conditions d'accès des jeunes à l'emploi, à la transformation de la position des femmes dans l'activité économique à la faveur de la crise, et aux changements dans les formes d'union. L'affaiblissement relatif du statut social et économique des jeunes hommes représente, de ce point de vue, un phénomène inédit. Les taux de chômage ont considérablement augmenté au sein de cette catégorie sociale. Le processus de passage de l'adolescence à l'âge adulte n'est plus automatique, et,

---

18 *Cf.* John Boye Ejobowah, « Who Owns the Oil ? The Politics of Ethnicity in the Niger Delta of Nigeria » *Africa Today*, n° 37, 2000, p. 29-47.

19 *Cf.* les études de Philippe Antoine, Dieudonné Ouédraogo et Victor Piché, *Trois Générations de citadins au Sahel. Trente ans d'histoire sociale à Dakar et à Bamako*, L'Harmattan, Paris, 1999 et Philippe Antoine *et alii*, *Les Familles dakaroises face à la crise*, ORSTOM-IFAN-CEPED, Dakar, 1995.

dans certains pays, les chefs de ménage sont plus vieux qu'il y a quelques années. L'âge au premier mariage ne correspond plus à l'âge de l'entrée en activité. La distance sociale entre les cadets et les aînés sociaux se creuse, tandis que la distribution des rôles et des ressources entre générations se complexifie. Nombreux sont les jeunes hommes désormais maintenus dans des formes de dépendance prolongée, que seul l'enrôlement au titre de soldats dans des formations armées vient briser.

Les relations hommes-femmes et les rôles parentaux sont également en cours de redéfinition. La composition des ménages a, quant à elle, profondément changé. Familles conjugales sans enfants, familles polygamiques sans collatéraux et familles monoparentales témoignent de la diversité des formes de familles en cours de composition. À peu près partout, la mobilité des hommes modifie profondément le contrôle des ménages. En partie du fait de la décohabitation des pères et des mères, de nombreux ménages ont désormais des femmes à leur tête [20]. Sous l'effet de la précarisation du salariat et de la montée de l'exclusion sociale, les rôles masculins et féminins au sein du mariage se transforment également. Un processus de nivellement du statut des femmes et des jeunes hommes est également en cours [21]. Tout cela donne lieu à la prolifération de microstratégies de la part des acteurs sociaux. La polygamie, par exemple, rend possibles de nouvelles stratégies tant masculines que féminines de captation des ressources à l'intérieur de la structure domestique, dans un contexte où les activités des femmes contribuent de plus en plus au revenu de la famille. Les systèmes de solidarité fondés sur les pratiques lignagères et coutumières coexistent désormais avec des rapports marchands souvent brutaux.

Une autre recomposition majeure intervenue durant le dernier quart du XXe siècle est la lente apparition d'une sphère de vie privée tirant ses symboles de la culture globale. Il n'y a pas

20 Jeanne Bisilliat (dir.), *Femmes du Sud, chefs de famille*, Karthala, Paris, 1996.

21 *Cf.* Luc Sindjoun (dir.), *La Biographie sociale du sexe*, Karthala, Paris, 2000.

d'espace plus caractéristique de cette transnationalisation que les domaines du vêtement, de la musique, du sport, de la mode, et du soin apporté au corps en général [22]. Les nouveaux imaginaires de soi ont, en effet, aussi trait à tout cela, ainsi qu'à la sexualité [23]. Dans plusieurs villes, le divorce prend le pas sur le célibat chez les femmes. De nouveaux modèles conjugaux émergent, dont on sait peu de chose. Grâce à l'accès aux moyens de communication modernes, la sexualité des jeunes hors mariage se transforme elle aussi. Nombreux sont ceux qui vivent désormais en marge de ce qui, il y a encore peu, était considéré comme la norme. Tel est le cas de l'homosexualité.

Trois arguments sont généralement mis en avant par ceux des Africains qui considèrent l'homosexualité comme le symptôme de la dépravation absolue. D'une part, l'acte homosexuel serait, à leurs yeux, l'exemple même du « pouvoir du démon » et du geste contre nature – appliquer des parties génitales à un vase autre que le vase naturel. D'autre part, l'homosexualité constituerait une structure de la sexualité perverse et transgressive. Par le biais de l'acte charnel, elle effacerait toute distinction entre l'humain et l'animal : l'acte homosexuel, vil et immonde, ne serait rien d'autre qu'un accouplement bestial contraire à la perpétuation de la vie et de l'espèce humaines. Pour les plus dévots, il serait en outre une source de lubricité et un indice de l'*immoderata carnis petulantia* – la pétulance immodérée de la chair. Enfin – argument d'inauthenticité –, il serait inconnu dans l'Afrique précoloniale et n'aurait été introduit sur le continent qu'à la faveur de l'expansion européenne.

À la base de telles affirmations se trouvent trois présupposés centraux. Et d'abord l'idée très phallocratique – mais partagée aussi bien par les hommes que par les femmes – selon laquelle, même en état d'apoplexie, le membre viril serait le

---

22 *Cf.* l'ouvrage collectif *The Art of African Fashion*, Africa World Press, 1998 et Dominique MALAQUAIS (dir.), « Cosmopolis », numéro spécial de *Politique africaine*, n° 100, 2005.

23 Ch. Didier GONDOLA, « Dream and Drama : The Search for Elegance among Congolese Youth », *African Studies Review*, 42, 1, 1999 et Adam ASHFORTH, « Weighing Manhood in Soweto », *CODESRIA Bulletin*, 3-4, 1999.

symbole naturel de la genèse de toute vie et de tout pouvoir. Tel étant le cas, il n'y aurait de sexualité légitime que celle qui fait toujours bon usage du capital séminal. Tout ordonné aux tâches de reproduction, celui-ci ne saurait être dilapidé dans des plaisirs à pure perte. Vient, ensuite, la croyance largement répandue selon laquelle le coït licite n'interviendrait que *dans* l'organe féminin, l'éjaculation hors du vagin (onanisme) étant la marque même de la souillure et de l'impureté, voire de la sorcellerie. La fonction principale de la vulve serait de délivrer le phallus de sa semence et de la conserver précieusement. Domine, enfin, le sentiment selon lequel toute autre pratique coïtale – notamment celle qui, au lieu de mettre en contact immédiat les organes génitaux, les associerait plutôt avec les orifices et autres voies d'excrétion, d'avalement et de succion – serait une profanation de la chair et un abus abominable.

De tels points de vue, qui accordent une place éminente à la verge dans les procédures de symbolisation de la vie, du pouvoir et du plaisir, restent largement la règle. En accordant tant de poids au travail du phallus, ils négligent les pratiques homosexuelles féminines, pourtant de plus en plus répandues. En outre, ils reposent également sur une lecture très contestable de l'histoire de la sexualité en Afrique et de ses significations politiques. De fait, aussi bien avant, pendant, qu'après la colonisation le pouvoir en Afrique a toujours cherché à revêtir le visage de la virilité. Sa mise en forme, sa mise en œuvre et sa mise en sens sont largement opérées sur le mode d'une érection infinie. La communauté politique s'est toujours voulue, avant tout, l'équivalent d'une société des hommes ou, plus précisément, des vieillards. Son effigie a toujours été la verge en érection. On peut d'ailleurs dire que l'ensemble de sa vie psychique s'est toujours organisé autour de l'événement qu'est le gonflement de l'organe viril. Au demeurant, c'est ce qu'a si bien su exprimer le roman africain postcolonial. Dans l'œuvre de Sony Labou Tansi par exemple, le processus de turgescence fait partie des rituels majeurs du potentat postcolonial. Il est en effet vécu comme le moment au cours duquel le potentat redouble sa taille et se projette lui-même au-delà de ses limites. Lors de cette poussée vers les extrêmes, il se démultiplie et produit un double fantasmatique dont la fonction est d'effacer la distinction entre la puissance réelle et la puissance fictive. Dans les jeux de pouvoir et de subordination, le phallus peut jouer, à partir de ce moment, une fonction spectrale. Mais, en cherchant à dépasser ses propres contours, la verge du pouvoir expose, par la force des choses, sa nudité et ses limites et, en les exposant, expose le potentat lui-même et proclame, de manière paradoxale, sa vulnérabilité dans l'acte même par lequel il prétend manifester sa toute-puissance [24].

Le potentat est donc, par définition, sexuel. Le *potentat sexuel* repose sur une *praxis* de la jouissance. Le pouvoir postcolonial, en particulier, s'imagine littéralement comme une machine à jouir. Ici, être souverain, c'est pouvoir jouir ***absolument***, sans retenue ni entrave. La gamme des plaisirs est étendue. Par exemple un pont relie le plaisir de manger (la politique du ventre) à la jouissance que procure la fellation et à celle qui découle de l'acte de torturer ses ennemis réels ou supposés [25]. D'où la position signifiante qu'occupent l'acte sexuel et les métaphores de la copulation dans l'imaginaire et les pratiques du commandement. À titre d'exemple, la sexualité de l'autocrate fonctionne à partir du principe de dévoration et d'avalement des femmes, à commencer par les vierges qu'il déflore allégrement. Banquiers, bureaucrates, soldats, policiers, maîtres d'école, voire évêques, prêtres, pasteurs et marabouts, s'en vont partout se vidangeant, éliminant le trop-plein et semant au gré du vent. Langage grivois et copulation sont en effet le caprice favori des élites et gens de pouvoir, comme d'autres s'adonnent à la chasse ou aux plaisirs de l'alcool.

Le phallus est donc au travail. C'est lui qui parle, ordonne et agit. C'est la raison pour laquelle, ici, la lutte politique revêt presque toujours les allures d'une lutte sexuelle, toute lutte

---

24 Sony Labou Tansi, *La Vie et demie*, Seuil, Paris, 1979.
25 Sony Labou Tansi, *L'État honteux*, Seuil, Paris, 1981.

sexuelle revêtant, *ipso facto*, le caractère d'une lutte politique. Il faut donc chaque fois en revenir à la verge du potentat si l'on veut comprendre la vie psychique du pouvoir et les mécanismes de subordination en postcolonie. Adepte du viol goulu et affirmation brutale du désir de puissance, la verge du potentat est un furieux organe, nerveux, facilement excitable et porté vers la boulimie. Tel est en particulier le cas lorsque le potentat s'acharne sur les femmes de ses collaborateurs et sujets, ou encore se laisse presser par toutes sortes de garçons (ses subordonnés y compris), brouillant au passage toute distinction entre homo- et hétérosexualité. Pour le potentat en effet, fellation, vénalité et corruption sont supposées ouvrir les écluses de la vie. Dans les pays de la forêt passés au christianisme tout comme en région musulmane, l'autocrate, cramponné à ses sujets, règne sur des gens prêts à s'abandonner à sa violence. Pressés par la logique de la survie, ils doivent flatter ainsi le pouvoir pour augmenter sa congestion et son relief. En poussant son phallus au fond de la gorge de ses sujets, le potentat postcolonial manque toujours de les étrangler.

Par ailleurs, les traditions patriarcales du pouvoir en Afrique sont fondées sur un refoulement originaire : celui de la relation homosexuelle. Bien que dans la pratique elle ait pris plusieurs formes, c'est la relation par l'anus qui, ici, est visée par les pratiques de refoulement. En effet, dans l'univers symbolique de maintes sociétés africaines précoloniales, l'anus était, contrairement aux fesses, dont on chantait volontiers la beauté, l'éminence et les courbures, considéré comme un objet d'aversion et de souillure. Il représentait le principe même de l'anarchie du corps et le zénith de l'intimité et du secret. Symbole par excellence de l'univers de la défécation et de l'excrément, il était, de tous les organes, le « tout-autre » par excellence. On sait par ailleurs que, dans l'économie symbolique de ces sociétés, le « tout-autre », surtout lorsqu'il se confondait avec le « tout-intime », représentait également l'une des figures de la puissance occulte. L'homosexualité était souvent l'apanage des puissants. Elle pouvait fonctionner comme un rituel de subordination à l'égard de plus fort que soi. Elle était aussi présente dans certains rituels sacrés. Aujourd'hui, le refus proclamé de la soumission homosexuelle à un autre homme ne signifie guère l'absence d'envie, de la part des hommes et des femmes, d'acquérir et de s'approprier le pénis idéal et idéalisé. Dans les faits, l'avilissement et le dégoût dont l'analité fait l'objet dans le discours public vont de pair avec son apparition récurrente sur la scène du symptôme, sous la forme de fantasmes divers. Il n'y a qu'à voir, à cet égard, les fonctions qu'elle joue dans les fantasmes de permutation des rôles masculins et féminins, ou encore dans l'envie – éprouvée par la plupart des hommes et courante dans les techniques politiques d'assujettissement – de se servir d'autres hommes comme d'autant de femmes subissant l'accouplement et vivant leur domination sur le mode de la consommation du coït. Ajoutons, à ce qui précède, l'existence, dans les contes et les mythes, de créatures à double sexe ; ou encore, dans les luttes sociales et politiques, la pratique consistant à dépouiller l'ennemi de tout ce qui constitue les emblèmes de la virilité et à les consommer ; ou encore l'obsession de régénération d'une virilité déclinante par le biais de décoctions et de l'usage de toutes sortes d'écorces. L'homosexualité est donc inscrite dans la stratification très profonde de l'inconscient sexuel des sociétés africaines.

Finalement, si la carte sexuelle du continent apparaît aujourd'hui brouillée, c'est en très grande partie parce que le dernier quart du XXe siècle africain aura été marqué par une révolution silencieuse, malheureusement peu documentée. L'on ne s'en rend compte que maintenant, mais celle-ci aura radicalement et définitivement transformé la manière dont de nombreux Africains imaginent leur rapport au désir, au corps et au plaisir. Cette « révolution sexuelle silencieuse » a eu lieu dans un contexte caractérisé par une ouverture sans précédent des sociétés africaines sur le monde. Il n'y a pas aujourd'hui une seule ville africaine où ne circulent point des vidéos pornographiques. Le phallus, en tant que signifiant central du pouvoir et apanage de la domination masculine, a également subi de profondes remises en question. Dans certaines sociétés, la contestation du pouvoir phallique a pris la forme d'une instabilité maritale et d'une circulation des femmes relativement chroniques. Dans d'autres, elle se traduit par une aggravation des conflits entre hommes et femmes. Partout, les hommes les plus pauvres ont l'impression d'être démasculinisés. Comme on l'a vu, le statut de « chef de famille », généralement tenu par les hommes, a subi un déclassement parmi les catégories les plus démunies de la population, notamment là où le pouvoir de nourrir ne peut plus être pleinement exercé faute de moyens. Ici et là, on a assisté à des paniques urbaines au centre desquelles se trouvait la peur de la castration. Dans la cartographie culturelle de la fin du XXe siècle africain, on se retrouve donc confronté à une dynamique phallique qui, plus qu'auparavant, est un champ de mobilités multiples.

Les crises successives des trente-cinq dernières années ont, dans certains cas, contribué à creuser les inégalités déjà existantes entre les sexes. Dans d'autres, elles ont entraîné de profondes modifications des termes généraux dans lesquels s'exprimaient à la fois la domination masculine et la féminité. Il en est résulté une aggravation des conflits entre les sexes et une montée de la brutalité dans les relations entre hommes et femmes. Parallèlement, des formes de sexualité auparavant réprimées émergent petit à petit dans le champ public. Le répertoire des jouissances sexuelles s'est notablement élargi. Les pratiques de fellation désormais prolifèrent. Le langage de la sexualité s'est lui aussi fortement enrichi. Parmi les jeunes, mille nouvelles expressions ont vu le jour, les unes toujours plus prosaïques que les autres. Une très grande partie du discours social tourne autour de la thématique de la force phallique déclinante. Chez les vieillards se multiplient les recours à des plantes et des racines dont la propriété, prétend-on, est de tonifier la verge de l'homme et de permettre la multiplication et la frénésie du coït. Toutes sortes d'adjuvants sont désormais intégrés dans les liturgies de l'accouplement, qu'il s'agisse des giclées d'encens, d'oignons frais, de couillons des bêtes sauvages ou d'écorces et racines transformées en poudre. Enfin, les pratiques homosexuelles sont largement plus répandues qu'on ne veut bien se l'avouer. Si, dans certains pays, les régimes au pouvoir mènent une guerre contre les homosexuels et considèrent ces derniers comme des rebuts et des déchets humains, en Afrique du Sud la Constitution leur garantit tous les droits, y compris celui de se marier. L'homophobie contemporaine est également utilisée par les « petits » comme un moyen de disqualification des classes dirigeantes. Ces transformations ont lieu alors que l'épidémie du sida touche des proportions toujours plus élevées de la population. À travers le sida, sexe et mort désormais se rejoignent.

Dans un continent ravagé par la guerre, l'on a vu des pratiques de manducation se multiplier. Nombreux sont les enfants-soldats qui, ayant tué un ennemi, entreprennent désormais d'émasculer ce dernier en lui ôtant son pénis et en le consommant – histoire de lui faire comprendre, jusque dans la mort, son impuissance.

Afropolitanisme

Qu'il s'agisse de la littérature, de la philosophie, de la musique ou des arts en général, le discours africain aura été dominé, pendant près d'un siècle, par trois paradigmes politico-intellectuels qui, au demeurant, ne s'excluaient pas mutuellement. Il y a eu, d'une part, diverses variantes du nationalisme anticolonial. Celui-ci a exercé une influence durable sur les sphères de la culture, du politique et de l'économique, voire du religieux. Il y a eu, d'autre part, diverses relectures du marxisme, desquelles ont résulté, ici et là, maintes figures du « socialisme africain ». Vint, enfin, une mouvance panafricaniste, qui accordait une place privilégiée à deux types de solidarité – une solidarité raciale et transnationale, et une solidarité internationaliste et de nature anti-impérialiste.

Sur le versant africain de l'Atlantique, l'on peut distinguer deux moments marquants de l'afropolitanisme. Le premier moment est proprement postcolonial. Cette phase est inaugurée par Ahmadou Kourouma et son *Soleil des indépendances*[26], au début des années 1970, mais surtout par Yambo Ouologuem et son *Devoir de violence*[27]. L'écriture de soi, qui chez Senghor et les poètes de la Négritude consistait en une quête du nom perdu, et chez Cheikh Anta Diop se confondait avec l'articulation d'une dette à l'égard du futur en vertu d'un passé glorieux, devient, paradoxalement, une expérience de dévoration du temps – chronophagie donc. Cette nouvelle sensibilité se démarque de la Négritude au moins à trois niveaux.

Premièrement, elle relativise le fétichisme des origines en montrant que toute origine est bâtarde ; qu'elle repose sur un tas d'immondices. Ouologuem, par exemple, ne se contente pas de remettre en question la notion même des origines, de la naissance et de la généalogie si centrale au discours de la Négritude. Il cherche purement et simplement à les brouiller, voire à les abolir dans le but de faire place à une nouvelle problématique, celle de l'autocréation et de l'*auto-engendrement*. Mais, si l'on peut s'autocréer, cela signifie également que l'on peut s'autodétruire. Du coup, la tension entre le soi et l'Autre, le soi et le monde, si caractéristique du discours de la Négritude, passe au second plan, au profit d'une problématique de l'éventrement, où le soi, ne pouvant plus « se raconter des histoires », est comme condamné à faire face à lui-même, à s'expliquer avec lui-même – c'est la problématique de l'*auto-explication*.

Deuxièmement, cette nouvelle sensibilité réinterroge le statut de ce que l'on pourrait appeler la « réalité ». Le discours de la Négritude se voulait un discours sur la différence, un discours de la communauté comme différence. La différence était conçue comme le moyen de recouvrer la communauté, dans la mesure où l'on estimait que celle-ci avait fait l'objet d'une perte. Il fallait donc la convoquer ou la reconvoquer, la rappeler à la vie, par le biais du deuil d'un passé érigé en signifiant en dernière instance

---

26 Ahmadou Kourouma, *Le Soleil des indépendances*, Seuil, Paris, 1968.

27 Yambo Ouologuem, *Devoir de violence, op. cit.*

de la vérité du sujet. De ce point de vue, il s'agissait d'un discours des lamentations. À partir de Ouologuem, au principe de la perte et du deuil se substitue celui de l'excès et de la démesure. La communauté est par définition le lieu de la démesure, de la dépense et du gaspillage. Sa fonction est de produire des déchets. Elle vient au monde et se structure à partir de la production des rebuts et de la gestion de ce qu'elle dévore. L'on passe à une écriture du surplus ou encore de l'excédent [28]. La réalité (qu'il s'agisse de la race, du passé, de la tradition ou mieux encore du pouvoir) n'apparaît pas seulement comme ce qui existe et est passible de représentation, de figuration. Elle est également ce qui recouvre, enveloppe et excède l'existant.

À cause de cet enchevêtrement de l'existant et de ce qui l'excède, et parce que la réalité relève, de fait, non pas tant de l'assemblage que de l'enroulement, l'on ne saurait en parler qu'en spirale, à la manière du tourbillon. Cet espace tourbillonnaire, c'est précisément le point de départ de l'écriture d'un Sony Labou Tansi, par exemple. Ce n'est d'ailleurs pas pour rien que son dernier livre (posthume) s'intitule *L'Autre Monde. Écrits inédits* [29]. Le souci de soi se transforme donc en souci de l'autre monde, en une manière de scruter la nuit, les domaines du nocturne, où, pense-t-on, gît, en dernière demeure, la souveraineté. Cette évolution est favorisée par la centralité de la faille que représentent, en postcolonie, la violence étatique et la remontée de la souffrance humaine, l'entrée dans une nouvelle époque caractérisée par la crudité et la cruauté [30].

Cette écriture tourbillonnaire est dominée par une esthétique de la transgression. Écrire le soi, écrire le monde et l'autre monde, c'est avant tout *écrire en fusion*, écrire le viol et la violation. La voix disparaît pour faire place au « cri [31] ». Sony Labou

---

28 Outre les écrits de Sony Labou Tansi, lire par exemple, Ahmadou Kourouma, *Allah n'est pas obligé*, Seuil, Paris, 2000.

29 Sony Labou Tansi, *L'Autre Monde. Écrits inédits*, Revue noire, Paris, 1997.

30 Achille Mbembe, *De la postcolonie*, *op. cit.*

31 Patricia Célérier, « Engagement et esthétique du cri », *Notre Librairie*, n° 148, septembre 2002 ; Jean-Marc Éla, *Le Cri de l'homme africain*, L'Harmattan, Paris, 1980 et Sony Labou Tansi, *Le Commencement des douleurs*, Seuil, Paris, 1995.

Tansi écrit ainsi dans sa préface à son roman *L'État honteux* : « Le roman est paraît-il une œuvre d'imagination. Il faut pourtant que cette imagination trouve sa place quelque part dans quelque réalité. J'écris, ou je crie, un peu pour forcer le monde à venir au monde. » Trois instances jouent ce triple rôle (écrire, crier, forcer le monde à venir au monde). Il s'agit de la religion, de la littérature et de la musique (cette dernière englobant la danse et le théâtre). C'est à travers ces trois disciplines que s'exprime, dans toute sa clarté, le discours africain concernant l'homme en souffrance, confronté à lui-même et à son démon, et obligé de créer du nouveau. Un dédoublement a effectivement lieu dans ces disciplines, par lequel l'image de soi apparaît à la fois comme représentation et comme force de présentation. Aussi, à bien des égards, religion, littérature et musique constituent-elles les instances par lesquelles se déroule la pratique analytique, que celle-ci ait affaire à la manifestation de l'inconscient, aux dynamiques du refoulement et du défoulement, ou à l'expérience de la cure elle-même (interprétation des rêves, séances de désensorcellement, traitement des possédés, voire lutte contre ce que l'on appelle les « démons » et les autres forces relevant du « monde de la nuit » et de l'« invisible »).

Le second moment de l'afropolitanisme correspond à l'entrée de l'Afrique dans un nouvel âge de dispersion et de circulation. Ce nouvel âge se caractérise par l'intensification des migrations et l'implantation de nouvelles diasporas africaines dans le monde. Avec l'émergence de ces nouvelles diasporas, l'Afrique ne constitue plus un centre en soi. Elle est désormais faite de pôles entre lesquels il y a constamment *passage*, circulation et frayage. Ces pôles courent les uns après les autres et se relaient. Ils forment autant de régions, de nappes, de gisements culturels dans lesquels la création africaine ne cesse de puiser. Que ce soit dans le domaine de la musique ou de la littérature, la question n'est plus de savoir de quelle essence est la perte : elle est de savoir comment constituer de nouvelles formes du réel – des formes flottantes et mobiles. Il ne s'agit plus de retourner à tout prix à la scène première ou de refaire dans le présent les gestes passés. S'il a disparu, le passé n'est cependant pas hors champ. Il est encore là, sous la forme d'une image mentale. On rature, on gomme, on remplace, on efface, on recrée et les formes et les contenus. On procède par de faux raccords, des discordances, des substitutions et des montages – condition pour atteindre une force esthétique neuve.

C'est notamment le cas dans le nouveau roman africain et dans la musique, la danse, les arts plastiques, où la création a lieu au détour de rencontres – certaines éphémères et d'autres ratées. L'objet de la création artistique n'est plus de décrire une situation où l'on est devenu spectateur ambulant de sa propre vie parce que l'on a été réduit à l'impuissance en conséquence des accidents de l'histoire. Au contraire, il s'agit de témoigner de l'homme brisé qui, lentement, se remet debout et s'affranchit de ses origines. Longtemps, la création africaine s'est souciée de la question des origines en la dissociant de celle du mouvement. Son objet central était la priméité : un sujet qui ne renvoie qu'à soi-même, un sujet dans sa pure possibilité. À l'âge de la dispersion et de la circulation, cette même création se préoccupe davantage de la relation non plus à soi-même ou à un autre, mais à un intervalle [32]. L'Afrique elle-même est désormais imaginée comme un immense intervalle, une inépuisable citation passible de maintes formes de combinaison et composition. Le renvoi ne se fait plus en relation à une essentielle singularité, mais à une capacité renouvelée de bifurcation.

À l'orée du siècle, d'importantes reconfigurations culturelles sont donc en cours, même si l'écart persiste entre la vie réelle de la culture, d'un côté, et les outils intellectuels par lesquels les sociétés appréhendent leur destin, de l'autre. De toutes les reconfigurations à l'œuvre, deux en particulier risquent de peser d'un poids singulier sur la vie culturelle et la créativité esthétique et politique des années qui viennent. Il y a d'abord celles qui touchent aux réponses nouvelles à la question de savoir qui est « Africain » et qui ne l'est pas. Nombreux sont

---

32 Alain Mabanckou, *Black Bazar*, Seuil, Paris, 2008.

ceux, en effet, aux yeux desquels est « Africain » celui qui est « Noir » et donc « pas Blanc », le degré d'authenticité se mesurant, dès lors, sur l'échelle de la différence raciale brute. Or il se trouve que toutes sortes de gens ont quelque lien ou, simplement, quelque chose à voir avec l'Afrique – quelque chose qui les autorise *ipso facto* à prétendre à la « citoyenneté africaine ». Il y a, naturellement, ceux que l'on désigne comme les « Nègres ». Ils sont nés et vivent à l'intérieur des États africains, dont ils constituent les nationaux. Mais, si les Négro-Africains forment la majorité de la population du continent, ils n'en sont pas les uniques habitants et ne sont pas les seuls à en produire l'art et la culture.

Venus d'Asie, d'Arabie ou d'Europe, d'autres groupes de populations se sont en effet implantés dans diverses parties du continent à diverses périodes de l'histoire et pour diverses raisons. Certains sont arrivés en conquérants, marchands ou zélotes, à l'exemple des Arabes et des Européens, fuyant toutes sortes de misères, cherchant à échapper à la persécution, simplement habités par l'espoir d'une vie paisible ou encore mus par la soif des richesses. D'autres se sont installés à la faveur de circonstances historiques plus ou moins tragiques, à l'exemple des Afrikaners et des Juifs. Main-d'œuvre pour l'essentiel servile, d'autres encore ont fait souche dans le contexte des migrations de travail, à l'exemple des Malais, des Indiens et des Chinois en Afrique australe. Plus récemment, Libanais, Syriens, Indo-Pakistanais et, ici ou là, quelques centaines ou milliers de Chinois ont fait leur apparition. Tout ce monde est arrivé avec ses langues, ses coutumes, ses habitudes alimentaires, ses modes vestimentaires, ses manières de prier, bref, ses arts d'être et de faire. Aujourd'hui, les rapports qu'entretiennent ces diverses diasporas avec leurs sociétés d'origine sont des plus complexes. Beaucoup de leurs membres se considèrent comme des Africains à part entière, même s'ils appartiennent également à un ailleurs.

Mais, si l'Afrique a longtemps constitué un lieu de destination de toutes sortes de mouvements de population et de flux culturels, elle a aussi, depuis des siècles, été une zone de départ en direction de plusieurs autres régions du monde. Ce processus de *dispersion*, multiséculaire, s'est déroulé à cheval sur ce que l'on désigne généralement comme les Temps modernes, et a emprunté les trois couloirs que sont le Sahara, l'Atlantique et l'océan Indien. La formation de diasporas nègres dans le Nouveau Monde, par exemple, est le résultat de cette dispersion. L'esclavage, dont on sait qu'il ne concerna pas seulement les mondes euro-américains, mais aussi les mondes arabo-asiatiques, joua un rôle décisif dans ce processus. Du fait de cette circulation des mondes, des traces de l'Afrique recouvrent, de bout en bout, la surface du capitalisme et de l'Islam. Aux migrations forcées des siècles antérieurs s'en sont ajoutées d'autres dont le moteur principal a été la colonisation. Aujourd'hui, des millions de gens d'origine africaine sont des citoyens de divers pays du globe.

Lorsqu'il s'agit de la créativité esthétique dans l'Afrique contemporaine, voire de la question de savoir qui est « Africain » et ce qui est « africain », c'est ce phénomène historique de la *circulation des mondes* que la critique politique et culturelle a tendance à passer sous silence. Vu d'Afrique, le phénomène de la circulation des mondes a au moins deux faces : celle de la *dispersion* que je viens d'évoquer, et celle de l'*immersion*. Historiquement, la dispersion des populations et des cultures ne fut pas seulement le fait d'étrangers venant s'implanter en Afrique. En fait, l'histoire précoloniale des sociétés africaines fut, de bout en bout, une histoire de gens sans cesse en mouvement à travers l'ensemble du continent. Encore une fois, c'est une histoire de cultures en collision, prises dans le maelström des guerres, des invasions, des migrations, des mariages mixtes, de religions diverses que l'on fait siennes, de techniques que l'on échange, et de marchandises que l'on colporte. L'histoire culturelle du continent ne se comprend guère hors du paradigme de l'itinérance, de la mobilité et du déplacement.

C'est d'ailleurs cette culture de la mobilité que la colonisation s'efforça, en son temps, de figer à travers l'institution moderne de la frontière. Rappeler cette histoire de l'itinérance et des mobilités est la même chose que parler des mixages, des amalgames, des superpositions – une *esthétique de l'entrelacement*, comme on l'a déjà évoqué. Qu'il s'agisse de l'islam, du christianisme, des manières de s'habiller, de faire du commerce, de parler, voire des habitudes alimentaires, rien de tout cela ne survécut au rouleau compresseur du métissage et de la *vernacularisation*. C'était le cas bien avant la colonisation. Il y a, en effet, une *modernité africaine précoloniale* qui n'a pas encore fait l'objet d'une prise en compte dans la créativité contemporaine.

L'autre aspect de cette circulation des mondes est l'*immersion*. Elle toucha, à des degrés divers, les minorités qui, venant de loin, finirent par faire souche sur le continent. Le temps s'écoulant, les liens avec leurs origines (européennes ou asiatiques) se compliquèrent singulièrement. Au contact de la géographie, du climat et des hommes, leurs membres devinrent des bâtards culturels, même si, colonisation oblige, les Euro-Africains en particulier continuèrent de prétendre à la suprématie au nom de la race et à marquer leur différence, voire leur mépris à l'égard de tout signe « africain » ou « indigène » [33]. C'est en très grande partie le cas des Afrikaners, dont le nom même signifie les « Africains ». On retrouve la même ambivalence parmi les Indiens, voire les Libanais et Syriens. Ici et là, la plupart s'expriment dans les langues locales, connaissent voire pratiquent certaines coutumes du pays, mais vivent dans des communautés relativement fermées et pratiquent l'endogamie.

Ce n'est donc pas seulement qu'il y a une partie de l'histoire africaine se trouvant ailleurs, hors d'Afrique : il y a également une histoire du reste du monde dont les Nègres sont, par la force des choses, les acteurs et dépositaires. Au demeurant, leur manière d'être au monde, leur façon d'« être monde », d'habiter le monde, tout cela s'est toujours effectué sous le signe sinon du métissage culturel, du moins de l'imbrication des mondes, dans une lente et parfois incohérente danse avec des signes qu'ils n'ont guère eu le loisir de choisir librement, mais

33 *Cf.* George E. Brooks, *Eurafricans in Western Africa*, Ohio University Press, Athens, 2003.

qu'ils sont parvenus, tant bien que mal, à domestiquer et à mettre à leur service. La conscience de cette imbrication de l'ici et de l'ailleurs, la présence de l'ailleurs dans l'ici et vice versa, cette relativisation des racines et des appartenances primaires et cette manière d'embrasser, en toute connaissance de cause, l'étrange, l'étranger et le lointain, cette capacité de reconnaître sa face dans le visage de l'étranger et de valoriser les traces du lointain dans le proche, de domestiquer l'in-familier, de travailler avec ce qui a tout l'air des contraires – c'est cette sensibilité culturelle, historique et esthétique qu'indique bien le terme « afropolitanisme ».

Passer à autre chose

Comment, dans ces conditions, rendre compte de la montée du *réflexe indigéniste* ? Dans sa version bénigne, l'indigénisme apparaît sous la forme d'une idéologie qui glorifie la différence et la diversité et qui lutte pour la sauvegarde des coutumes et des identités considérées comme menacées. Dans la logique indigéniste, les identités et les luttes politiques se déclinent sur la base d'une distinction entre « ceux qui sont d'ici » (les *autochtones*) et « ceux qui sont venus d'ailleurs » (les *allogènes*). Les indigénistes oublient que, dans leurs formes stéréotypées, les coutumes et les traditions dont ils se réclament furent souvent inventées non par les indigènes eux-mêmes, mais en fait par les missionnaires et les colons.

L'on ne peut non plus nier la faillite politique et morale d'une certaine idée de l'émancipation africaine héritée des nationalismes anticoloniaux de l'après-guerre. En Afrique australe par exemple, la présence de fortes minorités blanches a marqué d'une empreinte singulière l'expression du sentiment anticolonialiste. Dans cette sous-région caractérisée dès le XVIIIe siècle par l'implantation de colonies de peuplement, les entités politiques mises en place dans la foulée de la conquête européenne s'étaient constituées en États racistes. Dans la mise en œuvre de cette politique des races, ces États avaient érigé la ségrégation, la cruauté et l'expropriation économique des Africains en autant d'éléments décisifs de leurs modes de gouvernement. Pendant longtemps, l'Afrique du Sud constitua l'emblème paroxystique de ces États racistes.

Or, de l'idéologie coloniale et raciste, les nationalismes africains ont repris, sur un mode mimétique, deux éléments centraux. Premier emprunt : ils ont adhéré à l'idée, répandue tout au long du XIXe siècle, que la colonisation fut un processus de conquête, d'asservissement et de « civilisation » d'une race par une autre. Au demeurant, la plupart des mouvements armés luttant pour l'indépendance de l'Afrique ont intériorisé la fable selon laquelle l'histoire elle-même se ramènerait à un affrontement des races. Dans cette lutte pour la vie, les conflits de race ne se superposeraient pas seulement aux conflits de classe. La race serait la matrice des rapports de classe et, à ce titre, le moteur de la guerre sociale. L'idéologie de la suprématie blanche (dont les nationalismes africains étaient la réponse) partait exactement du même postulat. Au sein des États racistes de l'Afrique australe à l'époque coloniale, les indigènes n'étaient pas des citoyens : ils étaient des sujets raciaux considérés comme des ennemis tant qu'ils ne se soumettaient pas sans conditions à un ordre politique gouverné par la violence. Politique et violence formaient, dans tous les cas, un seul et même faisceau, une distinction étant cependant établie entre la violence supposée pure des mouvements de résistance et la violence jugée immorale des colonisateurs. Dans le même esprit, les mouvements armés anticoloniaux considéraient que l'ennemi était toujours, par principe, d'une autre race. Les rapports de force qui lui étaient appliqués visaient à obtenir une victoire totale. L'émancipation consistait, quant à elle, à purifier constamment la société de cette autre race, de préférence en inversant radicalement les rapports de propriété et en restituant aux Africains tout ce qu'ils perdirent au moment de l'affrontement initial (terres, traditions, dignité).

Le second élément que les nationalismes africains empruntèrent à l'idéologie coloniale avait trait à l'identification de la politique et de la guerre. Là où cette exclusive de la politique et de la guerre fut poussée jusqu'au bout (en Angola, par exemple, et, dans une moindre mesure, au Mozambique), la conséquence fut la défaite militaire des colons blancs, leur départ massif et l'accaparement de leurs biens par les nouveaux régimes, l'instauration d'un État noir, l'avènement d'une nouvelle classe dominante, suivi d'une guerre civile prolongée et opposant, cette fois, les Noirs entre eux. Dans les cas où, en dépit de la lutte armée, les conditions d'une victoire militaire nette ne furent jamais réunies, les mouvements de libération utilisèrent la violence en tant qu'élément complémentaire d'une stratégie de négociation et de compromis foncièrement politiques. Au terme de tels compromis, ces États se sont retrouvés avec de substantielles minorités blanches. Défaites sur le plan politique, ces minorités ont néanmoins conservé l'essentiel de leurs biens après la décolonisation. Dans nombre de cas, ces minorités raciales continuent d'exercer une hégémonie culturelle sur la société. C'est le cas de l'Afrique du Sud et, à un niveau intermédiaire, de la Namibie et du Zimbabwé.

Déracialiser le pouvoir et la propriété au bénéfice des Africains, tel a donc toujours été le moteur des nationalismes anticoloniaux en Afrique australe. En dépit des compromis passés au moment de la transition du « pouvoir blanc » au « pouvoir noir », l'idée d'un renversement radical des rapports coloniaux de pouvoir et des rapports de propriété a continué de hanter l'imaginaire politique de ces pays longtemps après les indépendances. Qu'il s'agisse de la colonisation ou de l'apartheid, l'expérience des « pouvoirs blancs » en Afrique a été désastreuse. Qu'il en ait été ainsi s'explique largement par le fait que ces pouvoirs étaient mus par la logique des races. Les nationalismes africains du XXe siècle se sont malheureusement contentés de récupérer à leur profit cette politique des races et l'esprit de violence qui en était le corollaire. Au lieu d'embrasser la démocratie, ils ont mis cette logique et cet esprit au service d'un projet de perpétuation de leur propre pouvoir. C'est ce projet qui, aujourd'hui, rencontre ses limites. Mais si le rêve d'émancipation africaine n'a été qu'un simple exercice mimétique de la violence des races mise en branle par la colonisation, alors il faut imaginer une manière de sortie du nationalisme qui ouvre la voie à une conception postraciale de la citoyenneté, faute de quoi les Africains d'origine européenne n'auront aucun avenir en Afrique.

L'afropolitanisme n'est donc pas la même chose que le panafricanisme ou la Négritude. L'afropolitanisme est une stylistique et une politique, une esthétique et une certaine poétique du monde. C'est une manière d'être au monde qui refuse, par principe, toute forme d'identité victimaire – ce qui ne signifie pas qu'elle n'est pas consciente des injustices et de la violence que la loi du monde a infligées à ce continent et à ses gens. C'est également une prise de position politique et culturelle par rapport à la nation, à la race et à la question de la différence en général. Dans la mesure où nos États sont de pures inventions (récentes, de surcroît), ils n'ont, strictement parlant, rien dans leur essence qui nous oblige à leur vouer un culte – ce qui ne signifie pas que l'on soit indifférent à leur sort. Quant au « nationalisme africain », il représenta, à l'origine, une puissante utopie dont le pouvoir insurrectionnel fut sans bornes – la tentation de nous comprendre nous-mêmes, de nous tenir debout devant le monde, dans la dignité, en tant qu'êtres dotés d'un visage humain, simplement. Mais, dès que le nationalisme se transforma en idéologie officielle d'un État devenu prédateur, il perdit tout noyau éthique et devint un démon « qui rôde la nuit et fuit la lumière du jour ». Cette affaire du visage humain, de la figure humaine, tel est donc l'obstacle contre lequel le nationalisme et l'indigénisme ne cessent de buter. La solidarité raciale prônée par le panafricanisme n'échappe pas à ces dilemmes. À partir du moment où l'Afrique contemporaine s'éveille aux figures du multiple (y compris le multiple racial) qui sont constitutives de ses histoires particulières, décliner le continent sur le seul mode de la solidarité nègre devient intenable. Par ailleurs, comment ne pas voir que cette prétendue solidarité est profondément mise à mal par la manière dont la violence du frère contre le frère, et la violence du frère contre la mère et les sœurs, s'exercent depuis la fin des colonisations directes ?

Il faut donc passer à autre chose si l'on veut réanimer la vie de l'esprit en Afrique et, ce faisant, les possibilités d'un art, d'une philosophie, d'une esthétique qui puissent dire quelque chose de nouveau et de signifiant au monde en général. Aujourd'hui, nombre d'Africains vivent hors d'Afrique. D'autres ont librement choisi de vivre sur le continent, et pas nécessairement dans les pays qui les ont vu naître. Davantage encore, beaucoup d'entre eux ont la chance d'avoir fait l'expérience de plusieurs mondes et n'ont guère cessé, en réalité, d'aller et de venir, développant, au détour de ces mouvements, une incalculable richesse du regard et de la sensibilité. Il s'agit généralement de gens qui peuvent s'exprimer en plus d'une langue. Ils sont en train de développer, parfois à leur insu, une culture transnationale que l'on appelle « afropolitaine ». Parmi eux, l'on trouve de nombreux professionnels qui, dans leurs activités quotidiennes, doivent sans cesse se mesurer contre le monde au large. Cet « esprit du large », on le retrouve de façon plus profonde encore chez un grand nombre d'artistes, de musiciens et de compositeurs, d'écrivains, de poètes, de peintres – travailleurs de l'esprit faisant le guet du fond de la nuit postcoloniale. Mais c'est l'Afrique du Sud qui en constitue le laboratoire le plus manifeste.

De tous les facteurs qui ont contribué à faire de ce pays le lieu privilégié de cette expérimentation, citons-en trois. Et d'abord ceux qui relèvent de l'histoire – très complexe – de la formation des richesses dans cette partie du monde. Car, si bon nombre de sociétés du continent ont connu, à des échelles variées, la traite des esclaves ou la colonisation – deux manières d'intégration à l'économie monde selon le modèle de l'extraversion –, l'Afrique du Sud constitue le laboratoire le plus manifeste de l'afropolitanisme. Fondée à l'origine sur l'exploitation des mines de diamant et d'or, cette révolution a permis de créer les bases d'une accumulation interne, certes étroitement déterminée par le capital et la technologie internationaux, d'une part, et les rythmes de la demande mondiale, de l'autre.

Viennent, ensuite, les facteurs liés à ce que l'on pourrait désigner comme la *fabrique de la multiplicité*, c'est-à-dire, dans ce cas précis, la mise en place de mécanismes, de techniques et de dispositifs de toutes sortes visant à donner un semblant de cohérence – tout en gouvernant sur le mode de la séparation raciale, politique et économique – à une société disparate, composée d'une myriade d'entités raciales, religieuses, ethniques et culturelles plus ou moins distinctes, mais dont les généalogies elles-mêmes sont par ailleurs fort enchevêtrées. L'on sait qu'ici le modèle longtemps utilisé pour formater une société aussi protéiforme fut celui de la « guerre des races ». Le propre de la guerre des races est de combiner, dans une seule et même figure de la violence, les caractéristiques d'une guerre de conquête, d'une guerre d'occupation et d'une guerre civile.

En Afrique du Sud, la « guerre des races » prit des formes diverses. Au moment de la première occupation coloniale, elle consista d'abord à priver, autant que possible, les autochtones de leurs moyens de subsistance (cheptel et récoltes notamment), la conquête militaire allant de pair avec la destruction quasi systématique des économies domestiques indigènes. Au moment de la révolution industrielle, elle prit la forme de la mobilisation et de l'administration, sur une échelle que d'autres régions du continent n'ont guère connue, d'une gigantesque force de travail régionale et d'une main-d'œuvre venue d'Europe, d'Asie, des États-Unis. Techniques de la guerre et techniques de la production furent associées. Au compartimentage de la force de travail s'ajoutèrent des mesures visant à restreindre et à contrôler la mobilité de la population autochtone, voire à la confiner dans des « parcs humains », le régime de la claustration se traduisant ici par la multiplication de véritables enclos territoriaux livrés à une abjecte pauvreté.

Ce labeur intensif de contrôle de la mobilité du travail et d'assignation territoriale de groupes de populations dans des enclaves aux frontières plus ou moins hermétiques aura été précédé de – et sera accompagné par – la formation d'une classe de grands fermiers blancs. Ces derniers ne devront leurs domaines qu'à la dépossession et la spoliation de larges secteurs de la population noire et à sa transformation en *squatters* ou en main-d'œuvre quasi servile sur les terres dont elle détenait autrefois la propriété. Le point culminant de ce travail de spoliation sera l'infériorisation juridique des Noirs et leur destitution civique, puis la transformation de millions d'autres en migrants saisonniers. L'un des résultats paradoxaux de cette prolétarianisation extrêmement poussée a été l'émergence d'un salariat doté d'une réelle conscience de classe, capable de se constituer en une véritable force sociale, de s'organiser dans de puissants syndicats et de soutenir des conflits politiques de haute intensité. La mobilisation d'une violence sociale sans précédent dans le reste du continent, de formidables capitaux financiers et techniques et d'une forme de gouvernement tout ordonnée à la séparation des races auront donc permis à ce pays de faire l'expérience d'une accumulation réelle et d'une production de richesse sans commune mesure avec ce qui s'est passé ailleurs en Afrique. Il en est de même de la répartition inégalitaire de cette richesse selon les races.

Mais, on l'oublie trop souvent, le processus de constitution d'une société complexe ne passa pas seulement par l'aliénation des droits des Noirs et leur incorporation asymétrique dans l'ordre économique. Il prit également la forme d'une lente transformation de la population exogène blanche en « population endogène ». Cette transformation s'effectua par le biais de diverses techniques, à commencer par une certaine sacralisation du lien à la terre et au bétail en passant par l'assimilation des savoirs et des arts de faire autochtones, l'invention d'une langue hybride (l'afrikaans), la cohabitation (sinon la fréquentation) prolongée entre Noirs et Blancs aussi bien dans les lieux de travail que dans les espaces domestiques, les incessants trafics culturels entre maîtres et serviteurs, voire des cas de métissage biologique. Concernant ce processus, le cas des Afrikaners est tout à fait emblématique. L'un des résultats de l'« autochtonisation » des colons et immigrants européens est qu'aujourd'hui la plus grande partie des citoyens blancs d'Afrique du Sud ne constituent pas une population étrangère. Il s'agit désormais d'Africains d'origine européenne, comme il existe, aux États-Unis par exemple, des Américains d'origine africaine.

Le troisième facteur ayant contribué à faire de l'Afrique du Sud un lieu privilégié de la créativité sociale contemporaine est la mise en place, dès le début du XVIIIe siècle, des principales technologies, institutions et dispositifs caractéristiques de la société moderne, à commencer par un État relativement fort, une bureaucratie formelle à peu près rationnelle et suffisamment enracinée dans le temps et dans la culture, des banques, des assurances, un droit de la propriété et des échanges, de véritables villes dotées de plans, une architecture, bref, les piliers fondamentaux d'une économie capitaliste. Par ailleurs, si l'autre forme que prit la « guerre des races » fut l'érection du racisme en institution, loi et culture, la violence du racisme provoqua, en retour, l'émergence de l'un des mouvements de résistance les plus anciens du continent, l'ANC (African National Congress), la formation d'une classe politique et d'activistes sophistiquée, la création d'une myriade d'organisations populaires et démocratiques, l'émergence d'une véritable société civile et l'apparition d'infrastructures permettant le développement de la vie intellectuelle et artistique (musées, universités, centres de réflexion, presse).

Aujourd'hui, l'Afrique du Sud représente une puissance économique à l'échelle de l'hémisphère Sud. Sur la scène internationale, elle joue un rôle comparable à ceux qu'exercent le Brésil et l'Inde respectivement en Amérique latine et en Asie. Multiraciale, multireligieuse et multiethnique, sa formation sociale est composée en majorité de Noirs. Mais elle compte également de très fortes minorités juive, européenne, chinoise, indo-pakistanaise, arabe, afro-américaine, ainsi que nombre de communautés diasporiques en provenance du reste du continent. Tel est le cas des diasporas de l'Afrique francophone dans les grandes métropoles de Johannesbourg et du Cap.

Sans nécessairement relever du « miracle », le passage de l'État racial à l'État démocratique est en train de s'accomplir. Il s'agit bel et bien, non pas d'une « décolonisation » dans le sens classique (ou comme on l'a vu sur le reste du continent), mais d'une profonde transition sociale et historique. Elle place l'Afrique du Sud sur la même ligne que l'Espagne au sortir du franquisme, ou les États du Cône sud (Brésil, Chili, Argentine), voire la Corée du Sud et maints pays de l'Est européen au sortir des dictatures militaires et du communisme. Après Haïti (la « fille aînée de l'Afrique » et de la décolonisation) et après le Libéria, l'expérience sud-africaine représente peut-être la seule, dans l'histoire de l'Afrique et de sa diaspora, présentant autant de chances de conjuguer déclosion du monde et montée en humanité.

Épilogue

Au-delà de son ambivalence et par-delà l'extraordinaire diversité de ses formes et de ses contenus, la colonisation moderne était l'une des filles directes des doctrines qui consistaient à trier les hommes et à les diviser en deux groupes : ceux qui comptent et que l'on compte, d'une part, et « le reste », d'autre part, ce qu'il nous faut appeler les « résidus d'hommes » ou encore les « déchets d'hommes ».

Les premiers, les maîtres, étaient les « derniers hommes ». Ils cherchaient à ériger en loi universelle les conditions propices à leur propre survie. Ce qui caractérisait le « dernier homme », c'était sa volonté de dominer et de jouir, de conquérir et de commander, sa propension à déposséder et, s'il le faut, à exterminer. Le « dernier homme » invoquait sans cesse la loi, le droit et la civilisation. Mais il opérait précisément comme s'il n'y avait de loi, de droit et de civilisation que siens. Cela étant, aucun des crimes qu'il était amené à commettre ne pouvait être jugé au regard de quelque morale que ce soit. Rien n'appartenait à qui que ce soit d'autre qu'il ne puisse prétendre obtenir pour lui, que ce soit par la force, la ruse ou la tromperie. C'est enfin le poids qu'il accordait à la préservation de soi et la peur qu'il cultivait à l'égard de toute puissance assez grande pour protéger, de façon autonome, le fruit de son travail et sa vie.

Incapables de s'engendrer eux-mêmes, les autres, les « déchets d'hommes », étaient appelés à se soumettre. Ayant renoncé à la lutte, ils avaient pour rôle de porter le malheur des premiers et de s'en plaindre sans fin. Ils épousaient si bien ce rôle qu'ils finissaient par porter cette interminable lamentation comme le dernier mot de leur identité. Et, dans la mesure où l'idée d'égalité universelle et d'équivalence entre les hommes (dogme des faibles) appartenait en vérité à la religion sous forme de narcose de la pitié, c'est l'idée même de la morale qui devait être abolie. Elle devait faire place à la foi dans son propre droit – le bon droit qui ne s'autorise pas seulement de la force, mais qui, en outre, se complaît dans l'ignorance et la bonne conscience [1].

Or nous sommes loin d'être sortis de l'ère du bon droit qui s'autorise de la force, de l'ignorance et de la bonne conscience, et dont le colonialisme constitua l'apogée. La nôtre est une ère qui tente de remettre au goût du jour le vieux mythe selon lequel l'Occident a, seul, le monopole du futur. Dans ces conditions, il n'est guère surprenant que d'aucuns cherchent à nier toute signification paradigmatique au fait colonial et impérial, et à noyer les graves dilemmes philosophiques et éthiques issus de l'expansion européenne dans le monde en les consignant au registre de détails sans importance.

La réhabilitation du bon droit colonial dans les conditions contemporaines repose sur la conviction selon laquelle la liberté réelle et effective n'est pas conférée par quelque contrat entre parties égales ou quelque traité que ce soient. Elle est fille d'un droit de nature (*jus naturale*). La nôtre est également une ère où la seule morale qui vaille est une morale réduite à l'instinct de pitié ; aux mille formes de mépris que masquent charité et bon samaritanisme ; à la croyance selon laquelle le vainqueur, après tout, a raison. Et, dans les conditions où la force crée le droit et où force et raison s'épousent, pourquoi exiger justice et réparation ? Par ailleurs, selon cette morale, il n'y a place, dans les entrailles de notre monde, ni pour la culpabilité, encore moins

---

1 Sur ses antécédents historiques, voir Jennifer Pitts, *Naissance de la bonne conscience coloniale. Les libéraux français et britanniques et la question impériale (1770-1879)*, L'Atelier, Ivry-sur-Seine, 2008.

pour la repentance puisque aussi bien le sentiment de culpabilité que le désir de repentance ne sont, en dernier ressort, que des manifestations cyniques de la perversité des faibles.

Dans ces conditions, le défi majeur auquel est confrontée notre époque est celui de la refondation de la pensée critique, c'est-à-dire une pensée qui pense son possible hors d'elle-même, consciente des limites de sa singularité, dans le circuit qui toujours nous relie à un Ailleurs. Une telle refondation renvoie d'abord, de nécessité, à une certaine disposition – celle qui affirme l'entière et radicale liberté des sociétés vis-à-vis de leur passé et de leur futur. C'est aussi une pensée qui sait s'expliquer son monde, qui cherche à comprendre l'histoire dont on est partie prenante et qui permet d'identifier la puissance du futur inscrite dans le présent.

Si l'on doit de nouveau, ensemble, réarpenter les chemins de l'humanité, alors il faut peut-être commencer par reconnaître qu'au fond il n'y a pas de monde ou d'endroit où nous soyons totalement « chez nous », maîtres des lieux [2]. Le propre toujours surgit en même temps que l'étranger. Ce dernier ne vient pas d'ailleurs. Toujours, il naît d'une scission originelle et irréductible qui exige, en retour, détachement et appropriation. À l'évidence, l'avènement d'une telle pensée critique susceptible de féconder un universalisme latéral exige le dépassement de l'opposition radicale entre le propre et l'étranger.

Pour le reste, l'humanité de l'homme n'est pas donnée. Elle s'arrache et se crée au fil des luttes.

L'anticolonalisme avait pour visée la création d'une nouvelle forme de réalité – l'affranchissement par rapport à ce que le colonialisme avait de plus intolérable et de plus insupportable, sa force morte ; puis la constitution d'un sujet qui, à l'origine, renverrait d'abord à soi-même ; et, en renvoyant d'abord à soi-même, à sa pure possibilité et à sa libre apparition, se rapporterait inévitablement au monde, à autrui, à un Ailleurs.

---

2 Bernhard Waldenfels, *Études pour une phénoménologie de l'étranger*, t. 1 : *Topographie de l'étranger*, Van Dieren, Paris, 2009.

S'il y a un héritage intellectuel, moral et politique du nationalisme africain qui vaille la peine que l'on y consacre de l'énergie dans les conditions contemporaines, c'est dans cette direction qu'il faut aller le chercher, dans le message de joie d'un grand avenir universel équitablement ouvert à tous les peuples et à toutes les nations.

Vient ensuite l'idée de la *grève morale*. La grève morale est une forme d'insurrection. Elle commence par une subversion des relations mentales qui soumettent le sujet à une tradition faite loi et nécessité. Son objectif est de briser les forces mortes qui limitent les capacités de vie.

Le soulèvement avait pour objectif la naissance à la liberté. Devenir libre était l'équivalent d'être par et pour soi, se constituer en tant que sujet humain responsable devant soi, devant les autres et devant les nations. C'est ce que, tout au long de ce livre, l'on a appelé la politique de la *montée en humanité*.

L'on a également fait valoir que soulèvement et lutte organisée visaient à « faire communauté ». Or « faire communauté » participe d'une volonté de vie. La lutte visait finalement à produire la vie, à éliminer les forces qui, dans le contexte colonial, concouraient à la mutiler, à la défigurer, voire à la détruire. Ce projet d'une vie humaine plénière – tel fut, à l'origine, le projet politique du nationalisme africain. Tel demeure le projet de l'Afrique qui vient.

Mais le soulèvement visait par ailleurs à répondre à la triple question : Qui sommes-nous et où en sommes-nous dans le présent ? Que voulons-nous devenir ? Et que faut-il espérer ?

Ces questions de l'origine et de la destination, de la volonté et de l'espérance sont toujours avec nous.

La tâche aujourd'hui consiste à inscrire l'idée de la grève morale dans des actes culturels susceptibles de préparer le terrain à des pratiques politiques directes, faute de quoi le futur sera fermé.

L'invention d'un imaginaire alternatif de la vie, du pouvoir et de la cité exige la remise à jour des solidarités transversales, celles qui dépassent les affiliations claniques et ethniques ; la mobilisation de ces gisements religieux que sont les spiritualités de la délivrance ; la consolidation et la transnationalisation des institutions de la société civile ; un renouveau du militantisme juridique ; le développement d'une capacité d'essaimage notamment en direction des diasporas ; une idée de la vie et des arts qui serait le fondement de la pensée démocratique.

Mais réveiller le potentiel de grève exige aussi que nous réfléchissions simultanément à la question de la violence révolutionnaire. C'est une question politique et éthique extrêmement complexe qui vient de notre passé, qui hante notre présent et qu'il nous faut traiter avec réserve et de manière responsable. Car tout sang versé ne produit pas nécessairement la vie, la liberté et la communauté.

Si les Africains veulent se mettre debout et marcher, il leur faudra tôt ou tard regarder ailleurs qu'en Europe. Celle-ci n'est sans doute pas un monde qui s'effondre. Mais, lasse, elle représente désormais le monde de la vie déclinante et des couchers de soleil empourprés. Ici, l'esprit s'est affadi, rongé par les formes extrêmes du pessimisme, du nihilisme et de la frivolité.

L'Afrique devra porter son regard vers ce qui est neuf. Elle devra se mette en scène et accomplir, pour la première fois, ce qui n'a jamais été possible auparavant. Il faudra qu'elle le fasse en ayant conscience d'ouvrir, pour elle-même et pour l'humanité, des temps nouveaux.

Entretien avec Achille Mbembe

« La Françafrique ? Le temps est venu de tirer un trait sur cette histoire ratée »

*Propos recueillis par Marie Cailletet et Olivier Milot**

LA COLONISATION, LA PLACE DE LA FRANCE, LE RÔLE DE LA CHINE, LA CORRUPTION… L'ANALYSE CRITIQUE ET DÉCAPANTE DU POLITOLOGUE CAMEROUNAIS ACHILLE MBEMBE.

Professeur d'histoire et de sciences politiques à l'université du Witwatersrand, à Johannesburg, et au département français à Duke University, aux États-Unis, Achille Mbembe est l'un des plus grands théoriciens du postcolonialisme. Alors que s'achèvera en novembre la célébration du cinquantenaire des indépendances africaines, son analyse des relations calamiteuses entre l'Hexagone et le continent noir, de leur nécessaire transformation et de la révolution radicale que l'Afrique doit opérer, est décapante. C'est à un travail critique sans concession que se livre cet observateur de l'intérieur, inlassablement occupé à sillonner l'Afrique et à se colleter avec les acteurs politiques, sociaux, économiques et culturels. Profondément impliqué dans « le sort de ce bout de notre monde », le politologue camerounais Achille Mbembe bataille, livre après livre, pour que vienne le temps de l'Afrique.

* Entretien publié dans *Télérama* n° 3169 du 9 octobre 2010, à l'occasion de la première parution de *Sortir de la grande nuit*, La Découverte, collection « Cahiers Libres ».

Le cinquantenaire des indépendances africaines est l'occasion de nombreuses commémorations en Afrique comme en France. Ces festivités relèvent-elles du symbole ou sommes-nous aujourd'hui à un moment charnière de l'histoire de l'Afrique ?

Au regard de ce qui s'est passé depuis 1960, ces festivités sont incongrues. Elles n'ont ni contenu ni symbolique. On cherche à recouvrir de quelques haillons ce que l'écrivain congolais Sony Labou Tansi appelait l'« État honteux ». La vérité est pourtant simple. Un demi-siècle plus tard, presque tout est à reprendre. Plutôt que de cérémonies, les peuples africains ont besoin d'une transformation radicale de leurs structures politiques, économiques, sociales et mentales. C'est leur rapport au monde qui doit changer. Le drame est que les forces aptes à conduire ce changement manquent à l'appel, quand elles ne sont pas fragmentées et dispersées. Et pourtant, le continent est à la veille d'extraordinaires mutations : bientôt plus d'un milliard de consommateurs potentiels ; un nouveau cycle de migrations internes et externes, en même temps que l'afflux de nouveaux immigrants, chinois en particulier ; le développement d'une civilisation urbaine sans précédent ; le renforcement d'une diaspora entreprenante, notamment aux États-Unis ; une explosion culturelle et un renouveau religieux qui tranchent avec la sénilité des pouvoirs en place.

Pourquoi la France a-t-elle autant de mal à penser de manière critique l'histoire de la colonisation, puis des indépendances africaines ?

Parce qu'elle a « décolonisé » sans « s'autodécoloniser ». La colonisation fut, au fond, une forme primitive de la domination de race. Après la décolonisation, la France a gardé presque intacts les dispositifs mentaux qui légitimaient cette domination et lui permettaient de brutaliser les « sauvages » en toute bonne conscience. Ces structures racistes de la pensée, de la perception et du comportement refont d'ailleurs surface aujourd'hui – même si c'est sous des formes différentes – dans le contexte des controverses sur l'islam, le port du voile ou de la burqa, la question des banlieues, de l'immigration ou de l'identité. Le racisme ayant été l'un des ingrédients majeurs de la colonisation, décoloniser signifie automatiquement déracialiser. Pour s'autodécoloniser, il eût fallu entreprendre un immense travail, à la manière des Allemands au moment de la dénazification. Il n'a pas eu lieu.

Par ailleurs, la France estime que, même si cette histoire a été commune, elle n'est pas digne d'être partagée. Cela dit, je pense que les Africains qui cherchent à réinventer leur futur gagneraient à oublier la France. Elle n'est pas le centre du monde. Il est temps de regarder ailleurs et de ne pas lui reconnaître plus de pouvoir qu'elle n'en détient vraiment.

Cinquante ans après, les indépendances africaines sont-elles une réalité ?

Les Africains ne sont toujours pas à même de choisir librement leurs dirigeants. Les anciennes colonies françaises se sont transformées en satrapies gérées comme des fiefs privés, que l'on se transmet de père en fils. C'est l'une des raisons pour lesquelles, si on leur donnait le choix entre rester chez eux ou partir, plus de la moitié des habitants choisiraient de s'en aller. Plus que tout autre constat, ce désir généralisé en dit long sur la réalité des indépendances nègres. À peu près partout plane le spectre de Haïti – enkystement de situations autoritaires, « tonton-macoutisation » des élites et des classes populaires, recul de toute perspective révolutionnaire et, dans la plupart des cas, violences épileptiques sans projet émancipateur.

Pendant la campagne présidentielle, Nicolas Sarkozy s'était fait le héraut d'une rupture avec la Françafrique. Trois ans plus tard, ce système est-il ou non en voie de disparition ?

Il ne faut pas s'attendre à ce que cette rupture vienne de l'Élysée. Ni Nicolas Sarkozy ni aucun autre dirigeant de droite comme de gauche n'y mettront fin de leur plein gré. C'est aux forces sociales africaines d'imposer la rupture avec ce système de corruption réciproque, ou alors il perdurera. Le temps est venu de tirer un trait sur cette histoire ratée. Elle n'est porteuse d'aucun futur digne de ce nom. Au fond, cela aura été une relation passablement abusive qui ne reflète en rien la richesse et la densité des rapports humains établis depuis plusieurs siècles entre Français et Africains.

Les intérêts privés ont depuis une vingtaine d'années supplanté ceux de l'État dans la relation franco-africaine. Quelles en sont les conséquences ?

La privatisation de l'État n'a jamais été aussi patente dans la relation franco-africaine. Depuis l'Élysée, le prince gère, par le biais de mille courtiers et courtisans tant français que négro-africains, ce qui ressemble bel et bien à une basse-cour. Il entretient des relations non avec des États, mais avec des fiefs à la tête desquels se trouvent des satrapes, dont certains voyagent avec des passeports français, disposent de propriétés immobilières en France et de comptes dans des banques suisses. Cette logique patrimoniale, sans cesse lubrifiée par des prébendes et par une corruption réciproque, sert directement les intérêts des classes au pouvoir en Afrique et des réseaux affairistes français. Le Parlement français, encore moins les parlements africains n'exercent aucun droit de regard sur cette relation. Elle est en soi un vaste champ d'immunités qui contredit radicalement les principes démocratiques qui fondent la vie des nations libres.

Comment caractérisez-vous la nature de cette relation aujourd'hui ?

Sénile et abusive. Paternalisme mâtiné de racisme d'un côté, et, de l'autre, servilité, fourberie et crétinisme. Un miroir aux fantasmes. Rien de nature à séduire l'esprit. Un incroyable gaspillage à la fois de temps, de ressources et d'énergies.

L'arrivée de nouveaux investisseurs sur le continent africain (Chine, Inde…) sans lien néocolonial offre-t-elle de nouveaux modèles de coopération économique ?

Tout dépendra de la capacité des Africains à négocier ces nouvelles opportunités. Il faudrait utiliser les leviers chinois, indien ou brésilien pour ouvrir la voie à une redéfinition des termes de l'insertion africaine dans l'économie mondiale.

Pour ce faire, encore faut-il avoir des idées. Encore faut-il développer une stratégie continentale à long terme. Pour l'heure, le risque est grand que ces nouvelles opportunités ne soient récupérées au service de classes dirigeantes autochtones, dont la capacité de reproduction a toujours, historiquement, reposé principalement sur l'extraction et la prédation des richesses et jamais sur le pouvoir d'en créer et de fournir du travail à la population. Il faut sortir de cette vieille logique d'accaparement et de destruction, car elle ne contribue pas à la formation de patrimoines collectifs.

Vous écrivez que le fait majeur
des cinquante prochaines années en Afrique
sera la présence de la Chine.
Quels en seront les effets pour l'Afrique
et ses autres partenaires historiques,
la France et le Royaume-Uni ?

L'Afrique dispose de trois atouts : sa démographie – elle pèsera bientôt plus lourd que l'Inde –, pourvu que ces populations soient formées ; ses inépuisables ressources naturelles, hydrauliques et énergétiques ; ses grands espaces relativement vierges. C'est pour ces raisons que, dans sa stratégie de montée en puissance, la Chine a fait une place à l'Afrique. Elle est le seul grand acteur qui prête d'énormes capitaux publics aux États africains à des conditions défiant toute concurrence. Elle est le seul qui encourage l'émigration de ses surplus de population en Afrique. Aujourd'hui, il n'est presque plus de grandes métropoles africaines qui ne disposent de leur « quartier chinois ». Pour autant, si le nouveau monde sino-africain qui se dessine doit être différent du vieux monde afro-atlantique, c'est aux Africains de l'imaginer. Il serait dommage qu'au vieil échange inégal entre l'Afrique et l'Occident vienne se substituer un nouveau cycle où le continent continue de jouer le rôle de pourvoyeur de matières premières, mais cette fois au profit de l'Asie. Les rapports avec la Chine ne devraient pas se limiter aux échanges économiques mais recouvrir aussi les champs de la culture et de l'art. C'est à cette condition qu'ils ouvriront la voie à une configuration inédite de la relation du continent au monde.

Les locations des terres arables à des entreprises
étrangères – Arabie saoudite, Émirats, Chine –
pour y implanter des cultures d'exportation
se multiplient. Quelles en sont les répercussions ?

Tout dépend du contenu des accords signés entre les États africains et les pays ou les compagnies en question.

L'Afrique dispose de terres qui pourraient servir à nourrir la moitié de la population mondiale à des conditions qui ne détruisent pas l'environnement. Mais elle a aussi besoin d'investissements colossaux dans les infrastructures de base – routes, ports, aéroports et chemins de fer intracontinentaux, voies d'eau, télécommunications, réseaux d'approvisionnement en énergie hydraulique et solaire. Pour mettre une partie de la population au travail, elle a besoin d'initier un cycle de grands travaux sous la houlette d'autorités continentales mi-publiques, mi-privées, comme le fit Roosevelt aux États-Unis avec le New Deal. Si la location des terres arables s'accompagne de ces investissements, elle pourrait offrir de nouvelles perspectives de travail à une population qui n'a aujourd'hui le choix qu'entre la conscription dans des guerres sans fin ou la migration. Le seul pays où cette stratégie a été mise en place avec succès est l'Afrique du Sud. J'ajoute que, pour réussir pleinement ce type d'opération, il est aussi nécessaire d'investir dans les secteurs sociaux, l'éducation et la santé en particulier.

Vous avez une vision très sombre de l'évolution de l'Afrique, et particulièrement de l'Afrique francophone. Quels sont les fondements de cet « afro-pessimisme » ?

Les situations ne sont pas les mêmes d'un pays à l'autre et il y a, ici et là, quelques éclaircies. Il faudrait cependant être soit parfaitement cynique, soit aveugle et de mauvaise foi pour faire croire à qui que ce soit que l'Afrique est sur la bonne voie et qu'en bien des cas elle n'est pas en train de se fourvoyer.

La relation que l'Afrique entretient avec elle-même et avec le monde se caractérise par une vulnérabilité de nature historique. Celle-ci s'est souvent manifestée par l'incapacité des classes dominantes à mettre les gens au travail de manière à accroître les richesses collectives. Elle s'est aussi traduite par une relative impuissance à dicter ou à transformer les termes de l'échange avec le monde extérieur. Si s'interroger sur la nature de cette vulnérabilité et ne point se voiler la face par rapport aux impasses actuelles, dont certaines sont de notre fait, participent de l'afro-pessimisme, tant pis ! Le temps de l'Afrique viendra. Il est peut-être proche. Mais, pour en précipiter l'avènement, on ne pourra guère faire l'économie de nouvelles formes de la lutte.

Quelle part de responsabilité les élites africaines portent-elles dans ce bilan ?

Elle est considérable. Chaque pays a les élites qu'il mérite. C'est un problème de rapports de forces entre les classes dominantes et la société. Quitte à utiliser un langage quelque peu anachronique, je dirais que la démocratie ne s'enracinera pas en Afrique sans un minimum d'antagonismes de classe. Tant que la structure sociale demeure gélatineuse et que les classes dirigeantes n'ont aucun compte à rendre à personne, elles peuvent faire ce qu'elles veulent des richesses nationales et n'ont aucune raison de servir l'intérêt public. Elles se servent par contre de l'alibi ethnique pour discipliner des groupes humains entiers et les détourner de toute volonté de changement en consolidant leurs propres intérêts.

En 2010, malgré la crise, la croissance en Afrique tourne autour de 4,5 %, beaucoup plus qu'en Europe ou aux États-Unis. Un signe encourageant pour l'avenir ? Cette croissance est très fragile. Elle n'est pas structurelle et se trouve donc à la merci d'un retournement de conjoncture. Nous continuons d'exporter des matières premières sans valeur ajoutée au lieu de les transformer sur place – ce qui, en plus de créer du travail et de l'expertise, procurerait de nouvelles rentrées fiscales aux États. Les conditions d'un véritable saut qualitatif ne sont toujours pas réunies.

Entretien reproduit avec l'aimable autorisation de *Télérama*.

Table

Composition Facompo, Lisieux.
Impression réalisée par CPI Bussière
à Saint-Amand-Montrond (Cher)
en mai 2013.
Dépôt légal : mai 2013.
N° d'impression : 2002746.
Imprimé en France